项目资助

重庆市高等教育考试招生研究项目

项目名称

高职分类招生改革模式创新与制度设计研究

（项目编号：CQZSKS2023065）

"工匠精神"背景下重庆高职分类考试招生中能力本位评价体系构建研究

（项目编号：CQZSKS2024011）

高等职业教育
考试招生制度研究

GAODENG ZHIYE JIAOYU
KAOSHI ZHAOSHENG ZHIDU YANJIU

何　军　杜茂华◎著
谭　燕　李永玲

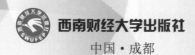

西南财经大学出版社

中国·成都

图书在版编目(CIP)数据

高等职业教育考试招生制度研究/何军等著.

成都:西南财经大学出版社,2025.1.--ISBN 978-7-5504-6529-9

Ⅰ.G718.5

中国国家版本馆 CIP 数据核字第 20251DZ992 号

高等职业教育考试招生制度研究

GAODENG ZHIYE JIAOYU KAOSHI ZHAOSHENG ZHIDU YANJIU

何军 杜茂华 谭燕 李永玲 著

责任编辑:李建蓉

责任校对:王甜甜

封面设计:墨创文化

责任印制:朱曼丽

出版发行	西南财经大学出版社(四川省成都市光华村街 55 号)
网 址	http://cbs.swufe.edu.cn
电子邮件	bookcj@swufe.edu.cn
邮政编码	610074
电 话	028-87353785
照 排	四川胜翔数码印务设计有限公司
印 刷	四川煤田地质制图印务有限责任公司
成品尺寸	170 mm×240 mm
印 张	16.5
字 数	277 千字
版 次	2025 年 1 月第 1 版
印 次	2025 年 1 月第 1 次印刷
书 号	ISBN 978-7-5504-6529-9
定 价	88.00 元

前言

2024 年 6 月 24 日，习近平总书记在全国科技大会、国家科学技术奖励大会、中国科学院第二十一次院士大会、中国工程院第十七次院士大会上发表重要讲话。他强调，深化教育科技人才体制机制一体改革，完善科教协同育人机制。扎实推动科技创新和产业创新深度融合，助力发展新质生产力。党的二十届三中全会提出，教育、科技、人才是中国式现代化的基础性、战略性支撑。必须深入实施科教兴国战略、人才强国战略、创新驱动发展战略，统筹推进教育科技人才体制机制一体改革。要深化教育综合改革，深化科技体制改革，深化人才发展体制机制改革。随着我国经济结构的持续优化升级，以及社会发展多元化、国际化的快速推进，高素质技能型人才的供需矛盾日益突出。高等职业教育作为培养技术技能型人才的重要阵地，其作用日益凸显。近年来，国家高度重视职业教育的改革与发展，大力促进教育公平，不断提升教育质量。高等职业教育考试招生制度作为贯通普通教育与职业教育的立交桥，其科学性、公正性及适应性直接影响到人才选拔的质量和教育体系的顺畅运行，成为教育领域关注的焦点。

当前，我国高等职业教育考试招生制度正经历着前所未有的变革，从单一的高考选拔模式逐步转变为多元化的评价体系，旨在打破"一考定终生"的传统观念，为具有不同潜能和兴趣爱好的学生提供更多成长成才的路径。这一转变不仅满足了经济社会发展对多元化的高素质技术技能型人才的需求，也体现了对教育公平与效率平衡的探索。

然而，高等职业教育考试招生制度的改革也面临着诸如评价标准的科学性、考试内容与实际技能需求的匹配度、区域教育资源分配的均衡性等一系列挑战。本书系统梳理我国高等职业教育考试招生制度的发展历程，分析现行制度的优势与不足，探讨多元化招生评价体系构建的理论依据与国际经验借鉴；通过实证研究评估现有招生制度对学生技能发展、教育公平以及职业院校办学质量的影响，并针对这些问题提出相应的改进策略与具体路径，以期为优化高等职业教育的考试招生制度、推动教育与产业的深度融合以及提升国家技术技能型人才的培养效率提供有价值的参考。

　　本书聚焦我国高等职业教育考试招生制度的现状与问题，包括但不限于考试模式与制度创新、评价体系构建、招生录取办法与机制改革等方面的内容。本书采用文献综述、政策分析、案例研究等方法，通过定量数据分析与定性调研评价相结合，进行科学的数据处理与分析，确保研究的广度与深度。同时，本书通过借鉴国际职业教育发达国家（地区）以及国内职业教育先进省市的成功经验，为我国现代职业教育体系构建、高等职业教育评价、高等职业教育考试招生制度改革与创新发展提供理论指导和实践策略。

杜茂华

2024 年 10 月于重庆

目录

第一章　绪论

　　1977 年，我国恢复高考制度，同时，高等专科教育随之恢复。1978年，全国恢复和新建高等专科学校 98 所，招收专科生 12.37 万人，高等专科教育在满足改革开放初期经济社会发展人才需求方面发挥了重要作用。但是，高等专科教育作为高等教育办学的一个层次，在办学模式、教学方法上均参照本科教育的模式，未能形成自身的特色，无法满足生产一线岗位对人才的需求。为适应改革开放后地方经济快速发展对技术应用型人才的迫切需求，缓解经济快速发展与人才紧缺的矛盾，部分经济发达地区提出创办职业大学的设想。1978 年，天津、无锡等中心城市开始试办为地方服务的高等职业技术学校，天津职业大学就是当年新创办的高等职业技术学校之一。天津职业大学，始建于 1978 年，初创时为南开大学第二分校、天津大学化工分校，1982 年改名为天津职业大学；2006 年，天津职业大学被教育部确定为首批 28 所"国家示范性高等职业院校建设计划"立项建设单位之一。1994 年，第二次全国教育工作会议确定高等教育的发展重点是发展高等职业教育，明确提出了要通过现有的职业大学、部分高等专科学校或独立设置的成人高校，改革办学模式，调整培养目标，发展高等职业教育；经批准，少数具备条件的重点中等专业学校改制或举办高职班作为补充来发展高等职业教育。1999 年 1 月，教育部、原国家计划委员会印发《试行按新的管理模式和运行机制举办高等职业技术教育的实施意见》，提出高等职业教育由以下机构承担：短期职业大学、职业技术学院、具有高等学历教育资格的民办高校、普通高等专科学校、本科院校内设置的高等职业教育机构（二级学院）、经教育部批准的极少数国家级重点中等专业学校、办学条件达到国家规定合格标准的成人高校等。1999 年，高校扩招为高等教育，特别是高等职业教育的迅猛发展提供了良好契机。高校扩招前高职高专学生仅占高校招生总规模的1/4左右，高校扩招后高职高专招生人数已占高校招生总规模的半壁江山。2006年，教育部和财政部联合推出"国家示范性高等职业院校建设计划"，极大地带动了全国高等职业院校的改革和发展。2010年7月，教育部和财政部又决定在原建设100所"国家示范性高等职业院校"的基础上新增100所"国家骨干高等职业院校"。2019年，启动高等职业院校"双高"建设，建设重点布局在现代农业、先进制造业、现代服务业、战略性新兴产业等技术技能人才紧缺领域。改革开放以来，我国高等职业教育经历了从举旗起步到法律确认、从规模扩张到发展方向定位、从示范引领到全面质量提升三个阶段。随着高等教育由精英教育进入大众化教育阶段，部分省市更已进入普及化阶段。面对办学层次与办学门类差异显著的高等职业院校，探索差异化分类考试招生方式已成必然趋势，相关改革也逐渐成为社会关注焦点。

高等职业教育考试招生制度改革，要立足适应经济社会发展需要，着眼优化教育结构和提高教育质量，遵循高等职业教育人才选拔和培养规律，促进普通高中和中等职业学校实施素质教育，为学生发挥个性潜能提供多样化的选择。高等职业教育考试招生制度改革，要按照有利于科学选拔人才、促进学生健康发展和维护社会公平的原则，逐步与普通高校本科考试分离，重点探索"知识+技能"的考试评价办法，为学生接受高等职业教育提供多样化的入学形式。高等职业教育考试招生制度改革，要逐步形成以省级政府为主统筹管理，学生自主选择、学校多元录取、社会有效监督的中国特色高等职业教育考试招生制度。

一、高等职业教育高质量发展客观上要求创新考试招生制度

1999年高校扩招以后，我国高等教育进入快速发展阶段。到2003年，我国高等教育毛入学率达到30%，已经进入大众化阶段，部分省市更已进入普及化阶段。高等院校为社会培养了大批精英人才，得到社会各界的广泛认可。2015年，全国独立设置的高等职业院校在校生人数为1 048万人，占高等教育总人数的41.2%；2022年，广东省的高等职业院校在校生人数为125.4万人，占广东省高等院校在校生的比例超过50%；2023年6月，全国普通高等学校共计3 072所，其中高等职业院校1 578所（本科层次职业学校33所）。2023年，全国各种形式的高等教育在校生总人数为

4 763 万人，普通和职业本科总计招生 1 042 万人。全国高等职业院校在招生规模和在校生数量上，都占到了高等教育的半壁江山，在中国式现代化建设的进程中，扮演着不可或缺的角色。但是，随着经济社会的不断发展，随着人民群众对更高层次教育的需求日益增长，"一张卷子、一次考试、一锤定音"的高考模式，其弊端日渐凸显，已经不利于全面推行素质教育，特别是拔尖创新人才的选拔和培养，无法体现人才选拔的多元化和人才成长的多样性，不利于高素质技术技能人才的选拔与培养。因此，探索高考改革，特别是高等职业教育分类考试招生模式创新与制度改革势在必行。

在我国高等职业教育招考制度改革发展的过程中，国家政策文件始终发挥着关键性的作用。尤其是 2000 年以后，我国高等职业教育考试招生制度改革进入纵深发展阶段，2010 年成为高等职业教育考试招生制度革新的关键起点，这一年颁布的《国家中长期教育改革和发展规划纲要（2010—2020 年）》正式提出高等职业教育分类考试招生制度。2013 年颁布的《关于积极推进高等职业教育考试招生制度改革的指导意见》明确指出，建立和完善多样化的高等职业教育考试招生方式。2014 年，《国务院关于加快发展现代职业教育的决定》对完善高等职业院校多元化分类招考模式进行了补充说明。同年颁布的《国务院关于深化考试招生制度改革的实施意见》提出，建立与普通高考分开的制度，推动了高等职业院校分类考试的正式开展。2019 年，《国家职业教育改革实施方案》的出台促进了职业教育自身体系的持续优化和完善，同时为建立职业教育考试招生制度奠定了政策基础。

（一）经济社会发展对高技能人才的需求呼唤高职考试招生制度改革

2003 年，第一次全国人才工作会议首次提出了"高技能人才"的概念。所谓高技能人才是指掌握了基本的理论知识，在完成各项工作任务时能体现出高水平的操作技能，并具有一定创新能力的高素质劳动者。加快转变经济发展方式和优化经济结构，走新型工业化的道路，加快产业优化升级，加快发展以现代服务业为代表的第三产业，发展低碳经济和绿色经济，缓解社会就业的矛盾和解决"三农"问题，迫切需要大力加强高技能人才队伍建设。大力发展职业教育，是推进我国工业化、现代化的迫切需要，是提高城乡劳动力的就业和创业能力的重要途径，是完善现代国民教育体系的必然要求。高等职业院校应当成为高技能人才培养的主力军，但是，现行的高等职业院校考试招生制度还不能满足社会对高技能人才选拔的需求，必须积极推进高等职业院校考试招生制度改革。

（二）高等职业院校生源困境呼唤高等职业考试招生制度改革

1999 年，党中央、国务院做出扩大高等教育招生规模的决定，并将招生计划增量部分多数用于发展高等职业教育。2002 年，国务院召开全国职业教育工作会议，颁布了《关于大力推进职业教育改革与发展的决定》，提出要积极发展高等职业教育，有条件的地方可以举办综合性、地区性的高等职业院校。高等职业教育发展迅速。全国高职高专院校的数量从 1998 年的 431 所增加到 2023 年的 1 545 所，在校生人数从 1998 年的不足 95 万人增加到 2023 年的 1 790 多万人。近年来，我国高校招生规模不断扩大，但是，生源却在不断减少，对已录取考生不报到也没有任何限制或要求其承担任何责任，使得高职高专院校生源问题和已录取新生报到率降低等问题逐渐凸显，出现了"坑多萝卜少""高等职业教育招生难"等现象。生源数量减少、生源质量下降、社会满意度低、招生市场混乱等已成为高等职业教育招生面临的突出问题，必须从考试招生改革中寻求高等职业教育发展的突破口。

早在 1998 年，教育部《面向 21 世纪教育振兴行动计划》就提出"积极发展高等职业教育""有计划、有步骤地推进高等学校考试招生制度的改革"。1999 年，教育部《关于进一步深化普通高等学校考试招生制度改革的意见》提出，要"坚持有助于高等学校选拔人才、有助于中学实施素质教育、有助于高等学校扩大办学自主权的三项原则"，改革高校考试招生制度。2006 年，教育部提出了"高端放活，低端放开，中端稳定"的高校招生新思路。《国家中长期教育改革和发展规划纲要（2010—2020）》指出，要逐步形成"分类考试、综合评价、多元录取"的考试招生制度，"高等职业教育入学考试由各省、自治区、直辖市组织"。秉承这一精神，教育部经过反复调研、反复研究，于 2013 年 4 月出台了《关于积极推进高等职业教育考试招生制度改革的指导意见》，提出要"按照有利于科学选拔人才、促进学生健康发展和维护社会公平的原则，逐步与普通高校本科考试分离，重点探索'知识+技能'的考试评价办法，为学生接受高等职业教育提供多样化入学形式"。"逐步形成省级政府为主统筹管理，学生自主选择、学校多元录取、社会有效监督的中国特色高等职业教育考试招生制度"。

（三）高等职业院校考试招生的主要模式

我国现行的高等职业教育考试招生主要有以下几种模式：

1. 国家统一高考招生

通过高考招收普通高中学生进入高职高专院校学习，这是自恢复高考以来高等职业（专科）院校招生的主渠道，至今仍然沿用。自 2000 年起，北京、上海、天津、安徽、内蒙古等省（区、市）试行春季高考制度，春季招生学校大都为高职高专院校。因改革与预期不符，内蒙古、安徽、北京等省（区、市）先后叫停春季高考，上海、天津两市则逐渐将其改革成为高等职业教育考试招生的重要渠道。另外，山东省于 2012 年首次重点面向中等职业学校毕业生组织春季高考，由山东省统一命题、组织考试，主要为高等职业院校选拔合格的生源，其中，普通高中毕业生也可兼报。统一高考这种选拔学生方式在一定程度上保证了生源质量。例如，北京个别高等职业院校在外省录取的考生中，许多都达到二本、三本分数线。但不足之处是缺乏对考生技能的考查，同时将那些动手能力强而文化课基础相对薄弱或存在偏科情况的考生拒之门外。

2. 中高职衔接招生

为了有效地培养大批生产一线需要的技术人员、管理人员以及业务人员，同时为了避免专科教育的本科化，加强专科教育与中等职业教育的衔接，教育部职业教育与成人教育司提出试办"初中后五年制的技术专科学校"实施方案。原国家教育委员会印发了《关于同意试办三所初中后五年制的技术专科学校的通知》，开始了试办五年制技术专科学校的试点。实践证明，五年制高等职业教育通过五年一贯制的学制设计，便于统筹安排教学计划，实现了中等职业教育与高等职业教育的有机衔接。由于学生的年龄小、可塑性强且有效教学时间充足，这种长周期培养模式为学生职业意识和职业能力的养成创造了良好条件，有利于提高教学质量和办学效益。但在实施过程中，由于部分地区和学校变相采取"3+2"分段、设教学点等办学模式，加之监管不严，造成人才培养良莠不齐，有悖五年一贯制教育的初衷。目前各省（区、市）面向中职学生招生方式主要有以下几种：一是面向中职学生的高职统考，如北京面向中职学生的高等职业教育单考单招，湖北面向中职学生的全省统一文化课考试加技能操作考试录取模式；二是五年制高等职业教育招生；三是"中职推免"招生模式，指中等职业学校按规定条件遴选本校优秀应届毕业生，向试点高等职业院校推荐，受推荐学生无须经过考试即被录取的高等职业教育考试招生方式。福建省率先开展了这一试点工作，2012年由165所中等职业学校向参加试点的28所高等职业院校推荐优秀中职毕业生1万人，实际录取2 497名。

3. 高职自主招生

高职自主招生又称为单考单招，是指部分高等职业院校在经教育主管部门审批获得自主招生权限后，依法自主进行入学测试，自主确定本校学生入学标准和自主实施录取的招生方式。2005年，率先以上海地区的高等职业院校作为高职自主招生改革的试点，旨在"将统一高考模式打破"。2006年，教育部决定在毛入学率超过50%的北京、天津和上海三地进行高职自主招生改革试点。2007年，教育部在江苏、浙江、湖南、广东四省8所国家高等职业教育示范校试点，参与试点院校可以在组织以职业技能测试为重点的相关考核的基础上自主录取学生。2011年，参与试点院校扩大至159所示范性高等职业院校和骨干高等职业院校。2013年进一步扩大到部分省级示范校，部分省市扩大到所有省级示范校和示范校培育单位。这种招生方式在高考前组织，未录取学生可继续参加高考，客观上多给了学生一次选择的机会。这种方式不仅有利于技能型人才的选拔，促进普通高中学生向优质高等职业院校分流，还能推动校企合作、实施订单式培养。例如，克拉玛依职业技术学院将自主招生与企业订单式培养相结合，形成招生就业贯通机制，取得了良好的效果。但这部分学生的文化课基础可能相对薄弱。对此，宁波职业技术学院曾进行过调研：入学一年后示范高职自主招生学生的文化课成绩低于统招学生，不及格率高于统招学生，但自主招生学生担任班干部、参加校园文化活动的比例大大高于统招学生。各校采取在文化考试的基础上组织面试、综合能力测试、艺术专业加试等考试形式，也有的学校以综合能力测试取代传统文化考试。录取原则主要有以下几种：一是以文化测试成绩为依据，二是以文化测试成绩和综合能力测试成绩为依据，三是以文化测试总成绩（90%）和高中阶段综合测评分（10%）为依据，四是以文化测试成绩和面试成绩（或专业技能加试）为依据，五是以综合能力测试成绩和专业加试成绩为依据。

4. 注册入学招生

高等职业教育招生注册入学于 2011 年由江苏省首先试点，针对生源下降的现状，全省 3 所公办高等职业院校、23 所民办高等职业院校参与了试点。主要面向参加普通高校招生全国统一考试未被录取、取得全部 7 门科目学业水平测试成绩的学生。招生录取过程包括考生申请、院校审核和考生确认三个环节。为确保生源的质量，院校录取时需参考考生的高考成绩、学业水平测试等级、综合素质评价结果及中等教育阶段的学习成绩等情况。在具有注册入学资格的 53 000 名学生中，共有 42 438 名学生进行了申请，注册率达 80.1%。2011 年，福建有 10 所高等职业院校的少数专业实行注册入学试点。2013 年，江苏共计有 52 所高等职业院校实行注册入学制度。

二、高等职业教育考试招生制度的探索与实践

近年来，教育部积极推动地方和高等职业院校探索符合高等职业教育培养规律和特点的人才选拔机制，取得了积极的进展。按照有利于科学选拔人才、促进学生健康发展和维护社会公平，逐步与普通高校本科考试分离，重点探索"知识+技能"的考试评价办法，为学生接受高等职业教育提供多样化入学形式的总体要求，教育部于 2003 年 4 月出台了《关于积极推进高等职业教育考试招生制度改革的指导意见》，旨在逐步形成省级政府为主统筹管理，学生自主选择、学校多元录取、社会有效监督的中国特色高等职业教育考试招生制度。

（一）"职教高考"制度的必要性和迫切性

在"双减"背景下，建立"职教高考"制度的必要性和迫切性日益增加。这一制度旨在畅通职业教育的上升渠道，缓解学生和家长对教育分流和优质高等教育资源获取的焦虑。通过"职教高考"的学生可以进入任何一所职业院校的任何专业，从而缩小普通教育与职业教育毕业生之间的差距。山东、河南等省份已经开展了"职教高考"的试点，并取得了一定成效。山东省通过不断调整"职教高考"本科招生计划，使得报名人数增多，选拔规模显著扩大，有效提升了职业教育学生受教育机会的公平性。

（二）高等职业教育分类考试招生制度探索与实践

高等职业教育考试招生制度经历了多年的改革与探索，形成了分类考试、综合评价、多元录取的模式。这一模式旨在构建符合职业教育特点的评价体系，提高人才选拔的科学性和有效性。"文化素质+职业技能"的考试评价办法不仅为学生接受高等职业教育提供了多种选择机会，还能推动学校深入实施素质教育，促进学生实现全面而有个性地发展。高等职业院校分类考试招生包括以下六种主要方式：

1. 统考招生

在统一高考的基础上，对报考高等职业院校的考生增加通用技术基础、职业倾向和职业潜能等技能考查内容，依据考生的文化成绩和技能成绩，参考综合素质评价，择优录取。

2. 单独考试招生

国家（省级）示范（骨干）高等职业院校和现代学徒制试点学校，对本地符合当年高考报名条件的考生，在高考前单独组织文化和技能考试，并根据考生的成绩，参考考生普通高中综合素质评价结果，择优录取。

3. 综合评价招生

面向普通高中毕业生，对办学定位明确及招生管理规范的高等职业院校部分行业特色鲜明且社会急需的农林、水利、地矿等专业，可依据考生普通高中学业水平考试成绩和综合素质评价结果，综合评价，择优录取。

4. 中职对口招生

面向中等职业学校毕业生，充分考虑了现代职业教育体系建设对中高职衔接的要求，以职业技能和专业基础为考核重点，以专业技能考试成绩为主要录取依据。

5. 中高职贯通招生

进一步优化面向初中应届毕业生的三、二分段制和五年一贯制招生专业结构，以艺术、体育、护理、学前教育以及技术含量高、培养周期长的专业为主，合理安排招生计划。

6. 技能拔尖人才招生

获得由教育部主办或联办的全国职业院校技能大赛三等奖及以上奖项或由省级教育行政部门主办或联办的省级职业院校技能大赛一等奖的中等

职业学校应届毕业生，以及具有高级工或技师资格（或相当职业资格）、获得县级劳动模范称号的在职在岗中等职业学校毕业生，可免试录取。

新的高等职业教育考试招生制度为三类招生对象设计了多元化的升学途径：普通高中毕业生可通过高考、校考、免考升入高等职业院校学习；中等职业学校毕业生对口升入高等职业院校，实行以专业技能成绩为主要录取依据的招生办法；技能拔尖人才可免试入学。新制度关注了经济社会发展对职业教育的四种特殊需求：一是为了保障艰苦行业对于职业技能人才的急需，探索以普通高中学业水平考试成绩和综合素质评价结果为依据的综合评价招生办法；二是对艺术、体育、护理、学前教育以及技术含量高、培养周期长的专业实行中高职贯通的招生办法；三是对于一些技术密集型产业集中地区及高等教育相对发达地区，鼓励采取单独考试招生办法；四是面向广大农村，通过综合评价招生适当降低农村学生接受高等职业教育的门槛，提高农村学生接受高等职业教育的比例，以带动农村教育，促进新农村建设。

（三）高等职业院校提前招生改革试点

江苏省教育厅部署了 2024 年高等职业院校提前招生改革试点工作，这是对传统招生模式的一种创新。通过提前招生，高等职业院校可以更加灵活地选拔适合职业教育的学生，同时为学生提供更多的选择受教育的机会。这一改革有助于提升职业教育的吸引力，为职业教育学生提供更多的发展路径。

（四）发展职业本科教育

职业本科教育正在经历大变革、大发展，预计到 2025 年，我国职业本科教育每年招生人数将达到 50 万人。这一变革旨在提升职业教育的层次和质量，满足社会对高素质技术技能人才的需要。职业本科教育的快速发展，将为职业本科教育学生提供更多的发展机会和上升通道，有助于构建更加完善的职业教育体系。

三、高等职业教育考试招生制度的特点

（一）高等职业院校学生来源呈多元化发展态势

高等职业院校肩负着为社会提供适需人才，为学生个性化发展和就业提供服务的责任，具有公共性和公平性的特点。招考是高等职业院校人才培养的基础，保障高等职业院校人才培养的质量，需要积极拓展生源渠道，加大分类考试的力度。近些年来，高等职业教育分类考试的大力推行使得高等职业院校以普通高中生为主要生源的局面开始逐步改变。各地陆续扩大高等职业教育分类考试招生的比重。陕西省通过高等职业教育分类考试录取的人数不断增加，2017 年录取总人数超过 53 000 人。广东省从 2018 年开始致力于打通职业教育"中职升本科"成长通道，进一步扩大高等职业院校招收中等职业学校毕业生的规模，规定中等职业学校应往届毕业生，可通过"3+专业技能课程证书"类考试，报考相应的高等职业院校。2019 年高等职业教育扩招百万，面向更多的应届高中毕业生、退役军人、下岗失业人员、农民工、新型职业农民等，进一步丰富了高等职业院校的生源结构。

（二）报考高等职业院校学生的地域分布不均衡

学生报考高等职业院校受多种因素的综合影响，如区域发展情况、学校地理位置、整体实力、专业特色以及个人志趣、家庭情况等。综合之下，发达地区的高等职业院校、示范院校、骨干院校及高等职业院校特色优势专业实力强劲、优势明显，受到各地大量考生的青睐。由于报考人数增多，录取分数也随之提高，广东、陕西等省份的多个高等职业院校的最低投档分甚至超过所在省份的本科线，如深圳职业技术学院的理科投档分超出所在省本科线 41 分，文科投档分超出 36 分，西安铁路职业技术学院文科投档分超出所在省本科线 73 分。相比之下，有些高等职业院校的报考学生多以本省市为主，本省市外的较少。部分高等职业院校招生计划的完成情况并不理想。据统计，在陕西省 62 所参加分类考试招生工作的院校中，仅 8 所完成了招生计划，40 所院校招生计划的完成率低于 50%。

（三）招生模式呈现多样化的趋势

《关于积极推进高等职业教育考试招生制度改革的指导意见》（教学〔2013〕3 号）确定了六种基本的考试招生方式，为高等职业教育考试招生制度的发展提供了明确的方向性指引。各地以这六种模式为基础，大胆实践，探索出形式多样的招生模式。如天津市探索了"3+3 中高职衔接培养"机制，同时扩大了单招招生范围，将退役义务兵，"双证书、一体化"职教师资生，特殊教育学校毕业生等一并纳入招生。山东省则在"3+2"对口贯通分段培养模式的基础上探索出"2+3""2+2+1""1+2+2"等多种模式。

（四）考试方式的灵活性和考试内容的多元结构

总体上，我国高等职业教育考试招生实行"文化素质+职业技能"评价方式，同时，按照类别不同，各地进行了改进和完善。以江苏省对口单招考试为例，考试科目有职业技能、语文、英语、计算机等科目，共 1 000 分，其中文化素质与职业技能的分值比为 7：3。广东省对普通高中毕业生采用普通高中学业水平考试成绩和职业适应性测试相结合的方式，对中等职业学校毕业生实行"3+专业技能课程证书考试"，对初中毕业生则采用中考成绩和高等职业院校自主测试方式。从 2017 年起，天津市将中等职业学校毕业生的文化基础考试科目定为语文、数学、外语，职业技能考试定为工程技术类、管理服务类、艺术类和体育类三大类，学生可自主选报 1 个考试类别。

"职业技能"考查是高等职业院校区别于普通高校招生的重要环节。综合来看，各地高等职业院校招考内容遵循了"文化素质+职业技能"的多元评价方式。

四、高等职业教育考试招生制度研究的关键问题

党的二十届三中全会提出，统筹推进科技人才体制机制一体改革，加快构建职普融通、产教融合的职业教育体系，着力培养造就卓越工程师、大国工匠、高技能人才。深化现代职业教育体系改革必须深入探索并着力推进高等职业教育考试招生制度改革。

提高劳动者整体素质，为建设人力资源强国培养大批高素质、高技能人才，首先要保证高等职业院校招得来人、留得住人、培养好人。推进高等职业教育考试招生方式改革，从表面上看是为了解决高等职业教育生源的数量减少、生源质量下降、社会声誉不高、招生市场混乱等问题，其根本则是为了办好人民满意的教育，满足社会对人才多样性的需求。改革和创新高等职业教育考试招生制度需要对以下重大问题展开深入探究。

（一）充分发挥省级人民政府在高等职业教育改革发展中的主体地位作用

一是地方政府应充分认识到高等职业教育在建设人力资源强国和发展地方经济的主力军地位和政府在发展高等职业教育中的主导地位，根据区域经济社会发展需要，统筹规划、布局区域内高等职业院校，设定高等职业院校办学规模，并根据市场变化，及时安排高等职业院校招生控制计划，指导专业调整；二是要协调政府各部门以及行业、企业给予高等职业院校的政策和人才引进、经费投入、资源配置、实践教学等方面的支持，积极引导高等职业院校加强和行业及企业的密切联系与合作，支持、参与和保障高等职业院校依法自主办学；三是保障高等职业院校足额办学经费和发展经费的投入，并逐年增长，保证对高等职业院校的经费投入不低于对本地区同类普通高校的投入，面向行业和企业筹措资金，建立职业教育基金，重点支持社会力量举办的高等职业院校，制定优惠政策鼓励社会各界以资金、办学设施设备、高技能实训师资、校外实训基地等各种方式支持高等职业院校办学；制定减免学费、助学金等倾斜政策，支持面向农村和艰苦行业的高等职业院校学生的学习，保证来自农村和家庭经济困难的学生顺利就学；大力宣传职业教育，加强舆论宣传，在全社会营造尊重劳动、崇尚技能、鼓励创造、争当技能大师的良好氛围，制定相关奖励措施，对为高等职业教育发展做出突出贡献的企业和个人予以重奖。

（二）科学协调人力资源和社会保障部门的职能

2011 年 7 月 6 日，中共中央组织部、人力资源和社会保障部发布《高技能人才队伍建设中长期规划（2010—2020 年）》。这是中国第一个高技能人才队伍建设中长期规划。遗憾的是，在这个规划中，高等职业院校的地位、作用并没有得到很好的体现。目前，教育行政部门和劳动、人事部门在一些方面还存在不衔接、不协调、不配合、相互扯皮等现象，这些不利于高技能人才队伍建设，必须从建设人力资源强国的高度来对待高技能人才的教育、培养和培训，摒弃部门的私利，加强协调与配合。一是人力资源和社会保障部门以及教育行政部门应尽快合作研究、出台职业核心能力培养标准，按照职业分类建立各类人才能力素质标准，并细化到高等职业教育人才培养方案和课程体系中；二是理顺职业资格培训和鉴定机制，以省（区、市）为单位整合社会职业资格培训和鉴定机构，将培训和鉴定职能放在高等职业院校和中等职业学校、初等职业学校，使技能型人才培养和职业资格取证紧密结合，同时严格职业资格取证质量；三是制定优惠政策，拿出扶持资金鼓励军转干部进入高等职业院校和高等学校学习，鼓励农村人口和城市再就业人员进入各级职业学校学习、培训；四是加强这两个部门在学生就业、创业方面的合作，避免重复劳动、政出多门等现象；五是加强全国和省（区、市）级职业技能比赛的合作，相互承认并使用比赛结果。

（三）高等职业教育系统机制与高等职业教育评价体系的配套改革

2010 年 10 月，《中共中央关于制定国民经济和社会发展第十二个五年规划的建议》提出，要"改革教学内容、教学方法、质量评价、考试招生制度"，考试招生改革与其他改革密不可分，必须进行配套改革。

1. 积极推进分类考试招生制度改革

一是必须明确，高等职业教育考试招生改革不是取消考试，而是采取多元化考试、考核，择优录取人才方式。省级人民政府教育行政部门应支持所辖地区高等职业院校自主选择一种或几种招生方式，针对不同专业自主组织不同的招生、考试方式。二是高等职业院校招生方案必须精心设计，考虑周全，特别是综合评价招生方式，能力、技能测试要取得社会认同，没有准备充分宁可推迟改革也不能仓促上马，否则不利于维护考试招生制度的严肃性，进一步降低高等职业院校的社会认同度，并引发高等职业考试招生的腐败现象（拿钱买生源）。同时，也可能形成错误导向，让中学生认为不用努力很容易就能升入高等职业院校，不利于引导初高中阶段的学生努力学习。三是完善技能拔尖人才招生方式。对省级及以上技能大赛优胜者及县级劳模免试入学，对其技能应有相应程序核准，避免出现弄虚作假的现象。四是加强招生监督，实施"阳光招生工程"。五是加强宣传和舆论引导，使每一类生源及家长都清楚入学招生的方式，选择适合自己的学校和方式入学，使每一个潜在的生源及家长都明白高等职业教育考试招生改革的目的和意义，努力提高高等职业院校和高技能人才的社会地位。

2. 积极推进高等职业院校教学内容和方法改革

目前高等职业院校人才培养质量参差不齐，示范校毕业生得到了社会的广泛认同，而少数高等职业院校举步维艰。究其原因，主要还是人才培养质量不高，没有形成核心竞争力。高等职业院校立足立德树人、培养具有创新精神和实践能力、具有社会责任感的高技能人才，围绕人的基本素质提高精心设计基础文化课程，围绕职业素养提高精心设计职业核心能力课程和校园文化活动，围绕企业需求精心设计基于工作实际需要的专业课程和实训课程。针对不同生源文化基础和技能基础的不同，分别制订培养方案，分层次教学。改革教学方法，针对高等职业院校学生的特点，围绕职业资格取证，减少理论教学，增加任务驱动模拟教学和开放课堂实践教学，使学生通过高职学习，具有基本的文化素养和职业核心能力，具有职业所需的基本技能，能很好地适应工作岗位需要和自身未来继续发展需要。

3. 积极推进教学管理改革

一是针对不同来源、不同层次学生的特点，实行高职学分制和辅修专业尝试，在有条件的学校针对特殊群体学生，特别是来自生产一线的劳模等实行面授、自学、网络教学和答疑相结合的教学方法，采取宽进严出和弹性学制，以保证各类学生接受高等职业教育的权利。二是建议逐步放开高职学生"专升本"比例的限制，在符合《普通高等学校基本办学条件指标合格标准》的国家级示范校试办高等职业教育本科专业，使愿意接受高一层次高等教育的学生既能接受高技能职业教育，又能获得本科学历。

4. 积极推进评价体系和评价方法改革

2004 年教育部启动了高等职业院校人才培养工作水平评估，2008 年教育部又开始了新评估指标体系下的第二轮评估。评估有效地促进了高等职业院校的改革与建设，但评估指标体系对各类高等职业院校采取统一的指标体系，公安、教育、文化创意产业、财经、现代服务业、社会公共事业类等文科高等职业院校评估指标体系应当和传统的工科高等职业院校有所区别。应针对 18 大类高等职业院校有针对性地细化各类评估标准，同时减少主观评价指标，增加客观指标和观测点，对评估指标体系中的由地方政府控制的指标和学校自己能完成的指标分别评估。在评价方法上，应改变由政府主导、学校自评、专家组进校检查的方式，逐步形成由学校申请，社会权威评估机构第三方组织评估，社会用人单位、家长和学生广泛参与的评估模式。

5. 细化研究，完善高等职业教育考试招生制度

建立独立的高等职业教育考试招生研究机构，对招考方式、考核评价机制等进行系统研究和总结反馈并完善高等职业教育考试招生管理制度的细化、管理及机构的组织与服务，推动高等职业教育考试招生制度的不断改进。同时，加强信息公开制度建设，及时向社会和考生公布高等职业教育专科及本科层次职业教育招生计划、相关政策规定、考试结果等信息，保证招考工作全程透明、公平和公正。

第二章 世界职业教育发展的
历史沿革与经验借鉴

　　职业教育是职业学校与职业培训组成的有机整体，行业参与者除教育培训机构与受训学生外，还涉及企业雇主、行业协会、政府等，各群体共同构成了密不可分的产业生态。联合国教育、科学及文化组织认为，职业教育是指一系列与工作实际相关的学习经验，不仅包括各级各类职业教育以及校企联合培养的学徒训练，还包括职业技能和资格培训以及企业内部的知识拓展。从宏观角度来看，职业教育培训市场的发展与当地经济结构及发展水平息息相关。全球经济结构转变与产业格局调整构成了职业教育发展的底层逻辑，各国政府、机构的支持与投入，以及信息化技术的不断赋能，为行业发展带来了源源不断的推动力。

一、世界职业教育行业发展的宏观背景

（一）各国政府与国际机构对职业教育的大力支持与推动

　　职业教育的推广依赖于各国政府与国际机构自上而下的积极推动与实施。不同国家和地区对于职业教育发展的政策导向不同。例如，欧美各国对职业教育的关注度更高，且多以劳动力市场需求为导向，为有意接受职业教育的人提供经济支持，为其工作能力的提升创造良好条件。而在非洲地区，当地政府多与国际组织进行合作，携手企业共同构建职业教育体系，促进人口就业与经济发展。以联合国教科文组织为首的一些国际组织，正在积极通过在线教育等创新形式，推动区域或全球职业教育发展，促进人才的多元化成长。

（二）数字化浪潮为职业教育发展带来了新机遇

职业教育应依托教育数字化的浪潮，全方位提升行业效能。职业教育数字化代表的不仅是将职业教育从传统的线下教学转移到线上的过程，更多的是结合线上线下的优势进行组合教育，以求达到职业教育目的的最优效果。例如，对学生的学习情况进行实时监测，而后结合大数据分析，将学生学习的薄弱点呈现给教培机构，促使教培机构做到对症下药，使学生的学习效率得到相对的提升。又如通过 VR/AR 的方式，进行线上实操训练。其不仅解决了传统线下职业教育对教学设施的高要求，而且能最大程度避免学生在实操过程中因其心理压力等因素导致受伤，将教学成果提升至最高水平。

（三）全球各主要地区的职业教育处于不同的发展阶段

不同的生产力发展水平决定了不同的世界市场经济发展状况，职业教育渗透各行各业，发展程度与本国人口结构、经济结构与产业发展息息相关。欧美国家的职业教育发展相对成熟，经过多年的发展和迭代演进，职业教育及教育模式已经变得相对完善；亚非拉地区的发展仍处于相对起步的阶段，各地区正在积极探索符合自身人才发展需求的职业教育体系。

全球职业教育发展态势如图 2-1 所示。

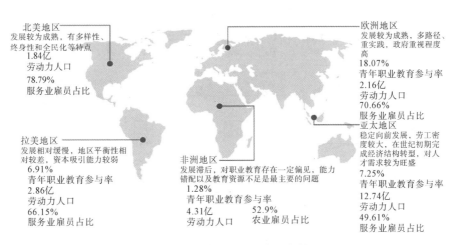

图 2-1　全球职业教育发展态势

（四）中国职业教育政策环境分析

1. "十四五"对职业教育作出长远规划，职业学校教育与职业技术培训改革政策同步推进，全力助推人才成长

进入"十四五"时期，中央对职业学校教育与职业技术教育发展分别提出不同的发展目标。针对职业学校教育领域，教育部发布的《关于2022年职业教育重点工作介绍》指出，2022年是职业教育提质培优、改革攻坚的关键年。针对职业技能培训领域，人力资源和社会保障部发布的《"十四五"职业技能培训规划》（下简称《规划》），提出职业技能培训的四个主要目标与五个重点任务。在新型经济增长方式下，加强创新型、应用型、技能型人才培养，技能型人才培养和职业资格认证政策相应推出，总基调是确立职业教育所应有的社会地位。

2. 中国式"双元制"政策助力职业教育发展

为应对长期以来，职业教育所面临的高端人才紧缺和社会歧视问题，2022年4月教育部重新修订了《中华人民共和国职业教育法》。其中，首次以法律形式明确了职业教育与普通教育平等的地位，并提出建立职业教育国家学分银行的政策，通过学习成果融通和互认的方法，从法律层面畅通了职校学生的发展通道。同时，进一步促进校企合作，使真正懂技术、懂需求的老师走进学校课堂。新修订案不仅保障了职校学生的未来发展通道，同时也为我国职业教育培养高素质技能人才打开了新的局面。

中国职业教育新政构架如图2-2所示。

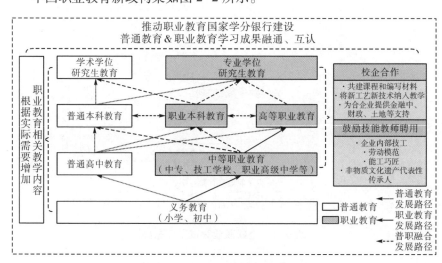

图2-2　中国职业教育新政构架

二、世界职业教育发展的历史沿革

（一）工业革命推动职业教育的正式建立

职业教育的真正建立源于工业革命的推动。随着工业革命在欧洲的蓬勃兴起，它不仅极大地促进了世界经济的繁荣与发展，而且对技术进步提出了更为迫切的需求，从而吸引并促使更多的技术人才参与到工业革命的浪潮之中，因此对人才的质和量都提出了新的要求。由此，推动了职业教育进入了正规教育的行列，便有了正规的职业院校、正规的培养目标、正规的教学大纲，故而可以认为工业革命标志着职业教育的正式建立。

在这个时期，职业教育的发展主要受三股力量的推动：一是由工业革命而引起的技术发展；二是工业革命使职业更加细化，促使职业教育的规模快速扩大、种类快速增加；三是政府介入职业教育，制度化、法治化和规范化的职业培养机构和职业院校应运而生。

（二）第二次世界大战后至 19 世纪 90 年代各具特色的发展时期

第二次世界大战结束后到 19 世纪 60 年代，社会需求的稳定增长，各国经济加快复苏，职业技术教育迎来了其发展的黄金时期。这是因为，在第二次世界大战结束后，社会上新增的劳动力主要以大量的退伍转业军人为主，这些就业主力军没有一技之长很难谋生。因此，第二次世界大战后的退伍转业军人占了接受职业教育生源的很大比例。

在 19 世纪 60 年代后，职业技术教育进入不断完善和丰富的阶段。在这个阶段，各国基本上完成了恢复重建的任务，新的科技革命正影响着世界各国的经济发展，包括经济发展、生产技术、职业种类等，许多发达国家的职业教育取得了快速发展。

19 世纪 70 年代左右爆发了一场严重的经济危机，导致世界经济发展路径的变革，经济结构的调整，传统产业升级换代。在经济危机后，随着产业结构的调整，大批劳动密集型的低端产品将退出市场，对技术含量低、简单劳动力的需求也随之减少，对高素质技能人才的需求不断增加，为职业教育的进一步发展提供了巨大的机遇和宽阔的空间。各国都采取了一些措施积极应对，比如美国在 20 世纪 70 年代初就开展了一场以训练学生掌握一定的职业知识和就业技能、减少辍学和失业为目的的生计教育运动，在一定程度上促进了职业教育的发展。

19 世纪 80 年代之后的职业技术教育更多地受到新经济的影响，包括知识经济、信息经济和网络的推动，使得产业界对劳动力的需求结构发生变化，对一般劳动力的素质要求普遍提高。为了满足人们对进一步接受职业技术教育教育的强烈愿望，进一步提高自身的素质和技能，职业技术教育教育面向更多的群体展开，包括在职人员、退休人员、失业人员等，年龄的跨度也逐渐拉开，这使得职业技术教育在规模上得到进一步的扩大。

19 世纪 90 年代，随着新科技的迅速发展，经济结构进一步优化和调整，经济社会向信息化、网络化转变，终身学习成为每个人的需求。美国政府针对知识经济的来临和全球化经济竞争的加剧，推出了技术准备计划，这是美国政府为发展经济而设计的一套宏观层面发展职业教育的指导方针。其办学主体包括地方职业技术学校、综合中学、社区学院、四年制的学院或大学等，也称为美国的技术准备制度。在这一制度中，美国联邦政府对各州政府、企业、学校都提出了明确的要求，主要涉及就业、升学、终身教育、提高技术水平和教育效率等多个方面。

（三）21 世纪职业教育进入新的发展变革期

随着科学技术的发展和社会的进步，职业教育从初级向中级、高级不断延伸。知识全球化促使教育国际化越来越明显，这越发迫切需要职业教育培育出更多知识型、技能型的专门技术人员，以完善各级各类人才培养的结构。21 世纪初，由美国次贷危机引发的全球性经济危机对全球的经济发展都产生了影响，其对高等教育的影响也日益凸显。

三、世界职业教育发展的未来趋势

（一）职业教育与普通教育的融合化发展

职业教育与普通教育的融合化发展是当今世界教育发展的一种趋势，是教育适应现代社会需要的一种主动响应。世界各主要发达国家纷纷采取多种举措，使职业教育与普通教育相互沟融通、相互渗透、取长补短。面对现行的学科区分无法充分适应社会经济发展的现状，日本中央教育审议会提出，要在固定的学科区分中超越学科的界限，加设"复合型"教育的内容，以适应当今社会信息化、国际化、高龄化和服务经济化的要求。同时，根据日本的产业、就业结构的变化重新改革学科制度，不细分专业，而重视学科的基础和基本内容，培养适应性强的产业人员；德国教育改革方案明确，职业教育技术教育要向普通教育渗透和延伸，要求在中学教育中增加职业教育的内容，开设职业教育的课程，加强职业指导，通过全面、多途径的方式在基础教育阶段培养学生的职业素质和职业能力；法国教育部于1999年公布的一份关于高中改革的文件——《面向21世纪的高中》规定，职业教育必须做到"普通教育、职业培训和经济环境的平衡"，要使学生在接受职业技术教育的同时，获得所有高中学生都应具备的文化知识，获取从事职业工作的必要能力。

（二）职业教育普遍朝着更高层次转移

随着发达国家国民经济及教育发展水平的整体提高，其职业教育正在向高中后阶段延伸。在日本，随着中等职业教育多渠道、多途径的广泛发展，其重点将逐渐转向中等以后的教育阶段。进入20世纪70年代，随着科学技术的进一步发展，美国迫切需要各种专业人才。为满足青年人升入中学后对职业教育的需求，大规模开办社会大学，在社会大学取得规定学分者，可被授予副硕士学位。这是一种借以获得一定社会评价资格的途径，同时也是转入四年制大学的第三学年阶段。它既是美国高等教育的一种形式，又是中等职业教育向高等教育发展的一种模式，深受政府部门的重视和推崇。德国也制定了相应的政策，使其毕业生能够获得综合型大学毕业生所获得的硕士学位，20世纪90年代以来，又出现了新的迹象，允许其毕业生攻读博士学位，反映出职业教育层次向高层次化发展的趋势。

（三）职业教育考核的规范化和标准化

国际职业教育资格证书制度极具严肃性，考核机构极具权威性，职业资格证书具有与学术证书等同的价值。在国家职业技能标准和职业资格制度的基础上，英国制定了各类文凭和证书的课程标准，随后又统一制定了各种课程的必修单元、选修单元或模块课程，以此规范各级各类职业院校的教学质量和人才培养规格。1994年，美国政府通过《2000年目标法案》，设置了联邦一级的全国职业技能标准委员会等机构，其职责是通过资助促进行业规范技能标准，以作为国家认可的资格标准。欧盟在不改变欧盟各自职业技术教育体制的框架内，通过评估与考核，承认各国职业教育证书的等值性，制定了适用欧盟各国的，用英、法、德三种文字印刷的"欧洲职业教育能行证"。

（四）职业教育从业教师的高标准要求和专职化发展

发达国家极为重视职业教育师资队伍建设，主要体现在培养培训的正规化、职业技术教育师资的专职化以及职业教育教师优厚的待遇上。发达国家对职业教育师资的任职资格都进行了严格规定。美国有的州明文规定，只有具有大学本科学历、取得学士学位并有相关领域1~2年实际工作经验的优秀者，才能申领职业技术教师资格证书。并且教师的任职采用聘任制，只有晋升为教授才可获得终身职务。

德国高等职业学校的教师只有一个职务档次——教授。德国教授的任职资格十分严格，申请者要具有副博士学位、5年以上的工作经历，而且至少在所教授专业的企业岗位上工作3年以上，教学与科研的比例为9∶1。瑞士规定，职业学校的理论课教师必须拥有4年的学徒经历，工程技术师范学院毕业，有3年以上的工程师实践经验，具备这些条件后，再到职业教育学院进修为期1年的教育学、心理学、教学法等课程，通过考试者方可任教。在职教师每年可安排一定时间的带薪进修假，用于学习新知识、新工艺、新技术。澳大利亚要求，职业学校教师必须是"双师型"的，必须具备教师资格和专业岗位工作经历。发达国家职业教育的教师有着优越的社会地位与丰厚的待遇。日本规定，教师的报酬比一般公务员高15%，工资原则上一年提升一级；德国的职业学校教师属于国家公务员，其工资处于中级教师的最高级别，每两年增加一次，最高工资可超过大学教授的起始工资。正因为待遇较为优厚，德国才吸引并稳定了高素质的师资队伍，从而产生了高水平、高质量、高效益的职业教育。

（五）职业教育逐渐融入终身教育体系

世界各国职业教育逐渐融入终身教育体系。其表征之一是，职业教育不再被看作终结性教育，而是一种阶段性教育。芬兰在85所职业教育机构的基础上，组建了22所高等职业院校，职业高中和普通高中毕业生均有机会升入高等职业院校深造。韩国举办二年制的初级职业学院，所有具有高中学历的青年，通过国家资格认证的技师以及符合国家规定工作年限的工人都有继续学习的机会。日本特别重视终身教育体系建设。首先，他们采取特别推荐入学及替代考试科目等办法，打通中等职业教育通往高等职业教育的道路；其次，在企业内的终身雇佣制受到冲击的情况下，职工在企业外获得的、社会认可的职业资格证书开始受到重视；最后，职业学校要向社会开放，让任何人在任何时间、任何地点都能够通过学习更新知识。

四、世界职业教育面临的机遇和挑战

近年来，全球职业教育面临新的历史机遇与挑战，联合国教科文组织、世界经济论坛、世界经合组织、欧盟委员会等全球和区域性组织相继发布报告，剖析职业教育现存问题，搭建国际合作与交流平台，助推全球职业教育发展。世界各国持续加大了对职业教育的投入力度，积极打造具有本国特色的职业教育品牌。国际社会通过提升职业教育教师的吸引力、关注弱势群体、提高市场需求的匹配度、推动证书改革、加快数字化转型、重视绿色经济等全方位多维度的改革举措，助力职业教育朝着高质量、可持续发展的未来迈进。

作为教育体系中不可或缺的一环，职业教育始终是各国际组织关注的焦点。相关国际组织密切关注全球职业教育发展，动态地分析了全球职业教育发展中存在的问题以及面临的挑战，为有针对性地解决现存问题提供参考。联合国教科文组织（UNESCO）、世界银行（World Bank）和国际劳工组织（ILO）最新联合研究报告称：许多低收入和中等收入国家的职业技术教育和培训（TVET）系统存在技能与劳动力市场供需错配问题，没有做好迎接未来职业技术教育与培训需求大幅增长的准备；世界经济论坛（WEF）发布的《呼吁改革职业教育，拯救青年失业率》报告指出，中低收入国家的职业教育培训体系与劳动力市场需求不匹配、中低收入国家职业技术培训往往达不到预期效果等问题；世界经合组织（OECD）发布的《构建面向未来的职业教育与培训体系》报告指出，全球职业教育在响应能力、灵活性、包容性和创新方向上仍有较大提升空间；联合国教科文组织（UNESCO）举办的"世界教师日联合大会"指出，全球教师存在缺口较大、职业吸引力不足等问题。国际组织对全球职业教育存在问题的深度分析为切实解决这些问题指明了具体的方向。

（一）国际社会对职业教育的未来发展持积极的预期

在审视职业教育与培训现存问题的同时，国际社会密切关注全球职业教育的发展态势，对未来职业教育的发展持有积极的预期。世界经济论坛（WEF）预计职业教育在未来就业率增长中将发挥较大的作用，由此，教育行业的就业岗位预计增长约 10%，并为职业教育教师、高等教育教师增加 300 万个就业岗位；欧盟（EU）在其发布的《欧洲职业教育与培训的未来》报告中深入探究了欧盟 27 个成员国以及冰岛、挪威和英国等国家的职业教育与培训状况，预测欧洲职业教育与培训将呈现螺旋式上升的发展趋势；联合国教科文组织（UNESCO）召开的第三届国际职业技术教育与培训大会强调：职业技术教育与培训在国际政策议程中的地位日益突出，潜力无穷，正在推动社会平稳发展。

（二）搭建职业教育国际交流平台，推动全球职业教育平衡发展

全球各地区生产力发展水平不同，各个国家资源拥有量和教育发展程度也存在不均衡，国际组织积极搭建职业教育交流合作平台，鼓励职业教育相关的知识与资源在全球范围内共享，缩小职业教育发展的结构性差距，推动全球职业教育的平衡发展。欧盟在其发布的《教育与培训的高质量投资》报告中分享了欧洲各国教育评估、教育政策和教学技术等方面的经验和成功做法，在交流讨论中实现资源共享；欧洲技术和职业教育与培训论坛（EFVET）召开"赋能未来——Intervet WB 项目大会"，支持和促进职业教育与培训在整个西巴尔干地区的跨境合作，并寻求与欧盟的教育机构之间建立可持续的伙伴关系，来自西巴尔干地区的阿尔巴尼亚、塞尔维亚、黑山等国家与西班牙、波兰、意大利等欧盟伙伴参与了这一建设项目。职业教育国际交流与合作不仅实现了知识共享，更是在各文化族群之间架起桥梁，培养跨文化理解与合作的精神，从而更好地推动全球职业教育乃至全球化的平衡发展。

（三）完善职业教育培训体系，打造本国职业教育品牌

2023 年以来，各国教育部门纷纷发布报告，总结整理各自独特的教育与培训体系，致力于打造独特的职业教育品牌。瑞士联邦教育和研究部发布《2022 年瑞士职业教育年鉴》，分层次介绍了瑞士职业教育，包括职业教育和专业教育，并总结了这二者具有普及范围广、劳动力市场相关性高的特点，表明其在不同领域发挥作用，为接受义务教育的青年开辟了广泛的就业前景。芬兰教育部在《芬兰的职业教育与培训》报告中详细介绍了

芬兰的"双轨制"教育体系的内容，包括：不断变革以适应劳动力市场瞬息万变的需求，合格称职的职业教育教师，强大的就业前景和较强的吸引力。芬兰职业教育体系被认为是欧洲乃至全球的借鉴典范。印度教育部将职业教育纳入主流教育体系，打破社会偏见，为学生提供更多选择，降低辍学率。这是提升职业教育地位、完善职业教育体系、打造本国职业教育品牌所迈出的坚实一步。

（四）提升职业教育教师岗位的吸引力和认可度

提升职业教育教师岗位的吸引力、填补全球职业教师缺口，已成为世界职业教育的共识，各个国家和国际组织对此积极响应。联合国教科文组织（UNESCO）总干事、国际劳工组织（ILO）总干事和国际教育协会（AIE）在世界教师日的致辞中指出：教师是让学习者在快速变革的世界中为社会提供所需驱动力的决定性力量，合理提升教师的工资水平、改善教师的福利待遇、明确分工责任、减轻教师的行政任务等，都是提升教师吸引力的有效手段，世界经济论坛（WEF）在《2023 年未来就业率》中特别关注了职业教育教师的情况。该报告指出，在职业教育、学前教育和特殊教育领域，教师缺口大，吸引力弱。该报告呼吁应加大职业教育、学前教育和特殊教育投入的力度，充分发挥职业教师在提升劳动者技能、平衡劳动力供给和劳动力市场需求中的重要作用；芬兰教育部在《芬兰职业教育与培训》报告中，详细描述了芬兰的"双轨制"教育体系中教师的职责和薪资待遇，认为职业院校教师有很大的发展潜力，希望依托完善的教育体系持续吸引社会人才进入职业教师领域，提升职业教师的社会吸引力和认可度。

（五）提升弱势群体的就业技能，促进社会公平

全球职业教育关注女性、难民、移民、残障人士和老人等弱势群体在社会中的适应性，积极承担促进社会公平的社会责任，推动职业教育更具包容性。国际职业技术教育和培训中心（UNEVOC）在"国际妇女节"大会上提出："为在职和离职女性提供职业技术教育与培训的平等机会"这一重大议题，关注女性群体在接受职业技术培训中的公平性，提升女性的就业能力，促进就业公平。德国联邦教育和研究部制定《难民职业导向方案》，通过加强职业教育与培训帮助难民更好就业。该方案课程长达 26

周，在此期间，参与者通过学习相关专业知识和技能为找到合适的培训职位蓄力。印度教育部发布"将残疾人纳入职业技术教育"的计划，通过奖学金、提供书籍、校服、免食宿费等多种形式鼓励残疾学生积极参与培训课程。德国联邦教育和研究部设立专门项目"Perspective 50plus"，为帮助老年人再就业，提供资金保障，创造平等、公正的社会环境。通过职业教育提升弱势群体的就业技能和就业能力，在促进职业教育进步的同时，也助力社会朝着更加公平和包容的方向发展。

（六）关注劳动力市场的需求，提高适配性

由于产业结构升级迭代，各生产力要素在全球范围内活跃，全球劳动力市场需求正在发生深刻变化，随即在供给端对职业教育与技能培训产生影响。世界经合组织在《构建面向未来的职业教育与培训体系》报告中指出，职业教育与培训在保证年轻人和成年人拥有劳动力市场所需技能方面发挥关键作用，但仍需在各个方面进行改革，职业教育改革应重点关注职业教育的响应能力、灵活性和创新性等方面，以应对社会变革带来的劳动力技能需求变化。芬兰教育部在《芬兰的职业教育与培训》报告中表示，芬兰的职业教育与培训重视劳动力市场需求的变化，依托完善的"双轨制"教育体系，与时俱进地推动新技术在芬兰教育体系中的运用，以适应劳动力市场瞬息万变的需求；世界经济论坛持续关注中、低收入国家的职业教育和培训，认为职业教育的技能培训与劳动力市场需求的匹配度较低，主要是因为学习者面临困难、教师得不到支持以及对培训提供者的激励不足，提出要采取措施推动中、低收入国家职业教育与培训的转型升级，提升市场需求的匹配度；韩国教育部在匹配劳动力市场的需求方面作出了积极尝试，建立一批工业需求驱动型高中，将劳动者的技能培训和劳动力市场需求紧密结合。各个国家和国际组织对职业教育灵活度的关注将有助于提升技能培训与劳动力市场需求的匹配度。

（七）推动证书改革进程，完善评估方式方法

职业教育的考核和评估对助力职业教育发展有着重要的引导作用，世界各国和国际组织推动评估方式与时俱进，促进职业教育实现跨越式发展。东南亚教育部长组织（SEAMEO）在《东南亚教育格局综合分析》报告中提到，东南亚各国和各国际组织一直致力于制定微观证书的框架和标

准，并将其纳入正规职业教育培训与认定体系，从而实现各证书的统一认定，提升微观证书的含金量和社会认可度，从而增加职业技能培训的途径，为提高劳动力市场供给质量提供保障；2020 年，英国教育部为改革职业教育推出 T-level 课程，课程融合理论与实践，提升英国劳动力的竞争力。2020—2022 年，T-level 课程不断扩大授课领域，计划最终于 2023 年完成全部课程。2023 年，第 57 任英国首相苏纳克提出，未来十年将有序推动教育制度改革，合并 A-level 和 T-level 课程，将义务教育证书和职业技能证书合并为单一学历资质证书——"英国高级资历"（Advanced British Standard）。此举将革新职业教育评估方式，引领人才培养，提升毕业生的国际市场竞争力。

（八）推动数字化转型，优化职业教育生态

在数字经济浪潮下，全球职业教育面临着数字化转型的挑战，同时也迎来了通过数字化升级增强职业教育的吸引力、适配劳动力市场需求、塑造职业教育新生态的机遇。东南亚教育部长组织（SEAMEO）在其发布的《东南亚教育格局综合分析》报告中指出，数字技术具有虚拟现实、可重复操作的特点，推广增强现实技术和虚拟现实技术乃是推动职业教育和培训数字化升级的关键一步，职业教育能够借助数字技术的优势增强学生在模拟不同技能环境中的体验感；国际职业技术教育与培训中心（UNEVOC）通过汇集信息、分享实践实例和召开网络研讨会等方式，支持职业技术教育与培训方面的数字创新，并提供数字技能提升指导，从而推动职业教育数字化转型；赞比亚职业和创业培训管理局建立了专有平台，提供免费的数字技能课，助力提升各个群体的数字技能，为推进职业教育数字化转型迈出了坚实的一步。纵观全球，各国际组织和地区皆顺应着时代潮流，积极抓住机遇实现职业教育的数字化转型升级，优化职业教育生态。

（九）重视绿色经济，推动可持续发展

世界各国愈发关注绿色理念，积极推动经济、产业的结构性调整，实现教育和经济的可持续发展。联合国教科文组织（UNESCO）在《2030 年教育议程》中强调，需要借助绿色经济的重要作用，推动社会向数字化社会、可持续发展型社会过渡，通过提升劳动者的绿色技能，培养绿色经济

社会所需要的人才，实现职业教育和经济社会的双赢。欧盟同样关注绿色经济，其在发布的《劳动力市场的绿色转型》报告中指出，技能提升和绿色发展两者之间是相辅相成的关系。该报告还对当前教育与培训是否确保了公民平等地获得绿色技能作出评估，分析了实现绿色公平的障碍与解决方法，并分享了成员国为创造平等获得绿色教育与培训机会所采取的做法。德国联邦教育和研究部设立专门项目"Perspective 50plus"，为绿色教育与培训创造平等、公正的社会环境，推动职业教育的可持续发展。

五、世界职业教育发展对中国职业教育改革的启示

（一）政府重视以及法治护航是职业教育发展的必要保障

长期以来，我国社会普遍存在重视普通教育轻视职业教育的倾向，与普通教育文凭证书相比，职业教育文凭证书显得缺乏"含金量"，职业教育处于弱势地位。这种现状严重制约了职业教育的进一步发展。政府应从政策上向职业教育倾斜，采取多种措施扶持职业教育：加大经费投入力度，职业院校免收或少收学费，给职校学生专项补贴；明确规定中、高等学校招生计划中职业院校的招生比例不低于50%；强化劳动准入制度，使"先培训，后就业，未经培训不得就业"成为一种制度；成立全国统一的职业资格评审机构，规范管理职业资格证书等，并通过立法保证职业教育的优先发展地位，为职业教育的发展提供良好的社会环境和政策保障。

（二）树立终身教育观念，促进普通教育与职业教育的相互衔接，是职业教育发展的必由之路

目前，我国普通教育、职业教育的地位相差悬殊，普通教育处于绝对优势的地位，而且两者之间缺乏必要的衔接沟通渠道，又进一步加剧了普教职教的不平衡发展。在职业教育的社会地位未能得到根本改变之前，我们应该努力让普通教育与职业教育相互衔接，以提高职业教育的社会认可程度，这种衔接一是指学习途径的衔接，应该在普通院校与职业院校之间建立"立交桥"，让普通院校的学生有途径进入职业院校学习，职业院校的学生也有到普通院校深造的机会。二是指文凭证书的衔接，要建立职业教育证书与普通教育证书"等值""换算"的渠道，让职业教育证书可对

应享有普通教育证书的同等效力。例如，法律可明文规定，技术工人享受专业技术人员同等待遇，中、高级职业技能证书等同于中、高级专业技术证书，具有大专、本科毕业证书同等效力；优秀技术工人、高级技工、国家职业技能大赛获奖者等可免试到相关高校学习深造；高等职业教育毕业证书享有与普通高等教育毕业证书相同的效力，在考研、考公务员、评职称等方面享有同等待遇等。

（三）服务全体社会成员，培养学生职业技能，是职业教育发展的方向

现代职业教育的新理念认为，职业教育是面向全民的教育让所有的人有机会接受职业教育，准备就业，是人的基本权利。在我国，中等职业学校在招生上可以实行初中毕业生就近申请入学，社会在职人员随时报名参加培训的办法。目前高等职业学校教育资源还比较有限，暂时还不能普遍实行免试申请入学的方式，必须通过考试的方式选拔合格人才进入高等职业学校，考试应该坚持"职业技能考查为主，文化基础考试为辅"的原则，同时为社会在职人员进入高等职业院校学习深造开辟"绿色通道"，社会在职人员只要具备相当水平的职业技能，就可以申请进入高等职业院校学习，如具备中级以上职业技能等级证书或专业技术资格证书，或者是工作10年以上、参加中职职业培训且表现突出，或者是在县级以上职业技能竞赛中获奖等，入学资格可以多元化，学习方式也可多种多样，高等职业院校不得无故拒绝符合条件的社会在职人员入学。

同时，要大力深化职业院校教育教学改革。职业院校应该坚持"以服务为宗旨，以就业为导向"的办学方针，加强对学生实践能力和职业技能的培养，课程学习应实行以职业实践、动手操作为主，基础理论课为辅。要重视实践和实训环节教学，鼓励、引导学生考取职业资格证书，提高学生的职业技能水平和实践能力。

（四）推动校企合作，建设"双师型"教师队伍，是职业教育发展的动力

职业教育的发展不能离开企业的参与，要在政府有关部门的主导下，建立企业参与职业院校的教学、管理与评估的渠道，让企业与职业院校形成"互动"，实现"双赢"。应以企业的需要为主导制定新型的职业资格标准，有效地适应科学技术的发展以及市场与就业方式的变化，督促职业院

校培养企业需要的人才，在相当程度上满足企业对高质量劳动者和技术人才的需求，为企业的进一步发展提供智力支持和人才保障。职业院校应该充分利用企业资源，加强"双师型"教师队伍建设，全面提高教育教学质量，更好地满足社会的需求。职业院校可实行专职教师与兼职教师相结合的新型教师培养机制：一是"引进来"。面向企业聘用专家、工程技术人员、高技能人才到学校兼任专业课教师或实习指导教师。二是"走出去"。建立职业院校教师到企业实践制度，专业教师每两年必须有两个月到企业或生产服务一线实践，熟悉企业生产实际。

（五）深化产教融合，对接具有地方优势的特色产业，是职业教育发展的创新路径

建立与地方特色产业的企业深度合作关系，通过共建专业、联合培养、技术研发、师资互聘、实习实训基地建设、企业参与课程建设等，确保教学内容与产业需求紧密结合。根据产业需求调整课程结构，引入更多的实践教学内容，让学生在学习过程中就能接触到真实的行业场景。搭建产教融合服务平台，如创新创业孵化器、技术转移中心等，促进教育成果向产业转化，同时也为企业提供技术支持和人才资源。积极争取地方政府的支持，包括政策倾斜、财政补贴、税收优惠等，为产教融合创造良好的外部环境。深化产教融合对接具有地方优势的特色产业，需要教育机构、政府、企业和社会各界共同努力，持续优化合作模式，形成多元化的产教融合生态，确保职业教育与地方特色产业发展同步，培养出更多符合产业发展需求的高素质技术技能型人才。通过职业教育与产业的深度融合，以产业发展推动职业教育向更高水平发展。

第三章 中国职业教育体系的形成与发展

中国职业教育的形成和发展经历了一个漫长而复杂的过程，它与国家的经济发展、社会需求和教育改革紧密相连。在古老的父子、师徒式的教育过程中，职业教育已经逐渐萌芽和成长起来，到近代以后，随着西方技术和思想的输入，中国的职业教育进入一个逐步发展和完善阶段。在新时代职业教育承担着培养多样化人才、传承技术技能、促进就业创业的重任，在支撑国家产业结构转型升级、推进中国制造和服务水平提升，保障民生等方面作出了重要贡献。

中国职业教育逐步从外延式发展向内涵式发展转变，在标准体系构建、师资队伍建设、校企双主体育人、数字信息化实践等方面取得了积极成效。顺应数字化时代的发展需要，探索数字产业人培养新模式，加快职业教育数字化转型。巩固职业教育类型定位，推进不同层次职业教育纵向贯通，促进不同类型教育横向融通，完善产教融合办学体制，创新校企合作办学模式，加快推进我国现代职业教育体系向更加专业化、系统化和国际化的方面发展，以满足中国式现代化背景下经济社会发展的新需求，并为个人提供更多更好的成长和发展机会。

一、中国职业教育的起源

关于我国职业教育起源的探究，其本身就是个"仁者见仁、智者见智"的问题。由于所持立场的出发点不一样，国内学界对此形成了两种不同的看法。

（一）在古代劳动中形成

一些学者认为，我国的职业教育起源于中国古代的劳动之中，即"古代说"。持这种观点的学者认为："人类为了生存，必须从事生产劳动，在劳动中不断地创造技能、总结经验、积累知识，并把这些技能、经验和知识传授给下一代。在这种传授的过程中，产生了古代的职业教育。"

中华文明源远流长，职业技术教育的萌芽很早就产生了。早期古籍中就有神农氏"教民农耕"，伏羲氏"教民拘兽以为畜"，嫘祖"教民育蚕，治丝茧以供衣服"等的记载，有学者把这种人类原始农业技术的传授称为"原始的职业性教育"。夏商周时期，手工业由官府垄断，出现了一种带有强制性的职业性教育形式，那就是强迫奴隶进行生产；春秋战国时期，中国逐步进入封建社会，出现了家业父传子型的职业技术教育形式；自秦汉以后，随着政治经济和科学文化的发展，社会分工更加扩大，职业教育除继承前代的传统外，又有了新的发展。

（二）西学东渐之态势形成

也有一些学者认为，我国的职业教育真正起源于西学东渐的过程，即"外来说"。持这种观点的学者认为："伴随着鸦片战争的隆隆炮声，'闭关锁国'的屏障被彻底打碎，西学东渐的历史序幕被正式拉开。"

不论中国人自觉不自觉，情愿不情愿，"西学"以它本身所具有的强大势能向中国社会的各个层面渗透，具体的途径为：一是通过西方传教士传播西学。其标志之一便是创办教会学校，以教会学校为阵营传播宗教，同时也带来了西方先进的科学技术知识和世俗文化。二是通过洋务派创办的新式学堂使"西学"得到传播。三是通过留学教育来传播西学，并且这也成为引进和传播西学最简捷、最有效的途径。在中国近代百年的历史上，数万学子出国留学，通过他们构建起了西学东渐的桥梁。四是近代中国的有识之士通过翻译西书、创办报刊等活动也广泛地传播了西学。

二、中国职业教育的发展历程

我国职业教育可追溯到古代，但职业教育体系的形成却始于近代。中国现代职业教育体系作为独立的教育体系，形成于 1904 年"癸卯学制"。

在 100 余年的发展过程中，我国职业教育体系大致经历了借鉴与初创（1902—1912 年）、承袭与探索（1913—1949 年）、改造与受挫（1950—1978 年）和完善与创新（1979 年至今）四个阶段。

（一）借鉴与初创阶段（1902—1912 年）

鸦片战争后，新式学堂的建立为我国现代职业教育体系的形成奠定了基础。1902 年，清政府拟定了《钦定学堂章程》，即"壬寅学制"。在"壬寅学制"中将实业教育纳入学制，但只在各级普通学堂章程中略微提及，以一种附属的形式存在于学制中，并未进行独立表述。1904 年，张百熙、张之洞、荣庆等人合拟《奏定学堂章程》，即"癸卯学制"，并正式颁布实施。"癸卯学制"构建了以普通教育、师范教育与实业教育为主干的国民教育体系，实业教育也第一次以相对独立和完整的形态出现，在层次、阶段、形式上已基本齐全。在层次上，分为初、中、高三等，其中除高等实业学堂单设外，初中等实业学堂均附设于中等各实业学堂及普通中小学堂内。在阶段上，分为职业启蒙、职业准备和职业继续教育三个阶段。在类型上，分为农、工、商、商船四种，其中又以初、中等工、农为主。在形式上，分为学校教育、职业培训和学徒制。在分布上，主要集中于沿海、沿江及沿铁路线的发达地区或内陆发达地区。与此同时，还出台了一系列与之配套的法律。

（二）承袭与探索阶段（1913—1949 年）

19 世纪末 20 世纪初，面对西方列强的侵略和不平等条约的压迫，我国实施了振兴民族实业的政策，并相继建立了一些新兴行业。同时，在这一时期，我国职业教育受到了外来职业教育思想的影响，职业教育思潮异常活跃，与我国传统文化相适应的职业教育体系也在不断构建中。我国职业教育在层次上，以初、中等为主；在类别上，分农、工、商、商船、家事、师范等，但仍以农、工、商和商船为主；在阶段上，职业启蒙、职业准备和职业继续教育齐全；在形式上，分为学校教育制和学徒制；在分布上，地区之间的不平衡有了很大改观。职业教育体系结构的结合方式有职业学校制、学徒制和综合中学制。

（三）改造与受挫（1950—1978 年）

在这一时期，我国职业教育体系经历了除旧呈新的转变。在职业教育体系性质上，其逐步改造为民主的、大众的教育；在层次上，分为初等和中等，以中等技术教育为主；在类别上，分为工科、农林、医科、财经、政法、体育、文教、艺术、旅游服务等；在阶段上，职业启蒙阶段仍在小学进行，职业准备阶段的教育主要在初、高中进行，职业继续教育阶段在各类中高等院校、业余学校进行；在形式上，分为职业学校教育和学徒制，企业、工厂、农场和军队等也参与到职业教育办学中来；在分布上，城乡二元结构明显，但较中华人民共和国成立前已有很大改进。

（四）完善与创新（1979 年至今）

经过几十年来的探索和发展，我国职业教育体系在借鉴世界发达国家职业教育体系的基础上，逐渐形成了具有中国职业教育特色的体系。

（1）在办学形式上，有公办与民办两种。但从整体而言，我国职业教育的办学形式主要为公办为主，同时民办等其他形式也并存。

（2）在教育形式上，我国的职业教育主要包括职业学校教育、职业培训和民间学徒制三种。就目前而言，职业学校教育是我国职业技术教育的主要形式，主要由各级各类职业学校承担。初等职业学校仅有职业初中，诸如初中毕业后的"3+1"模式等；中等职业学校包括中等专业学校、职业高中、技工学校和成人中专；高等职业学校主要包括职业技术学院、职业大学、高等专科学校、成人高校以及技师学院。职业培训是非学历性的短期职业教育。依据职业技能标准，培训的层次分为初级、中级、高级和其他适应性培训。培训工作主要由技工学校、就业培训中心、社会和各方面（包括个人）举办的培训机构承担。民间学徒制是以经验技术为主的生产劳动技术的传授方式。

三、中国现代职业教育体系的形成

我国职业教育的形成和发展历程可以追溯到古代，然而具有实质意义的中国现代职业教育体系是从 20 世纪 80 年代开始才逐步构建来的。

（一）起步阶段（20 世纪 80 年代以前）

职业教育在中国的发展可以追溯到 19 世纪 60 年代，当时被称为"实业教育"。1917 年，黄炎培先生在上海创立中华职业教育社，强调职业教育与社会经济发展紧密相连。从中华人民共和国成立到改革开放前，职业教育经历了巨大的变革。技术教育得到广泛开展，旨在培养国家经济建设所需的技术人才。中等技术教育制度逐步建立，涵盖了中等专业教育、技工学校教育、农业中学和职业中学等。随着我国改革开放的不断深入，经济社会的快速发展对人才的需求发生了巨大变化。为了适应这种变化，职业教育开始受到重视。此阶段的主要目标是，建立初步的职业教育体系，通过设立职业高中、技工学校等机构，开始为社会培养大批的技能型人才。

（二）发展阶段（20世纪90年代至21世纪初）

进入20世纪90年代，职业教育进入了一个快速发展的阶段。1996年，《中华人民共和国职业教育法》的颁布为职业教育的发展提供了法律保障。此外，各地开始积极探索职业教育与产业发展的结合，加强实践教学，提高职业教育的质量和效益。改革开放后，职业教育开始恢复发展。国家高度重视职业教育，通过一系列政策和措施推动其发展。职业教育开始适应经济体制改革和产业结构调整的需要，培养了大批技术技能人才。

（三）创新阶段（21世纪10年代至21世纪20年代）

进入21世纪，随着全球化和信息化的发展，职业教育面临新的挑战和机遇，我国职业教育进入创新发展阶段。国家提出了"产教融合、校企合作"的办学模式，鼓励企业参与职业教育，提高职业教育的针对性和实用性。同时，随着国家对技术技能人才的重视日益提升，职业教育也逐渐得到了社会各界的广泛认可和支持。政府施行了一系列政策措施，如《关于加快发展现代职业教育的决定》等，推动了职业教育的现代化和专业化。职业教育逐渐与市场需求接轨，提高了人才培养质量。

（四）高质量发展阶段（21世纪20年代开始至今）

近年来，我国职业教育进入高质量发展阶段。政府进一步加大对职业教育的投入，大力推动产教融合、校企合作，切实提高人才培养的针对性和实用性。同时，职业教育逐渐走向国际化，积极参与国际交流与合作，现代职业教育体系加快构建，取得了显著成效，主要表现在以下几个方面：

（1）独具特色的中国职业教育模式基本形成。其核心为"五个坚持"：

坚持立德树人、德技并修，坚持产教融合、校企合作，坚持面向市场、促进就业，坚持面向实践、强化能力，坚持面向人人、因材施教。这五个坚持也被写进了新修订的《中华人民共和国职业教育法》。

（2）现代职业教育体系布局基本成型。中职学校与高职学校数已分别占到高中阶段和高等教育的"半壁江山"，覆盖县、市，成为教育体系的重要支柱。

（3）职业教育的社会认可度有了显著提升。高职就业率总体上稳居高等教育之首，招生吸引力增强，反映出用人单位和学生及家长对职业教育的认可。

（4）职业教育为产业发展提供了坚实支撑，现代服务业、现代制造业、战略性新兴产业新增劳动力七成源自职业教育，彰显了职业教育的现实贡献。

四、中国现代职业教育体系的改革与创新

新时代以来，我国职业教育从模式到机制进行了大量卓有成效的探索，也取得了很大的成绩。未来，我们要通过"一体两翼"的新的工作布局和实践载体，注入新的驱动力，促进产教融合创新发展。"一体"就是探索省域现代职业教育体系建设新模式；"两翼"就是市域产教联合体和行业产教融合共同体。面对校企合作长期存在的"一头冷、一头热"的问题，一方面学校要提升自身的实力和能力，提升服务产业的技术附加值；另一方面学校要发挥政府、市场的双重作用，促进企业合作，实现产教融合。

在全面建设社会主义现代化国家的新征程中，职业教育前途广阔、大有可为。2022 年 12 月，中共中央办公厅、国务院办公厅印发《关于深化现代职业教育体系建设改革的意见》，着力解决职业教育改革发展中的突出矛盾和问题。近年来，各地各校展开了深入探究与实践，致力于构建现代职业教育体系。

（一）加强省域现代职业教育体系建设

2022 年，《天津市职业教育产教融合促进条例》（以下简称《条例》）颁布，这是全国首部有关职业教育产教融合的地方性法规。《条例》明确

市人民政府应当加强对职业教育产教融合工作的领导，健全完善工作协调机制，研究解决职业教育产教融合中的重大问题。《条例》为职业教育产教融合提供了精准的指导，有助于实现职业教育与经济社会的同步规划、与产业建设的同步实施、与技术发展的同步升级。近年来，为进一步把职业教育融入经济社会发展大局，天津市进行了积极探索。越来越多的人意识到：现代职业教育不能简单理解为职业学校办的教育，而是一项系统工程，涉及政府、行业、企业、学校等各个方面，应从更高站位进行谋篇布局。

加强省域现代职业教育体系建设，以点上的改革突破带动面上高质量发展，是深化现代职业教育体系建设改革的重要任务。教育部已经与8个省份共建省域现代职业教育体系建设新模式试点。

（二）企业直接投身于教育教学资源开发

2022年7月，国家轨道交通装备行业产教融合共同体在江苏常州成立，这是教育部支持建设的首个国家级行业产教融合共同体。该共同体由中车集团、有关高水平大学、职业院校共同牵头，成员单位包括5个产业集聚区、9所普通高校、34所职业院校、中国中车及49家所属子公司、4家科研院所。该共同体更加注重由行业龙头企业把握产教融合的主导权。只有让企业深入参与职业院校人才培养的全过程，职业教育才能真正围绕产业需要来办学，服务现代产业体系建设。

实实在在办好职业教育，改变产教融合合而不深、校企合作校热企冷的状况，大力推进市域产教联合体、行业产教融合共同体建设，搭建企业直接参与教育教学资源开发平台，成为题中之义。

近年来，市域产教联合体、行业产教融合共同体不断创新运行机制，成为服务区域经济发展的新载体。2023年，通过建设国家级市域产教联合体、行业产教融合共同体，有近1.2万人次教师入企实践、6 000多名企业高技能人才入校授课，2 400多门课程得到优化更新、500多门企业优质培训课程转化为学校课程，职业教育资源日益丰富。

（三）增强职业院校关键办学能力

深化现代职业教育体系建设改革，归根到底是要服务人的全面发展，要让有不同禀赋和需要的学生能够多次选择、多样化成才。基于此，围绕职业教育自立自强，增强职业学校关键办学能力尤为重要。浙江省印发的《关于加快构建现代职业教育体系的实施意见》指出，鼓励高水平大学面向中职招收拔尖创新学生，畅通职业教育学生专业学位研究生培养通道。

目前在新一代信息技术等 6 个先进制造业重点领域，84 门专业课程改革试点稳步推进；"职教国培"示范项目启动，遴选确定国家级"双师型"教师和校长培训基地 213 个；实施职业教育现场工程师专项培养计划，540 个项目完成申报；职业教育高考方案逐步完善，应用型本科学校在职业教育高考中的招生规模不断扩大。围绕办学能力，我国将继续推出一批关键政策和重点项目。一方面要建设一批引领职业教育领域改革的国家级项目，树立标杆、打造品牌；另一方面针对难点，从国家层面出台政策，引导基层大胆试、大胆闯。要以深化产教融合为突破口，以推进职普融通为关键点，以促进科教融汇为新方向，加快构建政府主导、多元参与、需求驱动、开放融合的现代职业教育体系。

总体来说，我国职业教育的发展历程是一个不断适应经济社会发展需求、不断调整和完善的过程。从最初的起步阶段到现在的创新阶段，职业教育已经形成了比较完整的体系，为我国经济社会的发展做出了巨大贡献。未来，随着我国经济的转型升级和产业结构的优化，职业教育将继续发挥重要作用，培养出更多高素质的技术技能人才，推动我国的经济社会发展。

五、中国现代职业教育高质量发展的总体规划

2021 年 10 月，中共中央办公厅、国务院办公厅印发了《关于推动现代职业教育高质量发展的意见》（以下简称《意见》）。《意见》指出：职业教育是国民教育体系和人力资源开发的重要组成部分，肩负着培养多样化人才、传承技术技能、促进就业创业的重要职责。在全面建设社会主义现代化国家的新征程中，职业教育前途广阔、大有可为。

（一）总体要求

1. 指导思想

以习近平新时代中国特色社会主义思想为指导，深入贯彻党的十九大和党的十九届二中、三中、四中、五中全会精神，坚持党的领导，坚持正

确办学方向，坚持立德树人，优化类型定位，深入推进育人方式、办学模式、管理体制、保障机制改革，切实增强职业教育的适应性，加速构建现代职业教育体系，建设技能型社会，弘扬工匠精神，培育更多高素质技术技能人才、能工巧匠、大国工匠，为全面建设社会主义现代化国家提供强有力的人才和技能支撑。

2. 工作要求

坚持立德树人、德技并修，推动思想政治教育与技术技能培养融合统一；坚持产教融合、校企合作，推动形成产教良性互动、校企优势互补的发展格局；坚持面向市场、促进就业，推动学校布局、专业设置、人才培养与市场需求相对接；坚持面向实践、强化能力，让更多青年凭借一技之长实现人生价值；坚持面向人人、因材施教，营造人人努力成才、人人皆可成才、人人尽展其才的良好环境。

3. 主要目标

到 2025 年，职业教育的类型特色愈发鲜明，现代职业教育体系基本建成，技能型社会建设全面推进。办学格局更加优化，办学条件大幅改善，职业本科教育招生规模不低于高等职业教育招生规模的 10%，职业教育吸引力和培养质量显著提高。

到 2035 年，职业教育的整体水平跻身世界前列，技能型社会基本建成。技术技能人才社会地位大幅提升，职业教育供给与经济社会发展需求高度匹配，在全面建设社会主义现代化国家中所发挥的作用显著增强。

（二）创新现代职业教育的类型特色

1. 巩固职业教育类型定位

因地制宜、统筹推进职业教育与普通教育协调发展。加快建立"职教高考"制度，完善"文化素质+职业技能"的考试招生办法，加强省级统筹，确保公平公正。加强职业教育理论研究，及时总结具有中国特色的职业教育办学规律和制度模式。

2. 推进不同层次职业教育纵向贯通

大力提升中等职业教育办学质量，优化布局结构，实施中等职业学校办学条件达标工程，采取合并、合作、托管、集团办学等措施，建设一批优秀中等职业学校和优质专业，注重为高等职业教育输送具有扎实技术技能基础和合格文化基础的生源。支持有条件的中等职业学校根据当地经济社会发展需要试办社区学院。推进高等职业教育提质培优，实施好"双高计划"，集中力量建设一批高水平高等职业学校和专业。稳步发展职业本科教育，高标准建设职业本科学校和专业，保持职业教育办学方向不变、培养模式不变、特色发展不变。一体化设计职业教育人才培养体系，推动各层次职业教育专业设置、培养目标、课程体系、培养方案衔接，支持在培养周期长、技能要求高的专业领域实施长学制培养。鼓励应用型本科学校开展职业本科教育。按照专业大致对口原则，指导应用型本科学校、职业本科学校吸引更多中高职毕业生报考。

3. 促进不同类型教育横向融通

加强各学段普通教育与职业教育渗透融通，在普通中小学实施职业启蒙教育，培养对掌握技能的兴趣爱好以及职业生涯规划的意识和能力。探索发展以专项技能培养为主要方向的特色综合高中。推动中等职业学校与普通高中、高等职业学校与应用型大学课程互选、学分互认。鼓励职业学校开展补贴性培训和市场化社会培训。制定国家资历框架，建设职业教育国家学分银行，实现各类学习成果的认证、积累和转换，加快构建服务全民终身学习的教育体系。

（三）完善产教融合办学的体制机制

1. 优化职业教育供给结构

围绕国家重大战略，紧密对接产业升级和技术变革趋势，优先发展先进制造、新能源、新材料、现代农业、现代信息技术、生物技术、人工智能等产业需要的一批新兴专业，加快建设学前、护理、康养、家政等一批人才紧缺的专业，改造升级钢铁冶金、化工医药、建筑工程、轻纺制造等一批传统专业，撤并淘汰供给过剩、就业率低、职业岗位消失的专业，鼓励学校开设更多紧缺的、符合市场需求的专业，形成紧密对接产业链、创新链的专业体系。优化区域资源配置，推进部省共建职业教育创新发展高地，持续深化职业教育东西部协作。启动实施技能型社会职业教育体系建设地方试点。支持办好面向农村的职业教育，强化校地合作、育训结合，加快培养乡村振兴人才，鼓励更多农民、返乡农民工接受职业教育。支持行业企业进行技术技能人才的培养培训，推行终身职业技能培训制度以及在岗继续教育制度。

2. 健全多元办学格局

构建政府统筹管理、行业企业积极举办、社会力量深度参与的多元办学格局。健全国有资产评估、产权流转、权益分配、干部人事管理等制度。鼓励上市公司、行业龙头企业举办职业教育，鼓励各类企业依法参与举办职业教育。鼓励职业学校与社会资本合作共建职业教育基础设施、实训基地，共建共享公共实训基地。

3. 协同推进产教深度融合

各级政府要统筹职业教育和人力资源开发的规模、结构和层次，将产教融合列入经济社会发展规划。以城市为节点、行业为支点、企业为重点，建设一批产教融合试点城市，打造一批引领产教融合的标杆行业，培育一批行业领先的产教融合型企业。积极培育市场导向、供需匹配、服务精准、运作规范的产教融合服务组织。分级分类编制发布产业结构动态调整报告、行业人才就业状况和需求预测报告。

（四）创新校企合作办学机制

1. 丰富职业学校办学形态

职业学校要积极与优质企业开展双边多边技术协作，共建技术技能创新平台、专业化技术转移机构和大学科技园、科技企业孵化器、众创空间，服务地方中小微企业技术升级和产品研发。推动职业学校在企业设立实习实训基地、企业在职业学校建设培养培训基地。推动校企共建共管产业学院、企业学院，延伸职业学校办学空间。

2. 拓展校企合作的形式与内容

职业学校要主动吸纳行业龙头企业深度参与职业教育专业规划、课程设置、教材开发、教学设计、教学实施，合作共建新专业、开发新课程、开展订单培养。鼓励行业龙头企业主导建立全国性、行业性职教集团，推进实体化运作。探索具有中国特色的学徒制，大力培养技术技能人才。支持企业接收学生实习实训，引导企业按岗位总量的一定比例设立学徒岗位。严禁向学生违规收取实习实训费用。

3. 优化校企合作政策环境

各地要把促进企业参与校企合作、培养技术技能人才作为产业发展规划、产业激励政策、乡村振兴规划制定的重要内容，对产教融合型企业给予"金融+财政+土地+信用"组合式激励，按规定落实相关税费政策。工业和信息化部门要把企业参与校企合作的情况，作为各类示范企业评选的重要参考。教育、人力资源和社会保障部门要把校企合作的成效作为评价职业学校办学质量的重要内容。国有资产监督管理机构要支持企业参与和举办职业教育。鼓励金融机构依法依规为校企合作提供相关信贷和融资支持。积极探索职业学校的实习生参加工伤保险条例。加快推进职业学校学生实习实训责任保险和人身意外伤害保险的发展，鼓励保险公司对现代学徒制、企业新型学徒制保险专门确定费率。职业学校通过校企合作、技术服务、社会培训、自办企业等所得收入，可按一定比例作为绩效工资来源。

（五）深化教育教学改革

1. 加强"双师型"教师队伍建设

加强师德师风建设，全面提升教师素养。完善职业教育教师资格认定制度，在国家教师资格考试中强化专业教学和实践要求。制定"双师型"教师标准，完善教师招聘、专业技术职务评聘和绩效考核标准。按照职业学校生师的比例和结构要求配足专业教师。加强职业技术师范学校建设。支持高水平学校和大中型企业共建"双师型"教师培养培训基地，落实教师定期到企业实践的规定，支持企业技术骨干到学校从教，推进固定岗与流动岗相结合、校企互聘兼职的教师队伍建设改革。继续实施职业院校教师素质提高计划。

2. 创新教学模式与方法

提高思想政治理论课和质量和实效，推进习近平新时代中国特色社会主义思想进教材、进课堂、进头脑。举办职业学校思想政治教育课程教师教学能力比赛。普遍开展项目教学、情境教学、模块化教学，推动现代信息技术与教育教学深度融合，提高课堂教学质量。全面实施弹性学习和学分制管理，支持学生积极参加社会实践、创新创业、竞赛活动。办好全国职业院校技能大赛。

3. 改进教学内容与教材

完善"岗课赛证"综合育人机制，按照生产实际和岗位需求设计开发课程，开发模块化、系统化的实训课程体系架构，提升学生的实践能力。深入推行职业技能等级证书制度，完善认证管理办法，加强事中、事后监管。及时更新教学标准，将新技术、新工艺、新规范、典型生产案例及时纳入教学内容。把职业技能等级证书所体现的先进标准融入人才培养方案。强化教材建设国家事权，分层规划，完善职业教育教材的编写、审核、选用、使用、更新、评价监管机制。引导地方、行业和学校按规定建设具有地方特色的教材、行业适用教材、校本专业教材。

4. 完善质量保证体系

建立健全教师、课程、教材、教学、实习实训、信息化、安全等国家职业教育标准，鼓励地方结合实际出台更高要求的地方标准，支持行业组织、龙头企业参与制定标准。推进职业学校教学工作诊断与改进制度建设。完善职业教育督导评估办法，加强对地方政府履行职业教育职责的督导，做好中等职业学校办学能力评估和高等职业学校适应社会需求能力的评估。健全国家、省、学校质量年报制度，定期组织质量年报的审查抽查，提高编制水平，加大公开力度。强化评价结果运用，将其作为批复学校设置、核定招生计划、安排重大项目的重要参考。

六、中国现代职业教育体系建设的基本任务和创新举措

加快构建央地互动、区域联动、政行企校协同的职业教育高质量发展新机制，有序且有效地推进现代职业教育体系的建设、改革与发展。

（一）发展机遇

1. 国家刚需是职业教育发展的基本牵引

国家新型工业化、以制造业为核心的实体经济战略都对产业技术工人有着明确的需求。中国作为工业门类最齐全的国家，制造业规模全球领先，对职业教育有刚性需求。随着国家经济发展和产业升级，发展职业教育的必要性毋庸置疑。因此，职业教育前景广阔，对此我们应充满信心。

2. 职教体系自身的升级为职业教育提供了更多空间

一方面，职业教育本科规模进一步拓展，助力形成规模更大、更加合理的本科高等教育；另一方面，职业教育体系概念的外延得以拓展，已不只限于传统的职业学校范畴，还融入了职普融通、产教融合等理念，我们对职业教育的认识进一步加深。

3. "分类推进高校改革"将为职业教育带来新机遇

职业教育作为一种教育类型，职业高校作为高等学校中的一类，都非常值得期待。

（二）基本任务

1. 打造市域产教联合体

现代职业教育要成为兼具人才培养、创新创业、促进产业经济高质量发展功能的省级市域产教联合体。充分发挥政府的主导作用，建立政行企校密切配合、协调联动的工作机制，推动市域产教联合体实体化运作。搭建共性技术服务平台，建设一批产教融合实训基地，广泛开展具有中国特色的学徒制培养，引导联合体内企业广泛接收职业院校的学生开展实习实训，支持学校服务企业技术创新、工艺改进、产品升级，促进教育链、人才链与产业链、创新链紧密结合。省级教育行政部门负责领导本省级行政区域的市域产教联合体建设，要防止一哄而上、盲目建设。

2. 打造行业产教融合共同体

地方政府要支持由龙头企业和高水平高等学校、职业学校牵头，联合行业组织、学校、科研机构、上下游企业等共同参与，组建一批产教深度融合、服务高效对接、支撑行业发展的跨区域行业产教融合共同体。建立健全实体化运行机制，有组织地开发优质教学评价标准、专业核心课程、实践能力项目以及教学装备，培养行业急需的高素质技术技能人才。建成一批行业领先的技术创新中心，形成同市场需求相适应、同产业结构相匹配的现代职业教育结构和区域布局。

3. 建设开放型区域产教融合实践中心

要面向国家重大战略和区域经济发展，对标产业发展前沿，建设一批集实践教学、社会培训、真实生产和技术服务功能于一体的学校实践中心、企业实践中心和公共实践中心。

4. 持续建设职业教育专业教学资源库

适应职业教育数字化转型趋势和变革要求，加快构建涵盖校、省、国家三级，中职、高职、本科全覆盖的职业教育专业教学资源库共建共享体系。资源库要围绕某个专业开展建设，涵盖专业人才培养方案、课程教学资源、知识图谱、必备技能以及对应的职业岗位标准，覆盖全部专业核心课程，扩展建设必要的专业基础课程，为学习者提供便捷、高效的全流程学习服务。各校要深化国家职业教育智慧教育平台应用，优先使用全国性、区域性的资源库，鼓励根据人才培养需要建设有特色的校级资源库。

5. 建设职业教育信息化标杆学校

各类职业学校要积极落实《职业院校数字校园规范》，建设校本大数据中心，搭建一体化智能化教学、管理与服务平台，持续丰富师生发展、教育教学、实习实训、管理服务等应用场景，落实网络安全责任。学校有序接入"全国职业教育智慧大脑院校中台"，接受管理方面的监测。在数字资源丰富、功能应用强大、赋能效果良好的区域性信息化标杆学校的基础上，有组织地指导建设全国性信息化标杆学校。

6. 建设职业教育示范性虚拟仿真实训基地

职业学校要瞄准专业实训教学中"高投入高难度高风险、难实施难观摩难再现"等现实问题，结合自身实际，建设职业教育虚拟仿真实训基地。该基地要有效地运用虚拟现实、数字孪生等新一代信息技术，开发资源、升级设备、构建课程、组建团队，革新传统实训模式，有效服务专业实训和社会培训等。

7. 开展职业教育一流核心课程和优质教材的建设

根据各区域重点产业发展需求，统筹在线课程和线下课程，推进本地区职业教育一流核心课程的建设和实施。课程设计符合因材施教规律并充分融入课程思政、教学实施符合以学生为中心的理念并充分运用数字技术手段、教学评价充分关注学生全面成长的全国性职业教育一流核心课程，引领职业教育"课堂改革"，提升关键核心领域技术技能人才培养质量。优质教材建设将重点面向战略性新兴产业、先进制造业、现代服务业、现代农业等领域，深化产教融合、协同育人，科学严谨、内容丰富、形态多样、反映行业前沿技术，鼓励行业牵头或行业、企业、学校等共同开发。

8. 开展职业教育校企合作典型生产实践项目的建设

校企合作典型生产实践项目建设要基于企业真实生产过程，融入行业最新技术和标准，充分体现新技术、新工艺、新规范以及深度运用数字技术解决生产问题的能力。

9. 开展具有国际影响力的职业教育标准、资源和装备建设

立足区域优势、发展战略和产业需求，围绕"教随产出、产教同行"，建设和推出由我国职业学校牵头开发，业内领先、基础良好、产教融合特征显著、具有较高国际影响力和认可度的职业教育标准（包括但不限于专业、教学、课程、实习实训、教学条件、师资、培训、校企合作等方面的省级或学校标准），优质教学资源（包括但不限于教材、课程资源、教学项目、案例、培训资源、数字化资源或平台、专业建设一体化解决方案等），专业仪器设备装备（包括但不限于设备装备、教辅设备、生产线装

备、AI 或 VR 设备）。

10. 建设具有较高国际化水平的职业学校

要坚持"教随产出、产教同行"，立足学校骨干（特色）专业，"走出去"和"引进来"双线发展并有所侧重，引进国外优质的职业教育资源，扩大来华留学和培训的规模，做强若干中国职业教育国际合作品牌，有组织地打造具有中国特色的职业教育境外办学项目、海外职业技术学院和海外应用技术大学，培养一批适应国际化教学需要的职业教育师资，培养一批服务中国企业海外发展的本土化技术技能人才，整体提升职业学校的国际化水平。

（三）创新举措

新修订的《中华人民共和国职业教育法》明确提出："职业教育是与普通教育具有同等重要地位的教育类型，是国民教育体系和人力资源开发的重要组成部分，是培养多样化人才、传承技术技能、促进就业创业的重要途径。"坚持发展中等职业教育是以人为本、促进公平的要求，是保障经济、社会发展和优化教育结构的需要。

职业教育作为高质量教育体系的重要组成部分，肩负着为国家培养大批技术技能型人才的重要使命，在助力经济社会高质量发展、全面建设社会主义现代化国家中发挥着重要的基础性作用。高质量的现代职业教育在层次上呈现为自身体系的纵向贯通，在类型上呈现为与普通教育的横向融通，在内外关系上呈现为与产业结构的深度融合，即总体呈现为纵向贯通、横向融通、内外融合的立体生态系统。现代职业教育的高质量发展依赖于有效贯通、融通、融合生态系统的建立，因而必须加快推进这一生态系统的良性循环，以高质量技术技能型人才培养赋能中国式现代化建设。

1. 推进中高职纵向一体化建设

中高职一体化，即中等职业教育与高等职业教育的一体化建设。作为现代职业教育体系的压舱石和引擎器，中等职业教育和高等职业教育在职业教育高质量发展过程中各自扮演着重要的角色。然而，长期以来，受教育评价单一化、升学指标限制性等因素的影响，职业学校的毕业生面临生涯进阶的天花板和断头桥，中高等职业教育彼此割裂，致使职业教育的社会吸引力不强，严重影响职业教育高质量发展。为进一步理顺中高职的衔接关系，作为体现职业教育类型特色的"职教高考"逐步走进大众的视野，成为一种与普通高考相并行的中高职一体化的评价机制，并牵动着不同层次职业教育的专业设置、培养目标、课程体系、培养方案的一体化衔接。同时，围绕培养周期长、技能要求高的专业领域，各地也在积极探索不同形式的中高职贯通培养模式，如中职与高等职业教育专科"3+2"模式、中职与本科"3+4"模式、高等职业教育专科与本科"3+2"模式，以及五年一贯制、七年一贯制等，并取得了突破性成果。但总体来看，中高职一体化的规模和质量还不能满足人民群众的迫切需要，在内涵式建设和评价机制等方面还有很大的提升空间。

面对新时期职业教育高质量发展的时代诉求，应继续拓展思路、深化改革、加强内涵式建设。在中高职一体化的进程中，切实推动不同层次职业教育的系统性衔接、贯通式发展。其一，继续优化职教高考制度，将职教高考作为高职招生的主渠道，凸显职业教育评价的类型化特色。在"文化素质+职业技能"考试模式的基础上，不断优化两类考试的内容性质、结构比例和组织方式，使得文化素质考试更贴近职校生的需求，职业技能考试更凸显专业群的特点，并实行省域相对统一的结构比例、组织方式，规范技能考试大纲、技能考试考场等保障性条件要求。其二，积极拓展各类贯通培养模式，推广先进典型。例如，江苏省自2012年实施现代职业教育体系试点项目以来，在中职与高等职业教育专科、中职与本科、高职与本科、五年一贯制、七年一贯制等领域都进行了积极探索，尤其是五年一贯制在全国形成品牌，具有重要的影响力；浙江省的区域中高职一体化模式也在逐步铺开。其他省份应以此为鉴，在省级教育行政部门的统筹下，协同职教处、高教处和地方教育局，在重点专业领域打造多元的中高职贯通项目，为职校生升学提供多种选择路径。同时，还应积极拓宽中高职与职业本科院校贯通的项目范围，真正实现不同层次职业教育的全链条式衔接贯通。其三，建立一揽子的一体化标准，规范中高职一体化建设工作。建立中高职一体化的专业教学标准，引领培养目标、课程体系、培养方案的一体化衔接；建立一体化的课程标准，推进前端课程、桥梁课程、后续课程的一体化贯通式建设，形成系统的人才培养方案；建立一体化的教材建设标准，开发一贯制的系列教材，打破中职教材与高职教材那种拼接式编写模式；建立一体化的评价标准，形成省域相对统一的专业测试方案，跳出一系列的实施壁垒，推进转段考试的系统性升级。

2. 加快职普教育横向融通发展

职普融通，即职业教育与普通教育作为两种类型的教育进行跨界横向融通发展。不同层次、不同类型教育的横向融通为不同禀赋和需要的学生搭建了多次选择、多样化成长的"立交桥"，提供了成长道路上的缓冲带和救急药，符合人才培养阶段性量变到质变的规律。从早期的普职结合到普职沟通、普职融通，再到如今的职普融通，其不仅体现了我国职普融通探索过程中的政策话语变迁，也凸显了党和国家对于接受职业教育学生的关照。近年来，在相关政策的引领下，各地不断探索职普融通的相关路径，如中小学阶段职业启蒙教育的渗透、综合中学的试验、职普融通班的探索、综合大学办职业教育的模式等，但总体而言还有很多难点、痛点，职普不融、职普不对等的现象时常发生，不利于职普横向融通的健康发展，也影响了现代职业教育体系的高质量发展。

为进一步夯实让人民满意的教育基础，打通人才多元化成长的"立交桥"，需要切实推动职业教育与普通教育在各个层次上的横向融通发展。其一，深入推进普通中小学的职业启蒙教育，筑牢职业基础教育根基。通过校内职业体验教育、跨学科职业渗透教育、校外职业体验等多种方式强化职业启蒙教育，尤其是要基于跨学科的思维，充分利用语文、数学、英语、科学、道法、劳动、综合实践等不同学科的职业启蒙素材，实现全方位职业启蒙教育。以此涵育中小学生的职业表达、职业推理、职业礼仪、职业技能等多方面职业素养，强化对大国工匠、能工巧匠的崇尚之情，筑牢职业生涯发展的彩虹桥。其二，推动中等教育阶段职普互通，实现中等职业学校与普通高中的学籍互转、课程互选、学分互认，推广综合高中的试点模式。随着中等职业教育升学率的持续攀升，中等职业教育的就业功能被逐渐弱化，存在与普通高中升学导向同质化的趋势。这就需要统筹中等职业学校与普通高中协调发展，建立职普融通共同体，实现学术与职业的课程互选、学分互认机制，满足不同学生的发展需求。必要时可以将区域内的学生建制在同一所综合中学内，通过"1+X"模式实现学生内部分流，在完成一年文化课程的基础上实行学术与职业分流，而职业分流又有若干专业分流，从而满足学生多元化的成长需求。其三，推动高等教育阶段职业教育与普通教育的协同发展。引导职业本专科院校与地方应用型本科、综合型大学建立联系，发挥各自的优势，推动职业教育内涵式发展，为职业教育高水平赋能。此外，还可以为职校生提供专业硕士、专业博士的进阶渠道，实现职普融通的高阶发展。

3. 推动职业教育与产业深度融合

产教融合，即产业与教育的深度合作，是职业教育高质量发展的关键要素和核心竞争力。改革开放以来，我国产教关系先后经历了以学校为主导的内生式产教结合、校企共同参与的外延互动式产教结合和校企多要素衔接的内涵渗透式产教融合阶段。进入高质量发展阶段以来，围绕产教融合，党和国家印发了一系列专门性文件，也催生了一系列产教融合型组织。从早期的职业教育集团到后来的产教融合型城市、产教融合型企业，再到今天的市域产教联合体和行业产教融合共同体，产教融合的紧密程度和共同体意识逐渐增强。尤其是《关于深化现代职业教育体系建设改革的意见》将打造市域产教联合体和行业产教融合共同体作为当前和今后一个时期高质量职业教育体系建设的重要战略任务，凸显了产教融合在职业教育高质量发展过程中的重要价值。但整体看来，我国产教融合话语实践更多的还是一个政策催生的新事物，在政策落实、组织运行等方面还有很多不成熟的地方，短期的效果尚不明显，有待进一步优化政策制定和转化机制。

面对新质生产力发展的需要，应继续深化职业教育供给侧结构性改革，坚持以教促产、以产助教，形成教育链、产业链、人才链、创新链的深度协同发展，不断优化产教融合政策的生成与转化过程。其一，加强部门统筹协调，强化产教融合政策的顶层设计。在教育、人社、财税、金融等各部门间建立部门联席机制，形成产教融合政策的一揽子工程，在产教融合的组织形态、遴选过程、运作机理、评价机制等方面形成闭环的政策链条。同时，聚焦重点区域、重点行业，培育一批、成熟一批产教融合型城市、产教融合型企业、市域产教联合体、行业产教融合共同体，形成由点带面的辐射格局。其二，明确责权利划分，优化产教融合政策的落实机制。我国要建立产教融合政策实施的责任清单，明确教育、人社、财税、金融等不同部门的责权划分及共同利益，引导各部门制定各自相配套的实施意见或工作方案，并将相关意见传达到省级政府部门，指导各省（区、市）围绕本地区行业产业的优势和教育集团的优势，形成彰显地方特色的产教融合典型模式。其三，提高共同体的运作效能，压实产教融合政策的实践转化。在产教融合组织的运行过程中，不同层次、不同类型的产教融合型组织要围绕所在的产业园区，形成政府、高校、职校、企业、科研机构、行业协会相互协同的空间生产与权力结构关系。相关主体发挥各自的优势，在人才培养、科学研究、成果转化等领域形成全链条的利益共同体，通过不同层次、不同领域高质量人才的培养，为区域经济高质量发展赋能。

4. 加快发展职业本科教育

2021 年 3 月，教育部印发职业本科教育专业目录，出台了《本科层次职业学校设置标准（试行）》《本科层次职业教育专业设置管理办法（试行）》（教职成厅〔2021〕1 号）、《关于做好本科层次职业学校学士学位授权与授予工作的意见》（学位办〔2021〕30 号）。2022 年 5 月，新修订并开始施行的《中华人民共和国职业教育法》明确提出，"高等职业学校教育是高等教育的重要部分，由专科、本科教育层次的职业高等学校和普通高等学校实施""设立实施本科层次教育的职业高等学校，由国务院教育行政部门审批；专科层次职业高等学校举办的培养高端技术技能人才的部分专业，符合产教深度融合、办学特色鲜明、培养质量较高等条件的，经国务院教育行政部门审批，可以实施本科层次的职业教育"，为发展职业本科教育提供了法律依据。

要进一步贯彻落实新修订的《中华人民共和国职业教育法》，按照高起点、高标准、高质量的要求，稳步发展职业本科教育，落实好中共中央办公厅、国务院办公厅提出的"到 2025 年，职业本科教育招生规模不低于高等职业教育招生规模 10%"的发展目标。其一，加快完善制度标准体系。完善顶层设计，引导来源各异的职业本科学校坚持类型定位、凸显办学特色，提升办学质量。加快完善职业本科教育专业教学标准、顶岗实习标准、实训教学条件建设标准等，指导学校制订好职业本科教育人才培养方案，引导学校在内涵质量建设上下功夫。其二，稳步扩大办学规模。统筹考虑重点区域、重点产业领域、行业产业基础、教育基础等情况，支持以优质的高等职业教育专科学校为基础设置一批职业本科学校；研究专科层次高等职业学校设置本科层次职业教育专业的行政许可、受理条件和办理流程，着力破解机制障碍、打通政策堵点、弥补制度空白，扩大高层次技术技能人才培养规模。其三，搭建平台，提升学校社会服务能力。指导职业本科学校深化产教融合，发挥办学的优势，带动行业及区域内同类职业学校联动发展。指导职业本科学校积极参与一体化贯通培养等项目，主动与普通高校、中高职职业院校开展合作培养，拓宽职业教育毕业生成长成才通道。加强应用技术研发平台建设，开拓面向企业的技术攻关，提高创新能力和成果转化应用水平。

5. 改善职业教育毕业生就业环境

一是不断优化职业教育毕业生的就业政策。始终坚持营造平等就业环境，高度重视维护包括高等职业院校毕业生在内高校毕业生的合法就业权益。2013 年 4 月，教育部办公厅印发的《关于加强高校毕业生就业信息服务工作的通知》明确提出，教育行政部门和高校举办招聘活动的"三严禁"要求，即严禁发布违反国家规定的有关性别、户籍、学历等歧视性条款的需求信息，严禁发布虚假和欺诈等非法就业信息。近年来，针对存在的就业歧视问题，2021 年 11 月教育部印发的《教育部关于做好 2022 届全国普通高校毕业生就业创业工作的通知》（教学〔2021〕5 号）明确提出，在各类校园招聘活动中，不得设置违反国家规定的有关歧视性条款，不得将毕业院校、学习方式（全日制和非全日制）等作为限制性条件。2022 年11 月，《关于做好 2023 届全国普通高校毕业生就业创业工作的通知》（教学〔2022〕5 号）再次强调，各地各高校要积极营造平等的就业环境。

二是营造有利于职业教育 良好舆论氛围。人民日报对职业教育高度关注，充分发挥主流媒体的作用，围绕推动现代职业教育高质量发展这一主题，展开多层次、多角度的宣传报道，刊发与职业教育相关的文章 500 余篇，宣传方针政策，报道职业教育改革发展重要成果，宣扬职业教育优秀师生的典型事迹，充分展现职业教育在促进经济社会发展和提高国家竞争力方面的人力资源支撑作用，从而取得了良好的传播效果，在全社会形成关注职业教育、认可职业教育的舆论氛围。

三是持续完善就业政策支持体系。教育部、人力资源和社会保障部、市场监管总局等相关部门，持续完善相关就业政策，努力营造高等职业院校毕业生平等就业的环境。在宣传工作上，一是强化政策解读。对近年来印发的职业教育重大政策文件，深入解读，尤其是针对其中的改革亮点、创新模式等，用鲜活的案例和通俗的语言向受众传播，呈现职业教育的新趋势、新亮点。二是报道典型经验。充分挖掘职业教育在产教融合、实践教学等方面的典型案例，充分发挥融媒体平台传播的优势，拓展传播覆盖范围、提升传播效果，展现职业教育的大有可为和大有作为。三是策划专题报道。在职业教育活动周、全国技能大赛等重要节点，不断提高社会对职业教育的关注度和认可度，引导社会用发展的眼光看待职业教育。

第四章　国外高等职业教育考试招生制度案例分析

　　高等职业院校考试招生制度是优化高等职业教育结构和职业教育高质量发展的重要基础。职业院校考试招生制度的创新设计,直接关系到我国现代职业教育体系的整体构建。为加快我国教育改革和推动高质量发展,有必要借鉴国外高等职业院校的考试招生制度。以德国、英美和日韩为代表的发达国家的考试招生制度呈现出多元性、自主性、综合性和职业性等基本特点。分析和对比欧美与亚洲等发达国家高等职业院校的考试招生制度,在类别、作用、保障措施等方面存在可供学习可借鉴的经验。

一、德国高等职业教育考试招生制度

　　德国的高等职业教育主要包括两种类型的院校:高等专科学校与职业学院。这两类学校以教学的职业导向性与研究的应用性为主要特征,并形成了与德国综合性大学不同的考试招生模式,如招生生源构成多样、重视对实践经历的考核、招生计划分配机制灵活等。

　　德国的职业教育是世界职业教育体系中的重要品牌之一。在通常意义上来说,这里的职业教育指的是双元制职业教育。20世纪六七十年代以来,德国逐步形成了两种比较典型的职业导向型的高等院校——高等专科学校(应用技术大学)与职业学院(双元制职业大学)。高等职业院校的不断改革发展,进一步打通了中等教育、双元制职业教育、在职培训与高等教育之间的衔接贯通机制。其中,高等职业院校的考试招生是德国职业教育体系建设与普职贯通的关键环节。

（一）德国主要的高等职业教育机构

德国双元制职业教育成为典型的职教模式。但其职业教育通常是指中等职业教育，主要包括双元制职业教育（Dual VET system）、全日制职业学校教育（Full-time vocational school）和过渡式教育（transitional system）。如我国政策语境与实践中的高等职业教育对应德国的教育系统，主要由高等教育系统中的高等专科学校（通常被称为应用技术大学）与职业学院（双元制大学）承担。

就正规大学系统而言，德国目前有四种高等学校类型：综合型大学（综合性大学、工科大学及专业性大学、神学院、高等师范学校等）、高等艺术与音乐学院、高等专科学校（应用技术大学）及职业学院（双元制大学）。综合型大学和高等专科学校构成了德国高等教育体制的主体，而后二者的规模相对较小。高等专科学校属于专业性学院，具有教学的职业导向性与研究的应用性的典型特征。德国高等专科学校具有后发内生性的特征，是高等教育机会供需失衡的产物，也是德国学校系统内部结构调整与变迁的结果。20世纪70年代，为适应德国社会经济的新需要，满足更多青年接受高等教育的需求，属于中等职业教育范畴的工程学校和其他中等专科学校，诸如经济、社会教育、设计、农业等专科学校经过调整合并，建成了一批高等专科院校。高等专科学校学制短，一般为3~4年，继续开设合并之前的应用型专业，其课程偏重应用技术，人才培养具有明确的职业导向性，如工程师、管理人员及社会工作者等，尤其以工程技术人才为主。根据1988年由德国科学委员会出台的《德国高等学校90年代发展展望》，高等专科学校属于高等教育阶段，是德国高等院校系统的组成部分。它以应用性为标志的专业设置成为高等教育体系中不可或缺的因素。当前，部分州的应用技术大学已经开始招收博士研究生，如2014年德国巴登符腾堡州的高等专科学校就开始获批招收博士研究生。在某种程度上可以说，高等专科院校的出现和发展促成了德国高等教育体系的双轨结构。

职业学院是德国双元制职业教育理念与高等教育结合的产物。职业学院相当于我国专科层次的高等职业技术教育机构，是将中等职业教育的双元制模式引入高等教育层次的主要教育机构。职业学院最早是德国巴登符腾堡州斯图加特的3家公司为把双元制引入高等教育领域而创立的。最早的两所职业学院是1974年10月成立的曼海姆职业学院和斯图加特职业学院。但直到 1982 年，职业学院才被当作正式的高等教育机构。职业学院在德国也被称作合作教育大学，隶属于非大学系统，是具有鲜明职业性的高等院校。2009 年，第一所被赋予大学法律身份的双元制大学——巴登符腾堡州双元制应用大学（DHBW）出现。它是德国第一个整合了学术学习与职业培训的高等教育机构。职业学院一开始就是向文理高中毕业生提供以职业能力为本位的教育与培训，培养社会、企业或技术领域所需要的高素质应用型专门人才，主要招收文理高中毕业生或同等学力者，具体的培训课程、教学计划由企业和学校共同商定，实施"双元制"教学及实训，这种模式通常被称为"斯图加特模式"，这也是一种德国"双元制"教育模式的延伸和实验。获得理论知识并应用于实践是双元制大学的核心原则。比如巴登符腾堡双元制应用大学，其学生需要在大学与工作场所之间转换，时间间隔为 3 个月。目前，与该校合作比较紧密的德国企业和社会机构达到了 9 000 多家。而这些合作企业选择学生，并且对实践教学部分负责。

（二）德国高等职业院校考试招生的基本模式

1. 德国高等院校的招生模式

德国高等院校考试招生属于申请—考核入学模式，并且根据院校类型定位，形成了比较成熟的"分类考试招生"机制。在德国，高等教育属于"免费入学"的范畴，接受高等教育是每个德国公民的权利。《德国高等教育基本法》第 116 条规定，只要表明具备了入学的必要知识水平，每个德国人都有权进入他选择的高等院校学习。但是，鉴于高等教育机会供给与需求之间可能存在的错位现实，对于某些热门专业实行招生限额，在德国被称为"限额制"，并在多特蒙德设立了学额分配中心作为专门机构，对德国全境学额进行统一调配。在招生时间安排方面，德国高等院校一般分为冬季学期和夏季学期两次招生，技术专业和自然科学专业多数在冬季招生。冬季入学需要在 7 月 5 日前提交申请书，夏季入学则需要在 1 月 15 日前提交申请书。另外，《联邦德国高等学校总纲法》规定，在具有同等入学资格的条件下，凡服过兵役和公役 1 年以上者，可获得优先录取资格。

当前，德国高等院校招生对象主要有四类：其一，修完完全中学高级阶段（完全中学第二阶段），包括综合中学高级阶段，并获得毕业证书（完全中学毕业证书Ⅱ）的学生，有权进入全国任何一所高等院校学习的资格；其二，修完非正规完全中学，一般为完全中学上层班，并获得完全中学高级阶段毕业证书者，有资格进入高等学校选读正规的专业；其三，通过第二条增减途径，即完全中学夜校，职业教育机构与特殊考试等，可以获得高等学校入学资格；其四，修完专科高中，并获得专科高中毕业证书者，可以获得高等专科学校入学资格。

2. 德国高等职业院校的招生模式

德国教育体系的基本特征是普通教育与职业教育双轨平行贯通。在高等教育层面，这一特征体现为职业教育体系与学术型教育平行贯通。高等职业教育的发展模式虽然与学术型大学的发展模式有所差异，但二者的边界正在逐渐走向模糊。尽管如此，二者在类型定位上有着本质的差异性，在诸多方面依然差异显著，尤其考试招生制度方面的差异比较明显。从选择性程度来看，高等职业院校依然是德国选择性比较低的一类院校。总体来看，德国高等职业教育的招生模式与其院校类型紧密相关。除遵循高等院校一般的招生模式以外，德国高等职业院校还体现出以下三个方面的特征：其一，多样化的生源构成。高等职业学院的生源构成多样，传统的高中毕业生依然是其主要生源。总体来看，这两类高等职业院校主要是因应适龄高等教育人口的增加而产生的。早期的生源构成主要是持有高中毕业文凭的生源。如在20世纪六七十年代，高中毕业生数量增加，职业学院是在过量的高中毕业生涌向高等学校的情况下，为向一部分进不来或不想进入高等学校的高中毕业生提供与他们的教育程度相称的职业训练而设立的一种职业教育机构。高等专科学校学业年限一般为3年，招收高中毕业生及同等学力者入学，早期多数招收走读生。入学资格通常在学习12年后，在高中（学制中的第11级和第12级）获得。第11级主要用以进行专业实践教育，可以用职业教育替代。另外，还可以在接受了职业教育后，在其他种类的学校中获得（如专业学校）。总体来看，德国高等职业院校的生源主要分为五类：文理中学第11级、第12级或第13级毕业生，职业/专业中学毕业生，专业高级中学毕业生，高级职业专科学校毕业生和专科学院毕业生，以及通过培训达到同等学力的人员。生源构成的多元化也为德国高等职业学院的规模稳定发展提供了保障条件。其二，重视职业实践经历的考核。鉴于人才培养定位中的职业性诉求，在德国高等职业院校的入学要求中，"实践"经验是必备的基本条件，要求生源具有职业培训经历或者工作经历。进入职业学院的学生必须具备两个条件：一是持有升入高等学校的文凭，即文理高中毕业生或通过培训达到同等学力者。二是与某企业签订了培训合同。学生必须持有与参加职业学院联合培训的企业签订的被接受职业训练的综合合同。学生在入学前必须与某训练企业签订合同，职业学院的训练在学院和企业训练场进行。前者是理论学习场所，后者是实践训练场所。完全中学毕业生在接受培训期间，既是职业学院的学生，又处于与某一企业或其他训练场所的、有合同保障的训练关系之中。一般情况下，整个训练期为3~4年。如巴登符腾堡双元制应用大学录取的基本条件是学生需要在企业接受培训，并和培训提供场所签订培训合同。高等专科学校对于入学资格，除学历要求之外，对实践经历还有特殊的要求，即为了突出人才培养的实用性，专科高等学校对于未接受过职业教育的学生，主要是针对文理高中的毕业生，要求他们必须有一定的、与所申请专业一致的实践经历，一般要求3个月。部分州还规定，高等专科学校要求入学新生有1.5~12个月的学前实习证明。体育艺术除入学资格证书外，还要求其他条件，比如艺术能力或音乐能力考试、体检证明。其三，较为灵活的高等教育机会分配机制。虽然德国高等职业院校高等教育机会供给数量相对比较充足，但在应对入学机会结构失衡的问题方面，德国高等职业院校实行基于申请—考核制的"配额制"。一般意义上来说，德国高等学校招生配额制主要运用在学术型的精英大学高等教育入学机会的分配上，但对高等专科学校少部分热门专业来说，招生名额的分配也由多特蒙德学额分配中心分配。大部分专业的名额由求学者直接向高等专科学校提出申请，学校择优录取。在此分配机制下，高等职业院校的招生计划分配形成了以申请—考核入学为主导、招生配额制为有效补充的招生计划安排机制。这种招生制度的灵活安排，既保证了高等职业院校生源的充足，实现了多渠道入学，也有助于体现考试公平，保证不同生源能够获得合理的高等教育入学机会。

高等职业院校的招生在不同学校有不同的形式。总体来看，德国专业性院校考试招生模式区别于学术性高等院校，但在高等职业院校系统内部，其考试招生又有不同的形式，这是由德国高等职业院校的考试招生自主权决定的。不同类型的高等职业院校根据其招生类型属性与人才培养模式的特征，进行有针对性的人才遴选机制设计。这也充分体现了考试招生制度的"选择性"与"教育性"的特征，实现了考试招生制度服务于高等院校类型属性的基本功能定位。

（三）　对我国高等职业院校考试招生制度改革的启示

进一步完善我国高等职业院校考试招生制度，建立符合高等职业教育发展诉求的考试招生模式，是当前以及未来较长一段时期内高等职业教育制度设计的重要内容之一。当前，"分类考试"政策安排已经实质性地推动了高等职业院校考试招生制度的创新。这一制度安排实现了考试招生制度与高校类型的联姻，进一步凸显了考试招生制度的评价功能和教育功能。其制度安排的实质与德国高等职业院校的考试招生具有内在的一致性。

1. 形成企业参与高等职业院校考试招生的渠道

产教融合是我国高等职业教育的基本理念，贯穿高等职业院校的每一个环节。但是，当前高等职业院校考试招生制度的安排依旧是政府主导的选拔性测试，行业企业等产业主体显著缺位。作为高等职业院校人才培养的重要主体，行业企业的缺位就造成了选拔的人才与行业企业需求之间在起点上就出现了差异。反观德国高等职业院校考试招生，在企业参与方面进行了有针对性的设计。这种设计主要分为两种形式：一是生源能够为行业企业参与的培养需求做好准备。这部分主要是招收各类学生，如获得高校入学资格、高中毕业生等。二是行业企业为潜在生源创造适应行业企业需求的机会。这种方式主要是在其职业学院中体现出来。这部分职业学院借由双元制的人才培养模式设计，直接将行业企业参与的培训当作考试招生录取的核心组成部分。我国高等职业院校考试招生中的行业企业参与也需要在其制度设计中体现出来。比如行业企业参与招生计划制订、行业企业参与考试内容设计等。行业企业可以通过参与录取，保证录取的生源能够契合行业企业人才需求的类型定位。另外，现代学徒制招生可以借鉴德国双元制大学的招生模式。双元制大学的学生入学选拔由企业确定，一旦录取，企业将同学生签订雇佣合同，将其视同企业正式员工支付工资。

2. 推行高等职业院校"注册制"改革

近年来，注册入学在部分省份开始出现。2010 年，江苏部分高等职业院校开始进行注册入学的探索，当前山东、陕西、辽宁等省也加入高职注册入学改革的队伍之中。注册入学是高考生源通过"申请—考核"方式入学的一种考试招生模式，是未来我国高等职业院校考试招生制度改革的一个重要方向。我国高等职业院校的注册入学制度尚处于试点阶段，其阶段的特殊性在于体现为"补偿性制度安排"，并非与高等职业院校发展模式、教育模式相匹配的创新性制度安排。相反，其注册入学的实践表明高等职业院校的生源短缺与高等职业院校的低选择性（低层次性），故应改革救济性质的入学制度，探索生源分类基础上的注册入学模式。因此，可以借鉴德国高等职业院校的申请—考核模式，明确高等职业院校招收生源的多元标准，尤其是"实践经验"，形成技能拔尖人才之外的"特定生源"的入学方式，以探索高等职业院校未来的申请—考核招生模式。同时，政府对注册入学应加强监管，遵循循序渐进与区域性的原则，有序推进考试招生制度的深层次改革。

3. 强化高等职业院校的创新发展

事实上，高等职业院校生源危机的根源主要在于社会升迁歧视、阶层向上流动的阻隔以及高等职业院校人才培养质量，不解决这三大问题而仅仅从高等职业院校的招生考试方式上"开刀"，只能治标不治本。高等职业院校分类考试主要是为了适应院校的分类发展。在分类考试的宏观制度框架中，高等职业院校内部的分类发展应是分类考试后高等职业院校主动适应改革的必然改革趋势。高等职业院校内部的分类主要侧重形成不同类型的高等职业院校，不同类型的高等职业院校需要在办学水平、办学特色等方面呈现出多样化的趋势。诚如德国高等职业院校内部既包括高等专科学校也包括职业院校，并且这两类院校在职业导向性的人才培养目标相同的前提下，贯彻不同的培养模式。因此，我国高等职业院校内部分类的改革趋势应与不同高等职业院校的培养模式相联系，培养模式的多样化需要高等职业院校的创新发展。由于我国高等职业院校有一定的同质性，高等职业院校的考试招生方式可以在政策引导下形成的多元考试招生形式中对符合自身发展诉求的形式进行选择，进而实现院校考试招生分类。此外，应改革职业院校招生的宣传模式，重点进行职业教育普及性宣传。如德国巴伐利亚州的霍夫应用技术大学，为向中学生推荐机械制造专业的双元制项目，每个专业都配备了学习咨询人员，到中学宣传专业人才培养方案，包括双元培养方案；同时，可组织中学生参加在该校举办的招生宣传会暨企业展览会。

4. 拓展潜在的生源

长期以来，我国高等职业院校一直以普通高中毕业生为主要生源。随着分类考试的改革，中职毕业生逐渐成为与生源相关的制度变迁的重要内容，但这种生源结构的政策性引导举措并没有改变高等职业院校生源供给的单一性。这种单一性体现在生源结构的双轨推进，而非呈现出非线性的生源结构的重构。德国职业教育的成功经验在于它在终身教育体系中所占据的重要地位。它可以为不同类型的群体，包括中等教育阶段毕业生、有工作经验的群体等多元主体，提供职业教育与培训的机会。这也是德国高等职业院校生源多元化的根基之所在。因此，在分类发展与类型定位逐步明确的改革进程中，我国高等职业院校在传统生源结构之外，应将非传统生源也纳入生源拓展的主要渠道。鉴于高等职业院校考试招生权的不断增大，高等职业院校层面的改革应重点推进非传统生源渠道的拓展，并与企业建立非传统生源的遴选与考核机制。

二、英、美高等职业教育考试招生制度

英、美两国职业教育体系完备，特色鲜明，尽管二者均属于昂撒民族，在文化和社会制度上相近，但是在职业教育发展模式上，二者呈现出各自的特点，其职业教育考试招生制度值得我国研究与借鉴。我们对英美两国的高等职业教育的考试招生制度从招生机构、生源、录取条件、录取程序、学制、学费、考试机构、考试类型、考试内容等进行了比较分析，发现职业教育考试招生制度应匹配职业教育发展模式和学制体系；应加快构建完备的国家资历框架和资格证书制度；招考分离应注意平衡学校自主性和国家统筹之间的关系："因材施教，分类招考"，丰富考试招生的内容与形式。

（一）英美高等职业教育考试招生制度概述

英国学生在 18 岁以后进入高等教育阶段，包括预科、本科教育和研究生教育（硕士和博士），学校机构主要包括延续教育学院、机构和大学，高等职业教育主要在一些继续教育学院/机构内进行。英国高等教育学历学位分为 8 个等级。高职毕业生主要能获得的学位属于处于第四级和第五级的短期层次，属于学历学位教育，颁发证书包括高等教育证书（Certificate of Higher Education，CertHE）、高级国家证书（Higher National Certificate，HNC）、高级国家文凭（Higher National Diploma，HND）、高等教育文凭（Diploma of Higher Education，DipHE）和准学位、基础学位。

美国学生在完成义务教育后进入高等教育阶段（18 岁以后），高等教育机构包括初级学院、社区学院、技术学院、专业学院和各大学。美国的高等职业技术教育主要在社区学院和初级学院内进行。社区学院是综合性的公共组织机构，提供各种各样的教育服务，从成人和社区教育服务，到高等职业和技术教育，再到本科级别的学术和专业学习，且允许学生学习预科课程转到更高一级的学校和专业就读。一些社区学院已经开始提供认证的学士学位课程，几乎所有的社区学院都有与当地公立学院（大学）和私立学院（大学）签订了衔接协议。学生在社区学院达到毕业学分要求后即可获得副学士学位，也可以转学到协议高校三年级继续攻读大学本科学位。

1. 考试机构、类型与内容

英、美两国招生都涉及考试科目与成绩等。英国以其体系完备、学历与资历互通的国家资格框架支撑高职考试招生制度，美国的高职招考制度则具备宽松开放的特点。与我国全国统一且单独设立的考试机构和部门不同，英国有许多国家认证的考试机构，这些机构大多由各大学负责或归属大学的一部分，分别负责不同类型的学科和资格证书考试。美国虽然在普通教育赛道上实行国家统一考试招生，但在社区学院招生上基本都不需要通过全国统一的选拔性考试。

（1）英国的考试机构、类型与内容。英国现有八个经过政府批准成立的与大学招生有关的考试委员会，最主要的招生机构有：评估及学历资格联盟，英国爱德思国家职业学历与学术考试机构，牛津、剑桥和皇家艺术协会考试委员会和威尔士联合教育委员会。中央教育行政机构在考试机构内派驻代表，可对考试委员会的工作进行指导。

英国的许多考试都和资格证书挂钩，不论是就业还是升学，学生们都需要竭力获取各种资格证书。16 岁以后，学生可获取的资格证书主要有四类。一是学术型资格证书，通过不同学科考试获得，如国家普通中等教育证书高级水平、国家普通中等教育证书等。二是应用性学习证书，是学习内容面向某一职业群的资格证书，如英国商业与技术教育委员会开设的 BTEC 课程证书、剑桥技能证书（相当于国家 2 级和 3 级技能水平）等。三是技术资格证书。其学习内容与某一工作相关，如英国国家职业资格证书、T-level 课程证书（始于 2020 年 9 月，是一种新型的两年制技术课程，课程内容偏实践应用，修读一门 T-level 课程相当于 3 门 A-level 课程）

等。四是其他实用/基础/核心技能资格证书。上述四类证书的名称在英格兰、苏格兰、威尔士和北爱尔兰地区略有不同，学生可以同时学习和考取多门资格证书，也可以将获得的资格证书作为学徒、培训或学习课程项目的一部分。

与英国高等职业教育招生录取相关的考试与证书主要包括：国家普通中等教育证书（General Certificate of Secondary Education，GCSE）、国家普通中等教育证书高级水平（General Certificate of Education Advanced Level，GCE A-level）及其相关成绩。义务教育阶段结束的标志是 GCSE 考试，考试内容一般由考生任选 5 个不同科目，成绩分别为 A~G 共 7 个等级，考试时间在每年 5~6 月，8 月公布成绩。标志着高中结束的是 GCE A-level 考试。A-level 课程偏向学生兴趣，设置了 40 余种科目，包括学术性和技术性科目，学生可自行选择科目（一般为 3 门及以上），分阶段测试或一次性报考，每个科目都有多次考试机会，考试时间为每年 5~6 月和 10~11月，成绩分别于当年 8 月和次年 2 月公布，考试通过后颁发各科证书。另外，还有英国商业与技术教育委员会（Business and Technology Education Council，BTEC）课程与证书，主要结合社会需求培养各行业的专门技能人才，学生取得职业文凭后既可以就业，也可以转换到对应学术路线继续升学。这些课程及相关考试成绩与后续升学录取条件密切相关。

（2）美国社区学院的考试、类型与内容。美国各州的高等职业院校招考方式基本相同，招考政策开放宽松，不需要进行选拔性考试。一般情况下，极少有社区学院对申请者有高中成绩的要求，部分社区学院会要求学生参加入学基础测试。申请参加入学测试的学生只要完成高中阶段的学业即可，入学测试的主要目的是对学生知识掌握情况摸底，指导学生选择专业及安排补习课程。

2. 招生机构

从招生机构看，英美两国最大的区别在于是否有全国统一的招生管理机构。

英国设有全国统一的"大学和学院招生服务中心"，是英国高等教育的共享招生服务机构，具体负责学生入学申请基本资格审查和申请注册。各级各类高等学校也设有自己的招生机构，招生标准和要求各不相同。

美国不实行全国集中统一的高校招生制度，各大学根据入学条件和标准录取学生，不同层次的院校采取不同的入学制度。美国的高等职业技术教育主要在社区学院和初级学院内进行，实行完全开放招生。每所社区学院都有自己的招生事务处，负责收发入学申请资料、协助新生办理入学手续、颁发奖学金等。部分州设有更高一级的社区学院学生注册网站，以便更好地对学生进行管理。

3. 生源

英、美两国的高等职业院校均面向全社会招生，学生的年龄跨度大，以适龄青年为主体。

英国的高等职业院校面向全社会开放招生，各个招生院校会将每学年开设的课程及申请要求公布在 UCAS 网站上，只要学生具备申请条件，就可以通过 UCAS 进行申请。根据 2023 年 10 月最新统计数据，共有 7 万多人报名，其中英国本土生源约为 70%，国际生源约为 30%，所有生源中 18 岁及以下的比例约为 70%，占大多数。

美国的社区学院实行完全开放招生，在社区学院就读的主要有三类学生：第一类是正常升学进入社区学院的学生；第二类是超过三年没在社区学院上课需重新申请入学的学生；第三类是从其他院校转学的学生。社区学院的学生年龄范围具备多样化的特征，生源主体来自高中毕业生，年龄在 18~21 岁之间。同时，社区学院也通过"双学分运动"招收 16~18 岁的高中生提前修读大学预科课程或申请高中课程，此类学生只需提交未成年人申请书即可入学。超过 19 岁且高中文凭的人，可以在社区学院参加高中毕业课程学习。此外，社区学院也接受国际学生的申请。

4. 录取要求

英、美两国的高等职业教育虽然都面向社会开放招生，但不是完全零门槛。相对而言，英国的录取条件更为复杂，要求申请者的履历与课程有较高的匹配度。

英国的高等职业教育以课程为单位进行申请，根据学科、具体课程以及课程提供院校不同，录取条件要求相差悬殊，以确保申请者拥有与课程匹配的知识与技能基础，从而能够顺利完成课程学习，获取文凭或资格证书。

英国高职的录取要求通常包含以下四个方面：一是资格、科目和考试成绩：通常包括 A-Level、Advanced Highers 或同等水平的资格，这些资格在有些课程内会转换为 UCAS 系统标准分（UCAS Tariff Point，指通过将资格证书转换为积分而获得的总分，使招生院校更容易对申请人进行比较）。大多数课程也会要求申请者有一些 16 岁以前获得的证书，如 GCES 的英语和数学，或等值的其他资格。二是匹配度：课程描述经常会提到技能、兴趣或经验，硬性要求包括申请者有与课程相关的考试科目、学习经历或工作经验，软性要求则鼓励学生按自己兴趣申请，兴趣、经验这类申请内容通常会要求呈现在个人陈述之中。三是入学考试：较为罕见。申请者可以查看课程要求是否需要参加考试，有些考试在课程开始前一年举行。四是面试：部分课程需要对申请者进行面试，申请者需要做进一步准备，部分专业（如艺术摄影类和软件工程类）的面试还需附带作品。五是其他要求：部分课程可能会要求体检、财务状况检查、犯罪记录检查等。为了让录取更为公平，英国部分院校还实施一种名为情境录取（contextual admission）的方法。在决定是否录取时，校方会考虑申请者可能面临的任何障碍，从而降低成绩要求或给予额外考虑，包括家庭财务状况、家庭成员情况、申请者所在地区、曾就读学校等。此外，对未能达到录取最低要求但具有丰富工作经验的申请者，英国给予先前学习认定机制（Recognition of Prior Learning，RPL），用于确认在正式课程之外获得特定文凭的学习过程的总称，包括在工作场所或社区的经验学习以及认证学习。目前，英国共有 11 所认证机构对个人在各种学习环境中取得的先前学习进行认证。

美国社区学院招生录取呈现低门槛、灵活性、选择性的特点。美国开放式注册入学制是其招生录取低门槛的体现，招考政策宽松，申请者只要已满 18 岁，完成高中阶段学业即可。灵活性体现在社区学院全年招生上。社区学院共分为春、夏、秋、冬四个学期，学生可在任意学期入学。选择性则体现在对不同申请者分类和项目的多样性上。以华盛顿州的西雅图中央社区学院（Seattle Central Community College）为例，在满足申请条件的基础上，不同类型的学生可以申请不同的项目，如：16~18 岁的未成年人可以通过签署未成年人申请书（underage petition）申请课程或项目，18 岁以下的高中生可以申请高中项目（high school program），19 岁以上未获得高中文凭的学生可申请高中补习项目（high school completion program），国际生可以申请国际项目，在三年内曾经入学但未完成课程的学生可以通过"回流学生"页面进行重新注册。西雅图中央社区学院在项目选择上也非常多样，包含授予副学士学位的学术型课程、授予学士学位的应用型课程项目、不以获得学位和证书为目的的继续教育或职业培训类课程、以获得证书或文凭为目的的职业技能类课程项目以及为大学或职业准备服务的过渡性研究项目。

5. 录取程序

英、美两国的高等职业教育录取程序在总体流程上差别不大，均通过网上申请（也支持线下纸质申请）。一般来说，学生先注册个人账号，选择参加的课程或项目，提交申请材料并支付申请费用，便可以等待录取。在细节方面，英国学生在一个年度内可以最多申请五个平行志愿，部分课程在提交申请材料后还可能会进行面试、试镜等环节，最终决定是否录取。

美国则不限制学生的志愿填报，名额先到先得，学生选择心仪的学校和专业，并等待录取。英国的大部分学校于每年1月底开启当年9月的入学申请，申请程序通过网上进行，每名学生一年只能申请一次，每次最多只能选择五个志愿，通过 UCAS 或所在学校（学院）递交材料，申请于6月底截止。不同学校的申请起始日期不同，学生须根据所选学校的要求提交申请。需要准备的材料包括个人信息、资格证书和所选课程/项目，附个人陈述、推荐信，提交申请后支付申请费用。

美国社区学院全年面向全社会招生，每个学年分春、夏、秋、冬四个学期，每个学期的课程学生都可提前在线申请。社区学院会根据不同的个人履历推荐不同的课程，不同情况的申请者也有不同的申请流程，学院之间的申请流程也不同。以美国加利福尼亚州的奥龙尼学院和华盛顿州的西雅图中央社区学院为例，奥龙尼学院的申请者可通过在线或线下方式提交申请，步骤如下：第一步，注册加州社区学院校长办公室服务账户，提供高中成绩单（毕业五年内）；第二步，申请奖助学金；第三步，创建奥龙尼学院账户；第四步，新生培训与注册；第五步，支付学费。西雅图中央社区学院则通过华盛顿州社区和技术学院委员会在线招生申请门户接受学生申请，学生提交申请后会收到招生办的电子邮件，上面有申请编号和后续申请步骤。符合条件的学生在申请后的5个工作日内便能收到来自招生办的欢迎邮件以及学生 ID，这意味着录取流程结束。

6. 学制与学费

英、美两国的高等职业教育均支持全日制和非全日制两种就读形式。根据所学课程不同，学制也不同，英国的学制在1-4年，美国社区学院的学制一般为2年。

为了吸引学生入读高职，英、美两国政府部门对于高职学费都有补贴。英国法律规定，每学年对英国籍学生收取的学费不得超过9 250英镑。

美国高等职业教育收费主要有两种方式：一种是与英国一致的学期制收费。以奥龙尼学院为例，该社区学院的学费统一，前两年社区学院课程费用为 2 876 美元，若作为转学到协议高校（圣何塞州立大学和加州大学伯克利分校）的一、二年级预科课程，则前两年分别收取 14 756 美元（相当于直接就读该校费用的 19.5%）和 27 020 美元（相当于直接就读该校费用的 10.64%）。另一种则是学分制。以西雅图中央社区学院为例，该校 2022—2023 学年收费标准为低级别课程 119.13 美元/学分，高级别课程 232.26 美元/学分。按照社区居民、非社区居民、线上教学、国际生等类别收取的学分费有所不同，每一年的学分费根据该年度国家拨款和校方财务状况也会有所浮动。

（二）英美职业教育考试招生制度的特点及形成原因

1. 英、美两国职业教育考试招生制度的共性特征

一是开放式的招考制度。英、美两国的中等职业教育均能够做到使学生免试免费接受职业教育，高等职业教育招生的门槛低，面向全社会全年龄段学习者开放，均采用申请入学的方式。英、美两国的考试招生制度区别在于具体的申请条件上：在美国，学习者只需符合年龄要求并提供高中成绩单即可注册入学；英国的考试招生制度则以多种多样的证书为纽带，通过建立健全国家资格框架体系，使不同证书和学历之间形成等值关系，给学习者更多选择和申请的机会。但开放并不意味着降低教育质量，英、美两国职业院校都采用"宽进严出"的办法，学生需要达成课程要求，达到一定学分才能获得资格证书或者学位。这种开放式的招考制度实际上体现了终身教育理念和西方自由平等思想，将每个人置于平等的地位，并给予相同的受教育机会。二是分权制的招考管理体制。英、美两国在政治制度上就提倡分权管理，英国中央和地方形成友好的合作伙伴关系；美国则有三权分立的传统，地方自主权力大，这一政治体制也影响到了教育领域。英、美两国的政府、学校、考试认证机构、招生机构、监管机构之间有效协作，分工明确，各司其职。政府负责制定考试招生的法规、政策和标准，考试认证机构、招生机构和各学校具体负责实施，监管机构负责监督。在整个招生过程中，高校都具备很大的招生自主权。第一，招生录取标准的灵活性和弹性。英、美两国在招生录取时十分尊重学生个性的差异，一般都按课程或项目进行招生。英国招生的灵活性和弹性体现在申请

要求上，不同的课程或项目根据其本身特点对申请者提出不同的要求，申请者可以将已获得的资格证书换算为 UCAS 标准分，具备先前学习和经验的学习者还可以通过 RPL 机制换算学分。美国招生的灵活性和弹性则体现在它对申请者的分赛道管理上，对新生、老生、其他院校的转校生、国际生等不同类型的生源都有不同的招生办法。第二，招考分离。在英国，16岁以后的学习者可以根据个人兴趣选择多种科目的考试和不同类型的资格证书，每个学生都有多次考试机会，有效规避了"一考定终身"的偶然性对学生的影响。美国高等职业院校实行开放式注册招生，即使学生需要参加入学基础测试，也与是否被录取无关，仅作为诊断性测试，服务于后续的课程学习。这种招考分离的方式使入学途径多元化，既凸显了职业教育的职业属性，也关注到了非传统生源的利益。三是有效的立法保障。英、美两国都通过立法规定财政资助和各类奖助学政策，支持职业教育的开展，尽可能给予所有学生公平的受教育机会，满足民众接受职业教育与培训以及终身学习的需求。与普通大学院校相比，较为低廉的学费吸引了更多人接受职业教育，促进国家整体公民技能水平和文化素质的提升。

2. 英、美两国职业教育考试招生制度的形成原因

一是经济成因。英、美都是自由市场经济国家，实施低技能战略，产业技能依赖性较弱、劳资关系协调性较低、企业用工自由度高。在低技能战略下，职业教育的主要作用是进行社会兜底，提升国民整体受教育水平，开放型的高职考试招生制度同时也满足了普通民众接受高等教育的愿望。20世纪90年代，经济全球化趋势加速形成，尤其是知识经济和信息时代的到来，对全球劳动力素质提出了越来越高的要求。与此同时，新自由主义浪潮对英国经济发展及劳动力市场带来极大冲击，迫切需要提高从业者的受教育水平。为提升职业教育发展质量，提高职业教育市场认可度，英国逐步建立了适用于职业教育发展的资历框架体系，最终形成了当前的证书型职业教育考试招生制度。美国现行开放入学式高职招考制度既是第二次世界大战后国家经济和科技发展对大量熟练技术工人和服务行业工作人员的需要，也是为了解决由20世纪六七十年代婴儿潮、少数民族以及要求上大学的人数激增引发的大学普及问题。二是政治成因。英、美两国都是资本主义国家，英国实行君主立宪制，中央与地方形成友好合作关系；美国实行联邦制，立法、行政与司法三权分立，州的自主权力大。可以说，英、美两国地方政府都拥有较大的自治权，中央对教育不是完全指

挥，而是起指导、支持的作用。英国考试机构由中央批准、依托各个高校成立，考试内容由各考试机构决定，中央起指导作用。招生机构 UCAS 由中央批准设立，但涉及的招生宣传、审查、注册等服务均由机构自行负责，且 UCAS 仅作为招生院校与学生沟通的平台，无法决定是否录取。美国的州的权力更大，除全国统一考试之外，各个院校还可以自主决定招生标准与录取方式。三是文化成因。英国从历史上所奉行的一直是精英主义的绅士教育，双轨学制根深蒂固。工业革命后，随着经济发展以及长期劳资斗争，平民也有机会接受高等教育。同时，为了沟通普职教育，规范劳动力市场，英国持续完善国家资历框架，力求实现高等职业教育与高等教育的等值，最终演化为现行的职业教育招考制度。美国是个移民国家，文化基调是自由、民主、平等、博爱，以此为基础，形成了美国极为开放的职业教育考试招生制度。美国给予学生丰富的自主选择权，也给予高校很大的招生自主权。社区学院采用开放式招生，收取低廉的学费，给予不同类别的学生多样的选择权和平等的学习机会。

（三）英、美职业教育考试招生制度对我国的启示

1. 职业教育考试招生制度应匹配国家的职业教育发展模式和学制体系

英美职业教育考试招生制度均是基于其特殊的经济、政治、文化和教育背景，与其职业教育发展模式和不同的学制体系构建而成，也是在不断地改革与完善过程中演变而成的。是选择开放招生注册入学或选拔招生、考试升学或多类型多途径升学渠道、资格证书导向，还是成绩导向，都取决于国家自身发展的背景和实际需要。当前，我国处于经济变革发展时期，也面临着大量对技能型劳动力的需求，从一定程度上需要扩大高职的招生人数、放宽高职的招考要求。但在规划职业教育招考制度时，我国应多方面考虑我国社会主义制度属性、产业结构特点、人才需求缺口、社会文化背景、已有学制体系等，在改革前应做好充分的可行性分析，并从试点开始逐步进行改革。

2. 加快构建完善的国家资历框架和职业资格证书制度

英国职业教育体系的一大特色是其完善互通的国家资历框架体系，目的是沟通普职教育，尽可能地实现高等职业教育与高等教育的等值，规范劳动力市场秩序。资历框架突破了学历的限制，认可其他非学历成果，支持非学历教育，诸如工作场所学习等多种学习形式所取得的学习成果，极

大地拓展了学习成果来源，有利于实现终身教育理念。对我国而言，构建完善的国家资历框架和职业资格证书制度，实现学历与技能证书的等值互通，在考试招生方面有益于中高职衔接和普职融通，同时也能促进社会重知识轻技能现状的改变，也是改变当前劳动力市场"证出多门"等问题的迫切需求。

3. 招考分离应注意平衡学校自主性和国家统筹之间的关系

招考分离是解决考试招生制度难题，完善考试制度改革的关键环节。招考分离使入学途径多元化，帮助学生摆脱分数枷锁，同时也赋予了地方院校的自主办学权。纵观各国教育发展史，中央和地方权力的博弈无时无刻不在进行着。平衡学校自主性和国家统筹之间的关系是做好招考分离的重要抓手。我国要发挥统筹优势，从立法、财政支持、基础招生要求与标准设立等方面保障各地各校招生的公平性。各校也应获取一定的招生自主权，根据自身院校专业的优势与特点以及不同考生类型设置多样化的、弹性的录取标准与要求。

4. "因材施教，分类招考"，丰富考试招生的内容与形式

职业教育的一大重要功能是为社会发挥教育兜底的作用，"使无业者有业"。鉴于职业教育所面临的多元化、差异性生源，应借鉴英、美两国实施"因材施教，分类招考"的方法，对不同年龄、不同履历的生源进行个性化处理。在考试内容与形式上，我国长期以来的招生均采用统一考试、志愿填报的方式进行，考生在招考时处于较为被动的局面，对于普通教育考试和职业教育考试的类型划分不够明确，现有的考试内容与难度也不适合职业教育赛道的学生。未来应着力推进高等职业院校分类考试改革，根据不同专业的特色与要求，设置多样化的考试招生内容与形式，也应适时进行双向选择，赋予学生更多的入学选择权。

三、日本高等职业教育考试招生制度

在多元办学体系下，日本高等职业教育在考试招生制度的构建方面积累了丰富的经验，形成了独具特色的考试招生制度体系。在追溯日本高等职业教育考试招生政策发展历史的基础上，对其生源情况、考试内容、录取办法的实施及管理机构进行梳理，个性化强、灵活度高是日本高等职业院校考试招生制度的主要特点，而保证高等职业院校招生志愿和考生报考

志愿的双向高度一致性是该制度的最大优越性。借鉴日本的经验，我国高职招生制度可通过建立完善、灵活的考试招生制度来提升职业教育的社会地位，规范考试招生的监督与问责，持续推动录取方式向多样化发展。

（一）日本高等职业教育考试招生政策

1951年6月，日本文部省颁布了对职业教育进行国库补助的《产业教育振兴法》，该法对职业教育的振兴和发展起到了重要作用。依据《产业教育振兴法》和《学校教育法》，日本建立起完整的职业教育体系，主要有三种呈现形式：一是根据《产业教育振兴法》中的规定，产业教育系指"初中、高中、大学和高等专科学校为了使学生掌握农业、工业、商业、水产业和其他产业所必需的知识、技能和态度所进行的教育"这一规定，小学教育阶段以后的各级各类正规学校都实施职业技术教育。这是日本教育的一个特点。职业高中是日本职业教育的重点。普通高中也设置职业课程，以供学生选修。二是《学校教育法》第一条规定，"正规学校"以外的教育机构统称"各科学校"，也是进行职业教育的场试。大学入学中心考试是日本全国统一性考试，其考试结果既能作为升入普通高校的依据，也可用来申请高等职业院校。推荐入学一般由考生的毕业学校针对其职业能力给出推荐意见，此类招生方式在私立高等职业院校中运用比较广泛。在录取考生过程中，私立高等职业院校除审查考生毕业学校的推荐意见外，还特别看重产业界对考生的推荐意见，有产业界极力推荐的考生在未来更容易获得职位和职业的快速发展。特别选拔考试主要针对产业界的人才需求或国家重点发展领域的职业人才需求而招收适合的报考人员。AO入学考试的出现主要是为了解决全国统一性考试对考生的低区分度和对考生进行职业分流的精细化追求所设置。其内容包括考生对自我职业能力发展和职业规划等的介绍，以及提供全国统一考试等书面学业材料进行考核。此类考试可以帮助高等职业院校对考生进行全面了解，使考生与所学专业得到准确匹配，增加了高等职业院校考试招生的灵活性和准确性。其他入学考试涉及除上述考试形式外的其他小众考试方式，如一些职业训练学校针对社会考生所设置的门槛较低的考试招生方式。总之，日本高等职业院校的考试招生制度既要求考生达到一般性学业发展水平，又关注考生未来职业能力的发展可能性；在考试招生具体工作中，还注重全国考试招生工作的一致性和高等职业院校的招生自主权，实现了在保证备选中学毕业生能够合格完成中学学业的基础上，促进高等职业院校获得更加适合接受职业教育的生源。

（二）日本高等职业教育的生源情况

从日本教育体系来看，从小学到研究生阶段的各类学校都会渗透或承担职业教育的功能，因此，日本职业教育的生源较为广泛和稳定。其中，中等教育后阶段的学校教育是日本职业教育功能的主要承担者。中学毕业后的学生会通过就读大学（主要包括大学、短期大学、高等专门学校等）、直接就业、进入专修学校和待业几种方式进行分流。其中，日本的高等职业院校通常包括技工学校、职业高等学校和专科学校，进入这些学校的学生将会迈入高等职业教育领域。具体来说，技工学校主要招收初中毕业生，并为培养技术工人设立了技能研修设施，主要由国有大中型企业经营，其中三年制居多，也有两年制。职业高等学校主要招收中学毕业后不去就读大学的学生，学制为三年。此类学校主要培养现场技术工人，学生除学习掌握专业技术的基础知识外，还要进行实践培训。毕业生大多进入公司或企业就职。专科学校同样招收不能进入大学的高中毕业生，主要涉及中等专门学校和中等师范学校。该类学校的主要任务是培养小学教师和制造业的初级技术人员，实行2~3年学制。

日本文部省针对职业教育学校所培养的毕业生设置了"专门士"的称号。该称号相当于"准学士"学位层次。取得"专门士"称号的毕业生在继续升学或者应聘国家公务人员及社会各类对口单位时会享受与普通大学毕业生相同的待遇和资格。其中，四年制毕业生授予"学士（专门士）"学位，2~3年制的毕业生和四年制前期的毕业生授予"短期大学学士（专门士）"学位。

为进一步鉴别和确认不同学生的职业技能发展水平，日本还为进入职业教育的人才创设了职业资格鉴定制度。针对不同职业的从业要求，该制度确定了特级、一级、二级和三级四个职业能力水平层级，并颁发相应的职业资格证书。专门的毕业生称号和职业资格鉴定制度使职业教育学生的价值和地位得到社会认可，保证了高等职业院校生源的可持续性。

（三）日本高等职业教育考试招生形式

日本高等职业院校考试招生主要有两种形式，即一般入学考试和个别考试。前者为高等职业院校选拔人才提供了直观的成绩和高中学业的完成度情况，后者为高等职业院校有针对性地录取学生提供了灵活度较高的考核方式。

1. 一般入学考试

从引进欧洲的大学制度开始，日本教育部门就制定了高校的招生标准，并于 1877 年建立了最早的大学招生考试制度。直到 1990 年，日本才开始执行新的两阶段考试：第一次考试是由大学入学中心举办的统一考试招生，考试的主要目的是检查学生对基础知识的掌握情况，并通过基本素养的评价等方式体现出考试招生制度的个性化、针对性和公正性。第二次考试的主要内容包括面试、小论文或者审核书面推荐材料等，这也是高等职业院校招收学生的重要步骤。入学选拔是根据考生的调查书的内容、学力检查、小论文、面试、小组讨论、演讲、活动报告、入学原因书面陈述和学习计划、资格检查和考试等其他有关能力和才智的测验，结合考试结果和大学认为适当的其他材料，以多方面及综合的方式评估申请人的技能、动机和才能，进而得出考生的录取结果。

2. 个别考试

在统一考试的基础上，日本大学的第二次选拔包括一般入学、招生事务所选拔入学和推荐入学等形式，多样化的选拔方式突出了录取学生的针对性和倾向性。其中，一般入学的选拔标准是考试成绩；AO 入学的规定在于考生与大学通过双向选择的方式完成录取工作，审核内容包括书面申请、面试、提交小论文等。推荐入学的选拔参照的是推荐书等反映学生学业成就的佐证资料。形式多样的大学入学考试方式为日本高等职业院校的招考提供了可供多项选择的录取途径和参照标准，满足了高校人才选拔的需求，同时也顺应了学生的升学要求。例如，高知康复训练职业学院对 2020 年学生入学的考试方式就涉及四类，分别是推荐入学考试、成人入学考试、普通入学考试和 AO 入学考试。日本高等职业院校的入学考试科目较为丰富和灵活，从学业成绩、写作能力、面试表达、相关者推荐、考生的职业发展意愿等多个角度综合考查考生的综合能力和职业能力以及发展潜力。因此，日本高等职业院校入学考试招生的内容体现出全面性和精细化的特点。

（四）日本高等职业教育的考试招生录取办法

日本高等职业院校通过全国统一考试和个别学力测试的方式来录取学

生。具体录取办法包括常规录取办法、甄选型录取办法和特殊性录取办法。

1. 常规录取办法

此办法在大学入学考试录取中运用比较广泛，各高校会根据自身招生需求而确定对应的录取分数，该分数是判定考生是否符合入学资格的评价标准之一。大学入学中心考试是一项统一度较高的测试，绝大多数考生都需要参加该考试获得步入高等教育的重要分数指标，但在录取环节上，各高校特别是不同学校的不同专业均会根据自身要求确定不同的录取标准。除必选考试科目外，同一所高校的不同专业可以选择不同的考试科目组合方式，并基于考试侧重点和录取分数的不同而录取最为适合就读本专业的考生。在第一轮中心考试之后，各高校通常会进行第二轮的个别考试。个别考试的作用除检验考生的个人素质与学业水平外，还达到分流考生进入最适合自身专业的目的。其考试内容也更加贴近专业倾向，比如小论文的内容由不同学校的具体专业选定，用以考查考生对专业的适合程度。总之，无论是普通高校还是高等职业院校的录取办法，大多都会采取常规录取办法，达到录取最合适学生的目标。

2. 甄选型录取办法

该录取办法的最大特点是分批次录取和多专业组合录取。不同高校会根据自身录取生源的需要制定多种录取标准，并在录取人数、学业成绩、考生入学志愿等方面对考生作出最后的甄选。为了更加精确地甄选出最为合适就读本专业或从事某项职业的考生，相近专业会相互配合制定出极具针对性的录取标准，比如考试科目的特殊组合。最终运用哪种标准来录取的决定权在于考生。考生倾向于选择哪个专业或规划发展哪种职业，学校便采用对应的考核标准进行评价，从而实现学校招生与考生入学志愿的一致性。甄选型录取办法突出了录取方式的针对性和学校与考生的双向选择的自主性，增加了考试录取办法的灵活性，这也是考试常规录取办法的有效补充方式。

3. 特殊性录取办法

该录取办法主要针对在学业和能力上有明显偏向的考生，具体办法有分范围录取和非量化条件录取。其一，分范围录取。为了选拔出在某个学科有特长的学生或者未来非常适合从事某种职业的学生，学校会针对学科或职业所需的特殊才能，选择较高的录取条件。例如，为了培养翻译人才，学校会对考生进行较高难度的外语加试，如果通过该测试，则可以直接被录取。这种划定特殊考试范围的录取办法，保证了那些具有特殊才能的偏科学生能够获得相对良好的专业学习和发展条件。其二，非量化条件录取。该录取办法主要涉及校长和学界权威人士的推荐信、学生以往学习经历的调查书（调查书包括学业成绩、社会服务、个人品质与身体状况等详细记录）以及其他能够证明考生综合素质的相关材料。这些证明材料和成长记录，可以帮助学校更加全面地了解考生的成长经历和自身发展程度与轨迹。

总之，日本高等职业院校的考试招生办法在依据常规测试分数的基础上，会针对学生未来所从事的职业特点，运用多样化的录取办法开展学校和学生的双向选择，录取办法的针对性和灵活性也确保了学校录取合适的考生以及考生考取满意的学校。

（五）日本高等职业教育考试招生的管理机构

日本高等职业院校考试招生的管理机构主要涉及文部科学省、大学入学考试中心和各高等职业院校的考试招生机构等，各层级的管理机构承担着不同的任务，并确保考试招生的顺利实施。

1. 文部科学省

直接负责高等教育考试招生工作的是日本文部科学省的高等教育局，该局是各种高等教育政策的直接推动者和落实者。高等教育局的职责包括：批准设立大学、专科学校和技术学院，并通过评估保证教育质量。它还支持大学教育改革，促进高层次专业人才的发展；负责对高等教育招生选拔、学生个体支持、国际化发展、学生交流以及兴办国家级综合性大学进行管理等；通过税收激励、补贴、行政指导和建议来促进私立学校的发展。从总体上看，高等教育局在高等学校的考试招生工作中主要扮演了考试招生政策的推行者、解读者、问责和监督者的角色，对考试招生工作负有全局把控的职责。

2. 大学入学考试中心

该中心直接负责日本大学入学考试的具体实施，由日本文部省设立，是直接负责全国高等教育考试的直属机构。从身份归属上说，大学入学考试中心具有独立的法人地位，既受到文部省的行政领导又具有独立地位，二者实行政务分开。也就是说，考试招生的政策规定由文部省发布和管理，大学入学考试中心具体负责与中学和大学之间的信息沟通与传递，考试的命题、组织、实施、评阅、公布成绩等。大学入学考试中心对考试的全过程全权负责，配合各大学在个别考试过程中开展考试招生工作，并对个别考试的过程给予适当监督。

3. 各高等职业院校

各高等职业院校通过招生办和学部负责参与大学入学考试后的自主招考工作。高校内的招生部门和学部会根据自身招生要求来设定具体的录取参考条件，在统一考试分数的基础上，各学部会审查考生的中学调查书、接收中学校长及学界和产业界权威人士的推荐信，以及各类能够反映考生学业与个体发展水平的书面材料。高等职业院校通过对考生情况的全面掌握来综合评判考生的做法，体现了人尽其用、不忽略任何一类人才的态度。这在客观上也鼓励了未来的考生，不仅要注重考试成绩，也需要重视职业能力的获取。

（六）日本高等职业教育考试招生制度对我国的启示

日本高等职业院校的考试招生制度形成了统一与多元并存的考试招生模式，客观上提升了日本高等职业教育的社会地位；日本高等职业院校所遵循的考试招生办法恰当地实现了中学毕业学生的分流，也为自身录取到合适的生源提供了实践途径。这些做法为我国高等职业院校考试招生工作提供了借鉴。

1. 通过完善、灵活的考试招生制度提升职业教育的社会地位

日本的职业教育系统为社会经济发展提供了大量技术人员与素质较高的各行从业者。能够获得以上成果，除职业教育本身质量能够得到保障之外，还与日本职业教育较高的社会地位以及民众高度认可度密不可分。而日本职业教育能够达到与普通教育同等地位的原因之一，便是高校招考制度对职业教育的偏向。日本高等职业院校的招考办法在认可全国统一高等教育入学考试成绩的基础上，会发挥各高等职业院校不同职业科目的特色来制定二次考试评价的内容和方式，目的是甄选出具备最为适合某一职业从业者相应能力的考生，同时帮助考生选择出最适合自身未来职业成长的专业，从而提升了高等职业院校招生意愿与考生报考志愿的双向一致度。从高等职业院校特定的招考内容与方式，以及科学的招考办法出发，为考生获取适合的专业学习机会，并为未来社会从业做好充分准备的角度而

言，日本职业院校的考试招生制度既保障了职业教育的社会认可度，也保障了考生在未来社会从业时获得良好的社会境遇。

我国高等职业院校生源短缺和质量较差的问题在一定程度上源于考试招生门槛低、高等职业院校社会认可度低，进而形成恶性循环。基于此，我国需要进一步规范高等职业院校的考试招生制度，以制度质量的提升转变民众对高等职业院校的心理认知，从而提升生源数量和质量，进而吸引优秀师资，最后形成与普通高等教育相对称的高质量的高等职业教育，从根本上提升高等职业院校的民众认可度以及其社会地位。

2. 规范考试招生监督与问责

为了避免单一的应试导向，日本高等职业院校采取了多元化的录取方式，促进了人才选拔、强化了专业能力对口、提升了测试的科学性与公平性。但其所带来的问题隐患也是存在的，必须借助完善的监督与问责机制进行规范，避免考试招生不公平现象的出现。

我国高等职业院校在自主招生过程中，同样需要开展考试监督与问责工作。例如，北京市高等职业院校的自主招生工作就需要在招生工作领导小组的领导下进行，并接受纪检监察部门的全程监督，实行报名条件公开，选拔程序公开，录取结果公开，监督机制公开，从而实现考试招生工作的问责明确化。但需要注意的是，日本职业教育与我国职业教育面临的生源意愿的情况不同。我国高等职业院校的生源极其复杂，在招生过程中，需要招生信息做到准确、公开、精准传递。这便要求在考试招生工作中，考试招生管理部门需要针对不同情形下的考生和地域差异，施行切实的考试监督与问责办法，并对考试招生管理机构及其责任划分进行系统设计，确保每一类考试招生的透明与公平。

3. 改进考察内容，促进录取方式多元化

大学入学考试的内容过于单一或固定化会限制考生能力多元化发展的内在需求。日本高等职业院校的考试招生制度力求打破文理学科的界限，从专业和职业能力需求出发，在统一考试成绩的基础上多元化地创设录取方式，最大限度地避免人才流失，也可以降低中学生备考高等教育入学考试的压力，自然也就减少了应试现象的产生。报考高等职业院校的学生在追求知识和提升职业能力的导向下可以获得更为全面与合理的发展。

我国高等职业院校的生源复杂，对于每类考生在考试内容和形式上都需要作出详细规划和精准安排，这在客观上要求我国高等职业院校的考试招生内容和录取方式趋向多元化和灵活性。例如，对于高中生源来说，考试招生形式主要是高考，也有自主招生形式即技能高考制度；对于中职生而言，需要进一步完善"3+2"衔接模式；对于社会人员来说，需要开展不同职业领域、不同年龄阶段、不同知识水平以及不同地域特色的自主招生形式。总之，高等职业院校的考试的内容和录取方式的设定要激发和引领入职、专岗匹配意识，促进高职学生获得职业岗位所需的职业意识、职业特长、职业知识与技能。也就是说，高等职业院校考试招生内容和录取方式多元化发展的落脚点要进一步回归到促进考生职业能力与职业知识的全面发展之上。

四、韩国高等职业教育考试招生制度

韩国经济腾飞主要归功于其高水平的职业教育。韩国在推进职业教育现代化的进程中，非常重视发挥政府的宏观调控作用，建立健全职业教育法律法规，并根据经济建设和社会发展灵活设置专业、调整课程，重视企业在职业教育与培训中的作用，推行职业能力鉴定制度和国家职业能力标准（NCS）。韩国政府引导企业成为职业教育办学的主体并给予政策支持，建立具有职业教育特色的考试招生制度，推动职业教育与产业升级和城镇化建设的同步部署，优化职业教育经费保障机制和投入监管机制，建立健全教师流动制度，将心灵陪伴教育贯穿职业教育的全过程的经验值得学习和借鉴。

韩国在 20 世纪 60 年代初在最短的时间内摆脱了战争带来的贫困，缔造了汉江奇迹，20 世纪 80 年代中期一跃成为亚洲"四小龙"，并进而发展成如今的世界经济发达国家。究其原因，除适时调整经济发展战略，重视引进先进技术外，更重要的是韩国在经济发展的各阶段积极开发人力资源，特别是通过发展职业教育，培养了大量高素质的技术技能型人才。

（一）韩国职业教育的基本情况

韩国职业教育以学校教育为主，主要分为中等职业教育和高等职业教育两个层次。职业教育发展与韩国经济发展紧密相连，大体经历了四个阶段：初步发展阶段（1945—1961 年）、蓬勃发展阶段（1962—1976 年）、调整改革阶段（1977—1990 年）和加速发展阶段（1991 年以后）。

1. 中等职业教育

一是特性化高中。特性化高中以培养专业职业人才为主要定位，教学方法以现场教学、实训教学等体验式教学为主，课程多涉及网络与多媒体、漫画与动画制作、烹饪、观光、珠宝加工、园艺、陶艺等多样化的领域，以开展职业能力训练和职业素养培养为主要目的。二是特殊目的高中。特殊目的高中可分为两类：一类是在一些特定领域对一些有特定专长的学生进行早期培养，是实施英才教育的高中，比较有代表性的有艺术高中、体育高中、外语高中等；另一类是培养农业、海洋、水产、工业等国家机关或相关产业的专门从业人员，是实施职业教育的高中。三是MEISTER 高中。MEISTER 高中是一种特殊目的高中，是以新型产业为依托，以最新技术为中心，直接应对产业需求，是培养准高级技术人才的高中。MEISTER 高中常与半导体、汽车、电子、机械、机器人、通信、造船、能源、钢铁、海港物流等大型企业进行联合培养。四是高等技术学校。高等技术学校是具有高中水平的教育机构，主要是无法升入正规高中的群体，围绕技术资格证，在机械、焊接、汽车维修、美容、园艺等专业领域进行有针对性的学习，并学习与职业相关的知识与技能。

2. 高等职业教育

一是专科大学。专科大学作为培养国家社会发展所需专业职业人才的高等教育机构，以培养高级技术技能人才为目标。在培养方式上，强调短期高效的教育培养，多为 2~3 年学制，毕业时授予专科学位，但医学、保健等一些特殊专业则为 4 年学制，毕业时授予学士学位。课题组访问的永进专科大学，2014 年以 79% 的实际就业率（以企业为学生缴纳保险金为统计标准），在毕业生超过 3 000 名的全国专科院校中排名第一，连续四年被评为"韩国最受尊敬的企业大学"。二是产业大学。产业大学以产业化社会所需的理论和技术为中心，培养社会所需的产业人才，以应对社会的产业化发展。产业大学既有与正规普通大学相同学制的学生，又有无学制年限限制、修满学分即可毕业的学生。学生毕业时可获得学士学位。三是技术大学。技术大学主要面向专科毕业生或具备法定专科层次的学生，以及有一定工作年限的企业员工。以企业在职人员所需的现场理论与实务能力为中心，培养企业所需的专门人才。技术大学可授予专科学位与学士学位，均为两年学制。四是技能大学。技能大学主要培养可以胜任两种以上工种的多技能人才，既掌握高级技术又掌握管理能力的中级管理技术人才以及专业技术员。学生毕业授予产业学士学位（与专科学位同等水平），并认证学生其他课程的学分。五是企业内部大学。韩国政府规定拥有200人以上固定员工的企业，可以在企业内设立面向企业在职员工的，以职务教育为目的的内部大学。企业内部大学的学制分别为2年和4年，也可授予专科学位与学士学位。三星、大宇、现代、KDB韩国产业银行等大型企业均设有企业内部大学。

（二）韩国职业教育现代化的特点

1. 发挥政府的宏观调控作用

一是投资导向。政府对职业技术类学校的财政拨款和补贴一般高于普通学校。从1997年起，韩国政府每年筹措2 500亿韩元作为人力开发基金，专门用于保障国民接受职业教育。政府还以承担还息责任的方式允许职业学校利用世界银行贷款来改善办学条件。如1999年一次就贷出1.3亿美元，主要贷给职业高中及少数专门大学。二是制订规划。政府在不同时期制订了不同的职业教育发展规划。如在经济蓬勃发展阶段，韩国政府制订了三个职业教育中长期规划，即《职业技术教育5年计划（1958—1962年）》《科学技术教育5年计划（1967—1971年）》《科学技术人力供给计划（1973—1981年)》。进入20世纪80年代，韩国政府制订第二个长期综合教育计划（1979年—1991年），以提高职业教育办学层次、加大对高等职业技术教育的投资力度为主要内容。三是政策鼓励。韩国政府出台一系列优惠政策，鼓励民众接受职业教育与培训。其优惠政策主要有：其一，政府专门指定部分职业学校招收低收入家庭的子女、未就业或未升学者、对国家有功人员的子女接受职业教育。韩国现有500多所职业高中，其中有45所最好的职业高中实行学费全免制。其二，引进职业教育领域的专业学位制度，通过职业教育可取得本领域的最高学位，包括准学士、学士、专业硕士、专业博士等。其三，政府不断提高职业学校的学生奖学金金额，提升奖学金的受惠率。其四，优先保障职业高中毕业生入学。在高考录取中，普通高中和职业高中学生成绩相同时，优先录取职业高中毕业生。四是师资保障。韩国职业高中的教师均是公务员身份，没有统一的职称评定。教师的激励机制主要是行政职务晋升和年终奖金。公立学校的教师由上级教育行政部门统一安排调配，私立学校教师的职务由学校自定。其中，校长、副校长由理事会确定，教务处长等由校长确定。如韩国大田女子商业高中现有 80 位教师，其中专任教师 63 人，文化课与专业课教师的比例基本上为 1：1。从企业聘请的产学教师必须有资格证书，且须经教育主管部门批准。目前该校有 5 位产学教师，主要从事特性化课程教学、就业办等岗位的工作。

2. 建立健全职业教育法律法规

韩国职业教育立法有三个明显特点：一是职业教育立法与职业教育同步发展。为保证职业教育快速发展，不同时期政府出台了与其相配套的法律法规。例如，1963 年颁布了《产业教育振兴法》，1967 年制定了《职业训练法》，1973 年颁布了《国家技术资格法》，1976 年颁布了《职业训练基本法》，1999 年颁布了《职业培训促进法》，2001 年颁布了《终身学习法》等。二是借助立法为职业教育提供资金保障。三是通过立法加强对职业教育的质量监控。

3. 专业与课程设置灵活

根据经济建设和社会发展的不同需要灵活设置专业、调整课程是韩国职业教育发展的一大特色。一是专业覆盖面广。职业教育所设置的专业几乎覆盖了韩国主要产业的各个领域。每所学校在专业开设上实现错位发展，与学校发展定位高度一致，且均实行小班化教学，班额一般为 20~30人。如东亚 MEITER 高中开设了电子、机械、LED、自动化 4 个专业，现有 30 个班级，在校学生为 595 名，学生来自全国各地。如大田女子商业高中长期开设会计信息、会计金融两个专业，分为 10 个班，每个年级的学生为 300 名左右。二是教学与实践并行。改革职业教育课程设置。韩国从1966 年起，职业高中的职业技术学科占总学科的 55% 以上，而且职业技术学科的实验实习占 60% 以上；职业学校开设的课程由学校自己决定，学校的教学规划以 5 年为单位，5 年结束时进行阶段评价，然后再制订下一个 5年的教学规划。如大田女子商业高中就重视学生就业能力培养，每年学生就业率为 80%（韩国个性化高中的就业率仅为 40%），平均年薪约 1 900万韩元。该校 16:00—21:00 开展技能训练，有 20 多个个性化社团可供选择参加，每个学生毕业后可获得 9 个以上的职业资格证书。三是职教与普教融通。一方面，重视在普通教育中融入职业教育；另一方面，职业教育注重基础通用能力的培养，借由课程设置改革推进普职一体化。

4. 强调职业教育产学合作

政府非常重视企业在职业教育与培训中的作用。一是将"产学合作"

写入《产业教育振兴法》，规定产业界有义务积极协助学生现场实习。二是建立职业教育协调与指导机构。成立了由地方自治团体、学界、产业界和地区民间代表组成的"产学合作教育协作会"，对学校和企业的合作情况进行监控。三是要求企业承担职业培训义务。政府规定员工在100人以上的企业，都要负责进行员工的在职培训，100人以下须按企业职工平均工资的0.75%向国家交纳雇佣保险金。大田东亚MEITER高中大力推行订单式培养，该校有86%的学生属于订单培养。部分地方政府还打造产学融合地区，将区域大学校园和企业研究馆合二为一。永进专科大学80%的教师具有五年以上企业工作背景。2010—2015年，该校与国内662家企业签署了7 618名学生订单式教育协议，与海外11个国家的154家企业签订了1 963名学生国际接轨订单式教育协议。

5. 加强职业终身教育

采用职业能力鉴定制度。在已制定《职业教育发展法》和《韩国职业能力发展机构法》的基础上，在《学分认定的法规》中引入学分银行制，在《资格基本法》中明确活跃民间资格制度的方案，引入职业能力认证体系，推动学习成果鉴定。实施远程职业教育方案，充分利用现代科技，达到任何人随时都可以接受职业技术教育的改革目标，真正实现职业教育终身化。

6. 实行国家职务能力标准

韩国政府十分重视发展职业教育的科学研究，1997年成立了韩国职业能力开发院，负责研究职业教育培训的相关政策以及资格证制度，开发并高效推行职业教育与培训项目，普及国民终身职业教育等。职业能力开发院下设有国家职务能力标准（National Competency Standards，NCS）教育课程开发运营中心、职业能力开发评价中心、大学个性化开发中心等多个部门。各道（广域市）也设有相应的地方机构，形成完整的职业教育科研服务体系。国家职务能力标准，也被称为"现场职务要求书"。NCS学习模块以NCS能力单位为核心，在教育训练中可以作为"教育、学习资料"。NCS学习模块在进行具体的职业学习教育中，对理论和实习等相关内容有非常详细的记载。NCS学习模块针对企业对职务的要求，以培养教育现场职务能力为培养目标，为学习方向给予详细的指导。NCS学习模块在特色高中、就业高中、专门大学、四年制大学教育机构、培训机构中作为教材使用，也用于教育课程的改编工作。职业能力开发院要求应用NCS学习模型的特性化专门大学及企业应当充分借助 NCS 来作为教育课程运营的基础。

（三）韩国高职学校的考试招生制度

韩国是当今世界上高等教育较为发达的国家之一。20 世纪 90 年代以来，韩国政府确立的国家目标一直是扩大国际影响、提高世界竞争力。为了适应这一目标，韩国高等教育进行了诸多改革。作为当今世界上高等教育较为发达的国家之一，韩国在过去的几十年里，一直很重视高校招生对人才选拔的作用，始终坚持"公平化、规范化、法治化、多样化"的立场和原则，对高校招考制度进行不断改革和完善，已形成特色鲜明的考试招生方式。我国与韩国同处东亚文化圈，有着类似的文化背景，都把考试当作人才选拔的重要方式。通过对韩国高校考试招生制度改革的梳理与分析，可以取其精华为我所用。

1. 韩国高校招考制度现状与改革

（1）招生标准。韩国大学入学不仅参考学生修学能力考试的成绩，而且参考学生的生活记录本成绩、各大学单独组织考试的成绩，真正做到了大学入学考试的"三位一体"，高中和大学都实质性地参与到考试招生当中，确保了大学的招生自主权不受侵害，使大学的招生部门不至于沦为考分主导的"接生"部门。

在新的招生管理体制下，韩国高校招生的录取标准呈现多样化的特征。各大学在拟定录取标准时，主要分为以下四种形式：一是指根据学生的生活记录本成绩；二是学生的生活记录本成绩和修学能力考试（韩国高考）成绩按一定比例加权；三是学生的生活记录本成绩加各大学单独考试成绩；四是学生的生活记录本成绩、大学单独组织考试的成绩和修学能力考试成绩三项成绩之和。招生时主要参考学业表现，同时也考虑考生报考专业的志愿顺序。为了给予高校充分的招生自主权，韩国教育部规定，大学可以对学生的生活记录本成绩、修学能力考试以及各大学单独组织考试、面试、论述考试等的成绩进行自由选择与组合，据此选拔学生，但选拔标准需要通过文教部的备案审核和批准。对这些成绩的产生方式和参考原则，韩国政府也做了明确规定：学生的生活记录本成绩应尽可能覆盖学生在校学习生活的全部活动记录，包括各科成绩、毕业证号码、学年、班级、姓名、学籍、出勤、身体发育、获奖、资格证书、特别活动、服务活动、义务劳动等情况。至于各大学是否参考、如何参考，则由学校自行决定。韩国政府还明令要求各大学不能只看重学业成绩，还要重点考查学生的特长、各种活动记录；对于学业成绩，大学根据各自专业特点，只参考与专业相关的科目成绩，以最大限度地减轻学生的学业负担。

此外，韩国的专科大学作为短期的职业教育平台，为韩国培养了大量的技术劳动者。韩国专科大学的办学目标基本可归纳为：为高度发达的工业和产业社会培养具备一定职业知识和技术的专门化骨干人才。《教育法》对专科大学的报考资格和条件做出了明确规定，主要招录高中毕业生以及具有同等学力的人员。

专科大学考试招生分为普通考试、特别考查和夜间特别考查三种方式。普通考试是与毕业学校无关、均需参加的考试；特别考查是针对在艺术、体育方面有特殊技能者、具有技能等级二级以上资格证者以及实业系列、体育系列高中的毕业生报考本系列学科时的考查；夜间特别考查是指对产业实体中的劳动者（各大公司工厂一线员工）进行考查之后，再进行考试，根据修学能力考试成绩、实际操作能力考试成绩和面试成绩的总分，由高到低依次进行录取。从 20 世纪 90 年代起，由于产业技术工人的需求量迅速增加，工资福利待遇提高明显，专科大学的就业率持续走高，吸引了大量的学生报考，报名人数增多导致竞争愈加激烈。

韩国十分重视大学在招生中的作用，在招生名额和招生方式上给予大学充分的自主权，这使得各大学在招生录取上表现出多样化、特色化、自主化和灵活性的特点。例如，推荐面试制度的实施，使得考试成绩在录取中的比例下降，促使高校针对自己的办学特色、专业培养目标选择多样的录取方式，重视特长展示、社会服务情况报告、面试等多种考核资料的合理使用。同时改变了以往单纯按照考试成绩、报考志愿、年龄和高中毕业时间等排队录取的方式，为照顾具有特殊才能的考生，拿出 10%的招生名额依据高中在校成绩和社会服务活动表现来录取，20%的招生名额依据大学修学能力考试和面试成绩来录取，10%的招生名额用于具有特长及获奖学生的特别考核。

（2）选拔方式。为了避免大学修学能力考试成绩比重过大造成"唯分数论"和"一考定终身"等不良现象，同时考虑国民强烈的求学欲望和现实需求，也为了实现教育公平这一根本目标，韩国教育部充分吸收和借鉴了其他国家特别是美国的大学入学考试的成功经验，建立了适合本国国情的选拔方式。韩国的招生选拔主要有"定时招生""随时招生""特别考核选拔"以及"推荐入学"等方式。"定时招生"是指在特定时间里，通常每学年度学期开始前完成该学年的招生录取工作。韩国国内分为五个区域举行大学修学能力考试，并由韩国大学教育协会负责实施。随后各大学自行组织单独考试，并根据各自录取标准完成招生录取。在定时招生过程中，如果各大学的考试时间相对集中，学生则根据国立、公立、私立大学及地区的不同分别进行申报，由教育部负责协调各大学的考试时间，尽量满足学生志愿填报，避免学生考试集中在某一天内。"随时招生"制度是为了在一学年内能够随时或者追加选拔学生。"随时招生"的对象主要以应届毕业生和已取得高中毕业证的社会人员为主，一般每年11月1日到12月10日实施考试招生，在次年的3月入学。尽管大学可随时招收新生，但招生总人数必须控制在年初向文教部申报的招生计划之内。"特别考核选拔"是指允许大学通过一般考查选拔招收对父母特别孝顺者和单科成绩特别优秀者。"推荐入学"则是指韩国教员大学等国立师范院校可以招收部分有志从事教师职业的考生，但需要有学生户籍所在地教育厅厅长的推荐信，且每位教育厅厅长只可推荐一人。当录取分数线内有两名以上获得相同分数时，允许全部录取，但超出招生计划的人数必须在下一年度的招生计划中予以等额扣除。为了规避考试招生选拔方式和录取评价机制的单一化倾向，避免大学只参考高考成绩而不注重平时表现，韩国积极探索并建立了有助于反映学生综合素质、个性特征和创新能力的多元考试选拔方式，给予每位考生最大的入学选择机遇，避免考生因为一次考试的失利就丧失接受高等教育的机会。与此同时，社会人员也可参加修学能力考试，增加了社会人员进入大学深造的机会。

（3）科目设立。韩国修学能力考试科目的设立充分考虑了学生未来进入大学学习所必备的基础知识和基本技能。在设置必考科目的同时也设立了多样化的选考科目，保障了学生根据报考专业的相关要求进行考试科目选择的权利。在考试科目的设置上，2001年韩国文教部在向韩国总统汇报的《教育改革和改善教育条件的推进计划》中提出，从2005年开始，韩国修学能力考试体系将发生根本转变，建立以国语、英语、数学为必考科目，以选修课为中心的选考科目二元化的考试体系。根据这一计划，韩国现行的大学修学能力考试分为选考科目和必考科目，共计5科、24门。2014年对考试科目进行调整后，文科生和理科生都需要参加国语、数学和外语的考试，国语、数学、外语均有 A、B 卷之分，A 卷比 B 卷难。其中，国语科目的文科生主要采用 A 卷、理科生采用 B 卷，数学科目的文科生采用 B 卷、理科生采用 A 卷，外语科目的文科生和理科生可随意选择 A 卷或者 B 卷，但要求任意两科不能同时选择难度较低的 B 卷。文科生还要从公民、经济、社会、历史和地理中选择 2 科参加考试，理科生则从化学、物理、生物、地球科学等科目中选取 2 科参加考试。韩国的大学修学能力考试既分文理科，又设置文理科的必考和选考科目，主要目的是考查学生的一般学习能力和大学入学后继续学习的潜在能力，强调学科之间的相互知识渗透，具有学科测验与升学指导相统一的功能。

（4）考试时间。大学入学考试时间的长短体现着不同科目在考试中所占的分量以及考试成绩的重要性。但是，过长的考试时间会对考生造成一定的压力和负担，不利于考生正常水平的发挥，不能体现学习效果评价的真实性和准确性。韩国大学因其招生方式的多样性和大学招生的自主化程度较高，因此大学修学能力的考试成绩不起决定性作用，只是作为考量因素之一，故大学修学能力考试各科的考试时间相对较短，所有考试在一天内可以完成，一定程度上减轻了学生的学习和考试负担。1994 年以前，韩国大学生的入学考试时间比较长，最长历时七天，共计 13 个科目，每天上、下午各考一科，每科考试时间为 100 分钟，这让考生、教师以及家长身心俱疲。在实施大学修学能力考试之后，考试集中在一天进行，上午和下午各进行两科考试，各科的考试时间分别是：国语 80 分钟、数学 100 分钟、社会科学 62 分钟、科学 62 分钟、外语 70 分钟、报考外语专业加试第二外语 40 分钟。这一改革极大地减轻了考生的心理负担。在考试次数上，为了减少一次考试带来的偶然性，韩国教育部决定由原来的每年 11 月份进行的 1 次考试，增加为每年 2~3 次。

（5）招生计划。社会的发展离不开人才，而人才的培养始终离不开社会系统的有效支撑。高校招生计划的制订，不但要考虑当前社会发展对人才需求的类型，更要考虑招生计划的制订对个体受教育机会公平的影响。因此，高校招生计划的制订要有充分的法律保障，要有相关的政策和制度来支撑。韩国大学招生计划的制定有着严格的程序，甚至细化到具体的实施步骤和时间节点。受人力资源市场对人才需求数量变化的影响，根据当前就业形势和毕业生数量，每年年初韩国教育科学部都会制订并发布下一年度的《大学以及产业大学学生定员调整计划》，即指导各大学制订本学校招生计划的指导性文件。为了维持一贯的招生定员政策的自律性和强化各大学的责任意识，各大学要遵守《大学设立运营规则》，根据自律性的相关规则制订本校在招生计划方面的实施规程，并在校规中有所反映。依据当前韩国人力需求和学龄人口锐减等实际情况，教育科学部鼓励各大学减少未完成招生计划的专业在下一年度的招生计划人数。在大学学生定员政策的基本方向中还规定了各学校上报招生计划人数的基本流程：教育科学部每年 1 月份下发《年度定员调整计划的通知》，各大学在接到通知后，在 3 月份之前制订自己的招生计划人数并报送教育科学部；在下一年度的 5 月份，教育科学部会按照调整的范围到各学校进行检查并根据招生计划执行的情况提出改进要求，6 月份会对没有履行改进要求的学校给予行政处分，7 月份对外公布处分决定。

与我国相似，"学而优则仕"的观念在韩国也普遍存在。因此，韩国高校考试招生制度引起了教育部门、社会、学生及家长的广泛关注。一方面，广大考生及家长要求考试制度要公平；另一方面，广大考生及家长又要求考试制度保障受高等教育机会的均等。韩国高等教育的传统是私人投资的高等教育占绝对优势。数据显示，韩国在 20 世纪 90 年代末私人投资高等教育占 GDP 的 2.4% 左右，政府公共资金投入仅占 GDP 的 0.4% 左右。加之韩国高校有一定的招生自主权，不正当招生的现象屡屡发生。鉴于此，韩国通过出台教育公平相关政策法规，来约束高校在招生过程中的自主权，并且增加统一考试成绩在学生录取成绩中的比重，以减少考试招生的不公平现象。

2. 韩国高校招考制度的特点与启示

从对韩国现行高校招考制度的介绍能够看出，韩国高校招考制度具有以下特点：一是大学入学考试环节注重学生自身的基本素质和创新能力。韩国现行的修学能力考试主要侧重考查学生的思维能力、问题解决能力，考试的内容为各个科目基本知识的综合，不存在过于繁重的计算。二是大学具有较高的招生自主权。韩国文教部规定可供各大学选择的录取标准多达六种，大学可在符合法律规定的前提下，结合文教部公布的录取标准，自主确定录取方案。三是综合评价体系健全。大学在录取新生时，可以对学生的生活记录本、大学修学能力考试、各大学单独组织的考试等各类成绩和材料进行自由组合来选拔学生，并且选拔办法呈现多元化，除定时招生制度、随时招生制度和特别考核推荐外，还结合实际情况增加了追加招生计划、免试入学等选拔办法。

然而，韩国的高校考试招生制度并非尽善尽美，也有一些不足之处值得我们反思。比如大学修学能力考试成绩实行加权办法，使得成绩梯度区分不明显，给学校招生和考生报考志愿带来一定的风险，容易发生学生在某校某专业扎堆报考的现象；学生的生活记录本评价的信度和效度仍然值得商榷；自主化招生程度越高，招生腐败等现象越容易出现。

我国大学在考试招生组织和实施过程中也发现了诸多问题，例如"唯分数论"影响学生的全面发展，"一考定终身"使学生的学习负担过重，区域、城乡入学机会存在差距，中小学择校现象较为突出，等等。为此，2014 年 9 月，国务院下发了《关于深化考试招生改革的实施意见》（国发〔2014〕35 号），其中强调要以有利于促进学生健康发展、科学选拔各类人才和维护社会公平为出发点和根本导向。他山之石，可以攻玉。韩国高校招考制度的改革对我国高考制度改革具有如下启示：

（1）丰富考试科目的设置。韩国大学修学能力考试既分文理科又分选考和必考科目。考试的目的不仅是为了实现选拔功能，还考查学生的学习能力和进入大学继续接受高等教育的学习潜力，考试内容虽多为客观化试题，但更加强调学科之间的联系。这种学科间的知识渗透避免了生搬硬套，多为各学科专家综合各学科常用知识点配套命题而成。相较而言，我国高考科目设置和考试内容有一定的局限性，尚未体现学科知识融合考查趋势，当前可抓住"新高考"改革的有利时机，在确保公平公正的前提下，结合各大学各专业的发展特色和学习特点，科学合理且灵活多变地设置考试科目和考试内容。

（2）使用多样化的选拔方法。韩国大学在录取学生时，根据当年向文教部提交的招生实施计划和考核评价方案，采用灵活多样的选拔方法，确保有意愿上大学的考生获得更多的入学机会。韩国大学通常参考大学修学能力考试成绩、学生的生活记录本、各大学单独组织的考试等根据自己学校的特色和专业特点组合评价方式来选拔学生。采用这样的方式，一方面可以全面考查学生的综合素质，另一方面这也便于学校摆脱"纸面成绩"的局限，通过面试等方式对学生进行面对面的考核，最大限度地了解学生随机应变能力和人际关系处理能力。目前，我国招生选拔方式较为单一，绝大多数省份仍仅依据高考总成绩的高低排序，结合学生考前考后所填志愿进行录取，没有真正将学生在高中阶段的学习和参加课外活动等情况作为录取的主要依据。借鉴韩国的经验，我们可以在保证公平公正的前提下，积极探索能够真实反映学生综合素质、个性特长和创新应变能力的选拔方法，不将高考成绩作为唯一录取评价依据，而兼顾考生高中阶段学习表现。大学可结合自己的办学特色开展一定的面试考查，加大这些评价方式在评价体系中所占的比重。如此，既可以避免"一考定终身"的弊端，也能避免基础教育向应试教育畸形发展，有利于大学选拔出真正的优秀人才，从而使大学充分发挥出培育人才的作用。

（3）提高高校的自主招生权。韩国大学在文教部的监督下能够独立行使招生录取权，比较充分地享有录取新生的自主权。这种自主权是在法律限定的范围内，而不是随意任性的自主行为。这使得整个招生工作更具活力，调动了大学的办学积极性，并且一定程度上提高了大学之间的良性竞争。当前中国大学介入招生过程的权力还十分有限，大学的招生部门仅仅是做计划公布、招生调节等方面的工作，大部分大学没有招生自主权。今后应进一步扩大大学的自主招生权，更充分地体现高校所设置的专业对考生的特别要求，以及更多地考虑学生对专业的适应性。允许高校自主招生能更好地体现高校专业特点对考生的要求。对于个别有专长的考生，高校可采取灵活有效的招生措施。我国高等教育的毛入学率已超过40%，高校数量众多、竞争愈发激烈，使得高校对自身的声誉更加珍惜，在监督得力、制度健全的情况下，高校可有效避免自主招生中的不公正问题。相反，透明、公开、民主的自主招生制度将促进高校自律，有助于遏制腐败现象。

（4）健全招生管理法律制度。在考试招生过程中，韩国大学的各个部门分工明确。韩国文教部主要负责对高校考试招生工作进行监督，保证整个考试招生过程公平合法。协调因多种招生方式可能带来的矛盾和冲突，保证每位考生的合法权益不受侵害，并为各大学制订招生计划提供服务和监督，确定各大学单独考试的原则。在考试命题和组织上，韩国文教部及其下属的中央教育考试评价院负责大学修学能力考试的命题工作。韩国的大学教育协会作为独立的民间社团法人，协会会员主要是韩国的四年制大学。它的成立旨在提高大学的独立性，寻求大学健康发展的道路。它是韩国仅有的一个高等学校民间团体组织，在考试招生工作方面主要负责组织实施大学修学能力考试，确定大学修学能力考试的时间、考试成绩的加权等。这些举措都是为了遏制高校招生管理中出现的招生腐败现象，不断推进高校招生管理体制的法治化进程，切实完善执法监督体系，加大各种对招生腐败问题的打击力度。加强招考制度的法治化建设，是市场经济体制下对招生管理的必然要求。如果不加快高校招生管理制度化进程，无论多么公平的招生制度，都可能陷入无法可依的境地，无论多么科学的管理模式都可能流于形式。因此，我们可以借鉴韩国高校考试招生制度的经验，走人性化、多样化、自主化和法治化的选拔人才之路，建立和完善各项规章制度，明确政府、高校和考生之间的权利和责任，逐步形成高校自主招生、自我约束、政府监督服务和国家宏观调控的体制机制。

（四）韩国职业教育发展给我们的启示

1. 制定引导企业成为职业教育办学主体的支持政策

一是国家应尽快出台"职业教育校企合作促进办法"，明确政府、行业、学校、企业、学生等各方的责权利，完善相关财政、税收、金融政策，为校企合作提供制度保障。二是加大企业依法开展职工培训工作的推进力度，确保企业足额提取教育培训经费，主要用于企业职工特别是一线职工的教育和培训。企业每年年初要向人力资源和社会保障部门报送本单位在职职工培训教育计划，人力资源和社会保障部门、监察、税务、教育等部门要定期检查企业培训经费的使用情况。三是支持一批教育型企业的建设和发展。在全国遴选一批深度参与职业教育，有条件、有影响的企业，授予教育型企业称号。支持其建设公共实训基地、开展学徒制培养、校企共建技术工艺和产品开发中心。四是出台支持职业院校从企业特聘高技术技能人才作为专兼职教师的政策。

2. 建立具有职业教育特色的考试招生制度

一是将职业教育考试招生纳入高校考试招生制度改革整体规划，完善"文化素质+职业技能"、对口招生、自主招生、综合评价招生、技能拔尖人才免试等考试招生办法，扩大职业院校的招生自主权。二是系统推进从中职、专科、本科到专业学位研究生的贯通培养，完善中职高职"3+3"、中职本科"3+4"、高职本科"3+2"等培养模式。三是拓宽高等职业技术学校招收中等职业学校毕业生、应用技术型高等学校招收职业院校毕业生的通道。努力实现三个"大体相当"，即中职招收应届初中毕业生与普通高中大体相当，本科招生人数与高职招生人数大体相当，高职招收中职毕业生人数与招收普通高中毕业生大体相当。

3. 推动职业教育与产业升级和城镇化建设的同步部署

一是各地应围绕区域产业升级的规划和要求，把职业教育纳入经济社会发展总体规划。二是要推动职业教育与产业建设同步实施，让职业院校布局和专业设置更加适应经济社会需求，协同推进人力资源开发。三是要推动职业教育与技术进步同步升级，推动教育教学改革与产业转型升级衔接配套，不断提升人才培养质量。四是支持建设一批紧密对接产业的试点专业，提升服务现代农业、先进制造业、现代服务业和战略性新兴产业等能力，形成职业院校和产业集聚发展、专业群紧密对接产业链的共生格局。

4. 优化职业教育经费保障机制和投入监管机制

一是科学合理确定职业院校生均经费拨款标准。建议中等职业学校生均财政拨款标准不低于高等职业院校生均财政拨款标准的80％，高等职业院校生均财政拨款标准应达到并逐步超过本地区普通本科院校生均财政拨款标准。二是切实落实标准执行。建立生均经费拨款标准动态调整机制，使职业院校经费投入稳定增长。

5. 建立健全教师流动制度

韩国法律规定了教师流动的义务性，教师在一所学校连续任职2~5年后，就必须在本地区学校之间流动换班。通过中小学教师定期互换流动，激发教师队伍的活力，调动教师的积极性，优化师资队伍结构，推动校际师资实现均衡发展，促进教育公平。

6. 将心灵陪伴教育贯穿职业终身教育事业的始终

从韩国经验来看，心灵的陪伴及关怀教育的重要人员支持来自社会志愿者。未来职业终身教育领域需要特别注重社会志愿服务领域，强调微笑治疗理念，整合政府与社会的合力，在资金支持、人员支持、文化支持等层面渗透饱含关怀与爱的职业终身教育。

第五章　高等职业教育考试招生制度国际比较及启示

2014 年 9 月 3 日，国务院发布《关于深化考试招生制度改革的实施意见》(国发〔2014〕35 号)。该意见明确提出："到 2020 年基本建立中国特色现代教育考试招生制度，形成分类考试、综合评价、多元录取的考试招生模式，健全促进公平、科学选才、监督有力的体制机制，构建衔接沟通各级各类教育、认可多种学习成果的终身学习'立交桥'。"高等职业院校的考试招生制度作为现代教育考试招生制度的重要组成部分，是沟通各级各类教育的重要环节，关系到现代职业教育体系的整体构建。在职业教育体系完善的德国等欧美国家及部分亚洲国家，其高等职业院校的考试招生制度既为培养高层次技术技能人才发挥了重要的导向作用，也为各级各类教育的衔接沟通发挥了关键的桥梁作用。因此，从国际视角对高职考试招生模式进行对比与借鉴，以优化我国高等职业教育招生模式。

一、国外高等职业教育考试招生模式分析

(一) 欧盟国家

1. 高职招生模式的类别

欧盟高等职业教育模式分为全日制模式和学徒培训模式两类。全日制教育模式以 8~10 年校内义务教育为基础。在学徒制模式中，职业培训与企业展开合作。如德国"双元制"教育模式，其理论教育是在职业学校和工作场所进行的；瑞士和奥地利的职业培训是通过学徒制方式进行的。除学徒制外，欧盟高职分类招生模式的另一个特色是自由流动。自由流动是

指在自由流动的范围内，通过申请考核制实现劳动力流动和继续受教育的目的，如德国高等职业院校"考试分流"机制就属于此种入学模式。该模式根据院校类型定位，形成了四类招生机制：一是修完完全中学高级阶段并获得毕业证书的学生；二是修完非正规完全中学并获得完全中学高级阶段毕业证书者；三是通过完全中学夜校、职业教育机构与特殊考试等途径，获得入学资格；四是修完专科高中并获得专科高中毕业证书者。

2. 对高等职业教育的影响

对生源质量的影响。在欧盟，超过 50% 的学生来自职业和职业预科。为增加高等职业教育与培训的毕业生数量，许多欧盟国家制订了旨在吸引更多年轻人参与高等职业教育的计划。然而，老龄化和社会对技能人才需求的增加，欧盟各国在大力吸引技术移民的同时，也为有不同需求的社会人士提供了有针对性的职业教育培训与支持，范围包括不同学术能力、不同年龄和不同健康状况的群体，如德国的高等教育通过"免费入学"方式来提高入学率。

3. 对人才培养的作用

义务教育后（8~10 年的受教育年限），招生模式将年轻人引导至不同的生活和工作领域。如"伊拉斯谟+计划"有助于人们从教育过渡到工作、生活或重返教育，然后再过渡到劳动力市场。通过该措施，将实践学习引入并开发联合学习项目、课程模块，向学生提供更多的实习机会。同时，学校每年会安排固定的时间提供学生与相关工业、企业的工作人员、技师接触交流的机会。据统计，毕业生通过该项目实现就业率达 98%。

4. 法律保障与政策支持

法律保障是欧盟高等职业教育蓬勃发展的基石。如德国 1969 年颁布了《职业教育法》《培训规章》《企业基本法》《职业教育促进法》，还设立了一套行之有效的职业教育实施监督系统。政策制度保障。由于全日制教育模式需要不断升级学校设备，即教育成本颇高。瑞典、法国、比利时和意大利等国在教育方面投入了大量的资源。同时，欧洲 32 个国家于 2002 年在哥本哈根商定了职业教育与培训的政策议程，以满足欧洲社会发展的需要。另外，欧盟理事会通过了关于承认成员国公民至少经过 3 年职业教育和培训所颁发的高等教育文凭的指令。在完成中等职业教育之后，再学习 3 年或 3 年以上高等职业教育的成员国公民，便可以在其他成员国从业。对此，2004 年 5 月，欧盟教育理事会通过了"职业教育与培训共同质量保证体系框架";2020年11月3日,欧盟批准了《奥斯纳布吕克宣言》。

(二) 美国

1. 高职招生模式的类别

美国大学、地区职业学校、工业管理学院以及非正规的成人高职课程和暑期学校也都具有培养高层技术人员的职能。它们分别建立了不同的招生模式,著名的私立学府和优质的州立大学采取考试入学制度,目的是考查考生是否具有进入大学学习的基本能力。社区学院在美国高等职业教育中扮演最重要的角色。其中,公立社区学院占85%,私立社区学院占15%。公立社区学院采用免试的开放入学制度,年满18岁的学生只要提交证明材料,即可注册入学。因此,其招生范围和年龄跨度更大,更重视对学生的综合评价。

2. 对高等职业教育的影响

对生源质量的影响。美国公立高中毕业生通常比其他毕业生更有可能参加高等职业教育和职业特定教育。其中,平均绩点(GPA)较低的学生需要累积更多的补习学分。同时,此类生源情况相近,有利于进行针对性施教。因此,他们获得的职业特定学分通常比非特殊成员(平均绩点高的学生)多,生源基础也较好,即合适的招生模式可以激发学生的潜力,可使不同家庭情况的学生都受到良好的职业教育,成为有用的人才。

3. 对人才培养的作用

强化专业对口。美国公立高等职业院校和社区学院按照不同要求和标准,采用不同方式对考生的学业考试成绩和学术取向进行测试分类,进而采用不同方法,教授不同的课程内容,通过学习指定的专业知识和技能,使教育对象成为不同类型的人才。同时,良好的招生模式和高等职业教育所提供的多层级的培训和认证体系大大加快了美国职业教育的产业化进程。2014年,美国高职入学生源的数量已增长至1 600万。

4. 法律保障与政策支持

19世纪后期,《莫里尔法》出台,联邦政府的干预使美国的职业技能教学被公立中等教育学校接受。在21世纪初,《史密斯-休士法》的颁布,促进了当时职业教育的发展,生源的开放性逐渐显现。1962—1976年,美国又连续四次通过加强职业教育的法案,加强职业教育规划,强调机会与平等,为招生营造良好的法律环境,对职业教育发展产生了积极的促进作用。其中，以 1963 年颁布的《职业教育法》的影响力度最大，该法案使所有年龄的公民都有平等的机会接受高质量的教育。1974 年，国会颁布的《生计教育法》凸显了职业教育在普通教育中的地位不断提升。1984—1990 年，美国职业教育迅速发展，以《卡尔·珀金斯职业教育法案》修订为标志，高等职业院校数量再一次大幅增加。

（三）新加坡

1. 高职招生模式的类别

新加坡的高等职业教育主体主要由 5 所三年制公立理工学院组成，其招生面最广且最多，包含着四重招生路径：一是早期招生（EAE），着重考查学生能力和兴趣。通过 EAE 申请与理工学院相关的课程，允许学生在获得他们的 O-Level 考试成绩或最终的工艺教育学院平均绩点之前，申请并获得理工学院的有条件录取资格。此种招生模式可以让有条件获得录取的学生，以更低的成绩考入院校。二是联合招生（JAE）。这是大部分学生入学的方式。该活动每年由新加坡 O-Level 持有者举办，其招生模式基于学术成绩和活动分数而定。理工学院不同课程的录取分数会受到报名者数量和成绩浮动情况的影响。三是理工学院直接招生计划（DAE）。该计划专门为不具备申请其他招生计划课程资格的本地或国际生而设立，录取基于个人学习成绩和学院课程中空缺名额的多少。四是理工学院基础项目招生（PFPAE）。它是为中学学术普通班的四年级学生而设定。学生们在通过 N-Level 考试合格后，可在理工学院的指定课程中进行选择。

2. 对高等职业教育的影响

新加坡政府极其重视对高等职业教育人才的培养，每年因接受高等职业教育而没有进入高中备考大学的应届生比例高达 40%～50%。随着产业升级，新加坡教育部也在努力提高大学就读率，鼓励更多的职业人士进入大学，提高终身学习参与率。

3. 对人才培养的影响

由于新加坡在高职生源方面的高标准和宏观管理，毕业生就业率一直保持在高位。如 2021 届的毕业生就业率达 94.4%，比中国同年高 4.4%。另外，高标准的大学入学要求也致使大量优秀的应届生流入了高等职业教育，这就使新加坡有足够的高职生源，源源不断地培养出自己的"能工巧匠"。从数据上看，高等职业教育各机构的成人学员从 2018 年的 16.5 万人增加到 2020 年的 34.5 万人，在两年时间翻了一番。

4. 法律保障与政策支持

新加坡高等职业教育的法律是在《教育法》和《义务教育法》的基础上，对五所高等职业教育实体分别出台了法案，制定并履行了《新加坡理工学院法案》（1954 年）、《义安理工学院法案》（1967 年）、《淡马锡理工学院法案》（1990 年）、《共和理工学院法案》（2002 年）。这五个法案在实施的过程中不断地修改与完善，以满足社会发展对高等职业教育的切实需求，也正是精细的立法和不断的完善，才使新加坡的高等职业教育能够各有侧重，多点绽放，为社会输送各行各业的优秀人才。

新加坡的高职招生模式是一个以产业发展为核心的模式，高等职业教育与其经济发展相辅相成。在政府的指导下，各类高等职业院校根据本国产业设立相应的课程，不断投入人才和技术。经相关部门协商确定达成某种合作，开拓某个市场，市场所需的技能就会快速反馈到教育机构，高薪引进人才，开展所需的招生、教育、培训工作，试图以最快的速度响应市场需求或者引领产业变革。但随着时代的发展，很多行业的技术工人都面临产业萎缩或技术落后的问题。为了应对这种情况所带来的劳动力损失，新加坡政府鼓励职业人士再度进入高等职业院校进修，其招生模式为从业者转换至其他社会经济发展所需要的新兴行业提供了基础保障。

（四）日本

1. 高职招生模式的类别

日本高等职业院校的招生可分为一般性入学考试和个别考试。一般性入学考试即为参加大学入学中心考试，能够直观地看到考生的成绩和高中的学业完成情况。其结果既能作为学生升入普通高校的依据，也能用来申请高等职业院校。日本的高等职业院校通常包括技工学校、职业高等学校和专科学校。个别考试的形式灵活，包括推荐升学、特别选拔考试、招生事务所选拔入学考试和其他入学考试。个别考试为高等职业院校有针对性地招生提供了灵活度较高的考核方式。其中，推荐升学一般由考生的毕业学校针对其职业能力给出推荐意见。私立高等职业院校还特别看重产业界对考生的推荐意见。特别选拔考试主要针对产业界的人才需求或国家重点发展领域的人才需求而招收报考人员。招生事务所选拔入学考试的内容包括考生对自我职业能力的发展和职业规划等的介绍，以及对考生提供的全国统一考试等方面的学业材料进行考核。其他入学招生模式为小众化考试方式。

2. 对高等职业教育的影响

对生源质量的影响。日本技工学校的招生工作主要由国有大中型企业负责，招收对象为初中毕业生。高等职业院校主要招收高中毕业后不去就读大学的学生，学生在掌握专业技术知识以后，还要进行实践培训，以提升其综合实践能力，为进入公司或企业就职提供基础的能力保障。专科学校同样招收不去就读大学的高中毕业生，主要涉及中等专门学校和中等师范学校，培养小学教师和制造业的初级技术人员，以实现因材施教和提升教学质量为目标。总之，日本的高职分类招生模式提供了多种灵活的渠道，尽最大可能满足学生的需求。

3. 对人才培养的作用

日本高等职业院校通过对考生考试情况的综合评判来评价考生。此举有利于实现人才选拔、学生专业对口、院校测试的科学性与公平性。各院校的学生是在具备一定能力的基础上，进入特定职业以及职业所需的专业知识和技能领域展开学习。学生还可以通过其他招生模式转学到大学和研究生院，进一步提高他们的专业知识和技能。

4. 法律保障与政策支持

1943 年 3 月—1951 年 6 月，日本政府分别颁布了《教育基本法》《学校教育法》《产业教育振兴法》，1958 年日本政府颁布了《职业训练法》，高等职业教育招生体系也由此建立。日本政府还将具有一定水平和规模的学校改组升格成专修学校。各类法律均鼓励产业界和学校合作招生，开展职业训练，高中和职业院校与产业界建立合作办学关系，进一步推动了职业教育质量的提升。

5. 制度保障

为确保招生的顺利实施，日本高等职业院校招生由文部科学省、大学入学考试中心和各高等职业院校的招生机构等不同管理机构承担。日本还为进入职业教育机构的人才建立了职业资格鉴定制度。该制度设立特级、一级、二级和三级四个不同的职业能力水平点，并颁发相应的职业资格证书。总之，日本已建立一套完善的法律法规与现代职业技术教育体系，并形成了多层次、多类型、系统化、产学互动融合的招生模式。总体上实现了从职业能力需求着眼，多元化地创设生源录取方式，最大限度地避免人才流失。

二、中国高等职业教育考试招生制度概述

高等职业教育考试招生乃是普通高等教育考试招生（含高职分类考试招生和普通高校统一考试招生）的重要组成部分，属国家教育考试。通过高等职业考试招生录取的考生，在学籍管理以及就业等方面，与通过普通高校统一考试招生录取的考生享受同等的待遇。

高等职业院校考试招生由省级政府统一组织，一般在春季举行考试。被高等职业院校考试招生录取的考生，不再参加当年全国普通高校招生统一考试，未被高等职业院校录取的考生可参加当年全国普通高校招生统一考试及录取。

（一）招生类型

根据招生对象的不同，高等职业院校考试招生分为针对普通高中毕业生的"普高类"和针对中等职业学校毕业生的"中职类"两个大类。

1. 普高类

普高类主要包含两个类型：一是专本贯通分段培养项目招生，即由部分省（市）属应用型本科高校和部分高等职业院校联合开展的专科、本科分段贯通培养试点招生，被录取学生前三年注册专科学籍，学完专科学业并通过转段考试的升入对应本科高校学习两年，后两年注册本科学籍。二是高等职业院校专科招生，即由省（市）属高等职业院校及经省（市）教委批准的市外高等职业院校实施的专科招生。

2. 中职类

中职类主要包含两个类型：一是应用型本科和高等职业教育专科对口招生，即由省（市）属应用型本科院校、高等职业院校以及经省（市）教委批准在本省招生的省（市）外高等职业院校对口招收中等职业学校毕业生，包含应用型本科和高等职业教育专科两个层次。二是中高等职业教育贯通培养项目转段招生，即有开展中高职贯通培养项目（含"五年制""三二分段制""五年一贯制"以及中职与本科贯通的"3+4"分段培养改革试点项目）的省（市）属应用型本科或高等职业院校招收完成中等职业教育阶段学习并通过转段考试的中高职贯通培养项目中等职业教育阶段的毕业生。

（二）报名条件

高等职业教育考试招生严格执行分类报名，考生原则上应根据所就读（毕业）高中阶段学校（含普通高中和中等职业学校，下同）的类型报考所对应的高职分类考试招生类别（普高类、中职类）。普通高中应往届毕业生不得报考高职分类考试招生中的中职类。

报考高职考试招生的考生均应符合全国普通高等学校的招生报名条件。一是普通高中毕业生或具有同等学力者可以报考普高类。二是具有职业资格证书或专业操作技能实习证明（岗位工作证明）的中等职业学校毕业生［含经省（市）教委正式审批录取，实行弹性学制、学分制的中等职业学校毕业生］，可以报考中职类中的应用型本科和高等职业教育专科对口招生。职业技能测试开考科类中的护理类、药剂类、教育类专业仅限经市教委审批的具有医药卫生类、教育类等国家控制类专业举办资格的中等职业学校对应专业毕业生报考，其他考生不得报考。三是完成中职阶段规定课程学习的中高职贯通培养项目，其中职阶段毕业生可以报考中职类中的中高等职业教育贯通培养项目转段招生。

（三）考试

1. 普高类

普高类由文化素质测试和技术科目测试组成。

有特殊要求的招生专业，招生院校可经批准后开展职业倾向能力测试。测试内容和方式由招生院校自行确定，原则上应包括专业适应性测试和综合素质测评，其结果作为专业录取的资格条件。

2. 中职类

应用型本科和高等职业教育专科的对口招生，由文化素质测试和职业技能测试组成。

3. 免试对象和办法

在学习期间参加由教育部主办和联办或认定的全国职业院校技能大赛三等奖及以上奖项的中等职业学校的应届毕业生，报考高等职业教育专科对口专业类，免文化素质和职业技能测试；报考应用型本科对口专业类，免职业技能测试，只需参加文化素质测试。职业技能测试成绩依据获奖等级，一、二、三等奖分别按一定分值赋予。

4. 保送对象和办法

中等职业学校学生作为中国国家代表队选手，凡在由世界技能组织主办的"世界技能大赛"中获奖的，在应届毕业当年可保送至高校相应的高职或本科专业（其中，保送录取本科专业的高校限本科层次职业学校和应用型普通本科高校）。保送办法按《教育部办公厅关于做好有关高校保送录取世界技能大赛获奖选手工作的通知》（教学厅〔2020〕3号）和相关省市普通高校招收保送生工作的有关规定执行。已确认保送录取的学生不再参加普通高校其他招生方式录取。

普高类的文化素质测试和技术科目测试、应用型本科和高等职业教育专科对口招生文化素质测试和专业综合理论测试、中高等职业教育贯通培养项目转段招生文化素质测试，由省（区、市）教育考试院统一组织。

应用型本科和高等职业教育专科对口招生专业技能测试，由省（区、市）教育考试院统一组织，专业技能测试考点牵头具体组织实施。其他类职业技能测试由招生院校组织实施，测试方案须报省（区、市）教育考试院审核备案后方可组织实施。

中高等职业教育贯通培养项目转段招生职业技能测试由开展中高等职业教育贯通培养项目转段招生的普通高校将其方案报省（区、市）教委和教育考试院审核备案后自行组织实施。

（四）划线与录取

分类考试招生采取"文化素质+职业技能"的考试评价方式。文化素质：普通高中毕业生的文化素质成绩采用高中学业水平考试成绩；中等职业学校毕业生采用文化基础考试成绩，有条件的省份采用中等职业学校学业水平考试成绩。

职业技能。普通高中毕业生参加职业适应性测试，中等职业学校毕业生参加职业技能测试（专业能力测试+技术技能测试）。

省（区、市）教育主管部门根据招生计划和考生成绩等因素，按不同招生类型划定高职分类考试招生录取最低控制分数线。普高类：普通类，按文化素质测试和技术科目测试总成绩，分别划定专本贯通分段培养项目招生、高等职业教育专科招生录取最低控制分数线；高等职业教育专科艺术类专业招生按照文化素质测试和技术科目测试总成绩划定文化最低控制分数线，按照艺术类专业统考成绩划定专业最低控制分数线。中职类：应用型本科和高等职业教育专科对口招生，按专业科类，分应用型本科和高等职业教育专科两个层次，分别划定文化素质、职业技能测试成绩最低控制线。其中，其他类考生职业技能测试成绩合格分数线，由其参加职业技能测试的高校划定；中高等职业教育贯通培养项目转段招生，分本科和专科两个层次，分别划定文化素质测试成绩最低控制分数线。职业技能测试合格分数线由开展中高等职业教育贯通培养项目转段招生的普通高校自行划线，报省（区、市）教育主管部门备案后确定。

高职考试招生录取工作由省（区、市）教育主管部门统一领导，并成立高职考试招生录取工作领导小组，负责高职考试招生录取工作的领导和管理。

高校参考《学生综合素质评价报告》并根据招生章程中确定的录取规则决定考生是否录取以及所录取专业，并负责对未录取考生进行解释和信访问题的处理。省（区、市）教育考试院负责监督检查招生院校执行招生政策、招生计划完成情况，防止和纠正违反国家招生政策规定的行为。

普高类、中职类中的应用型本科和高等职业教育专科对口招生均采用"一档多投"的录取模式，按投档、阅档、录取三个步骤进行，一个考生只能被一个志愿录取。

三、高等职业教育考试招生的主要形式

2013 年，教育部出台《教育部关于积极推进高等职业教育招生考试制度改革的指导意见》，提出高等职业院校建立多样化的考试招生办法，逐步形成了单独招生、中高职贯通培养、综合评价、免试入学、对口招生等多种考试招生形式。

（一）单独招生

单独招生是指国家将高考招生的自主权下放到省（区、市），获得自主招生资格的高等职业院校统筹考试招生，自主命题、自主评价、自主录取的考试模式。该模式通常在高考之前完成录取，没有被录取的学生还可参加高考，已经被录取的考生不再参加高考。单独招生具有考试时间提前、考试内容简单、录取标准多元、录取率较高等特点。单独招生一般先于高考进行，每年 3~4 月开始网上报名，学生通过审查后方可参加学校组

织的考试。考试一般包括文化基础考试和综合素质面试，试点院校分专业自主命题，有些省份的高等职业院校间相互合作命题。单独招生录取方式各省份略有不同，但录取比例都比其他考试招生方式高。

（二）对口招生

对口招生是针对中职生提供的升学渠道，有招生自主权的高等职业院校，按照国家划定的招生比例，由省（区、市）统一命题（也有部分地区由院校或几所院校联合组织考试），采用"文化素质+职业技能"考试形式，具有专业对口、招生人数少、录取率偏低、技能考试为本、就业率高等特点。"文化素质+职业技能"的考试形式在每个省份实施过程中考核内容略有不同。一般情况下，文化素质考查语文、数学、英语等科目。职业技能按专业大类考查，其中专业理论和专业技能占有不同权重。录取时，省级教育考试院根据招生计划、成绩、考生志愿和专业科类等划定本、专科控制分数线。省级教育考试院根据学生填报的志愿进行投档，招生院校决定考生是否被录取及所录取的专业。江苏等地区采用平行志愿进行录取，即根据所填专业类别和总成绩由高分至低分依次检索考生所填志愿，被检索院校中如果出现符合投档分数的院校，即向该院校投档；如没有出现符合投档分数的院校，则不能投档。广西等地区采用顺序志愿进行录取，即根据填报志愿投档录取即在第一志愿投档结束后，依次进行第二、三、四志愿投档。每轮投档录取结束后，根据院校专业的空缺情况和考生的志愿，继续进行下一轮投档录取。

（三）中高职贯通培养

中高职贯通培养模式针对的是中职学生，通过中高等职业院校合作，实行分段培养，以突出专业培养的连贯性，提升职业院校的吸引力。我国中高职贯通培养主要有两种类型，一种为独立结构，另一种为一体化结构。中高职贯通模式具有升学途径多、培养方式灵活、生源稳定、便于后期教学等特点。中高职贯通培养模式较为复杂，各区域实施情况不一。即使省份间使用相同的考试名称，但在具体实施中也略有不同。如浙江省五年一贯制基本演变为"3+2"的形式，而广东省五年一贯制成为高等职业院校重要的招生方式，并对外来务工人员的子女开通考试渠道。部分省份采用推荐的方式，如福建省，学生在二年级时提出申请，院校审核学生成绩和学业表现，通过审核后升入高等职业院校，毕业时直接颁发高职毕业证书。部分省份实行考试方式，如海南省的"3+2"模式或"3+4"模式。总体而言，中高职贯通培养方式有利于增加中职院校的吸引力，对于现代职业教育体系建设具有重要意义。

（四）综合评价

综合评级招生即指考生根据招生院校报考条件和录取要求，并结合自身实际情况申请入学，高等职业院校根据学生类别分别确定拟录取的考生，学生最终确定一所高等职业院校就读的考试招生形式。综合评价招生面向普通高中生和"三校生"以及具有同等学力的社会考生。在录取普通高中生时主要参考三个方面的要素：高考成绩、学生中学阶段学业水平评估结果和综合素养评价。考生要在提前批次阶段填报"三位一体"综合评价招生志愿。省（区、市）教育考试院选择符合试点院校录取条件的志愿进行投档，高等职业院校将投档考生的成绩按照院校制定的录取权重进行折算，由高分至低分依次录取。

（五）注册入学

注册入学即指高等职业院校允许考生直接申请入学，通过学院审核后，方可入校就读，具有报考条件灵活、注重考生学业过程审核、录取标准"宽"、毕业要求"严"等特点。2011年，江苏省率先改革注册入学考试招生方式，注册入学在统招录取结束后进行。学生在注册申请时，江苏省教育考试院不再划定省控制分数线，所有考生均可填报。对参加高考且未被录取的文、理科类的考生，由院校提出高考成绩和学业水平测试等级的要求，同时参考综合素质评价结果和中学阶段学习的情况择优录取；对参加单独招生考试报名的学生，由院校对其考试成绩和技能等提出要求，达到院校要求的考生方可申请注册入学。注册入学起步较晚，试点院校实施各具特色，没有统一模式。如山东省注册入学面向所有考生，凡是在高考未被录取的文、理科类的考生均可参加注册入学，经过考生申请、院校审核、考生确认三个环节，第一轮未被录取的考生继续参加第二轮，直至当年招生指标完成。

四、高等职业教育考试招生制度存在的主要问题

随着高等教育改革的不断深入，高等职业院校考试招生制度改革卓有成效。但在实施过程中出现了不少问题，主要体现在以下几个方面：

（一）考试招生方式选择的合理性亟待提升

多元化考试招生方式的实施对高等职业院校人才选拔具有推动作用，但选择何种招生方式才能满足学生、学校双方的利益是高等职业院校需要思考的问题。目前，在考试招生方式的选择上还存在不少问题，主要表现为：一是为保证生源数量，考试流于形式，影响了生源质量。以中高职贯通培养为例，通常是中高等职业院校合作、衔接培养学生。中职学生在二年级时即可向学校提出申请升入高等职业院校学习，升入高等职业院校的学生不再授予中职毕业证书，而是在高等职业院校毕业时直接颁发五年制高等教育专科层次的毕业证书。此种招生方式提升了中职院校的吸引力，为高等职业院校提供了稳定的生源渠道。但是，学生在报考中职院校时看重的是学历的提升，反而降低了学生获取知识和技能的热情。加之升学要求不高，考核沦为一种形式，中职阶段的人才培养质量难以保证。二是高等职业院校采用的考试招生方式同质化的现象严重，致使院校竞争激烈、招考环境恶化。

（二）招生计划分配的不均衡性

高等职业院校选拔学生的几种考试招生方式为不同生源背景的学生提供了入学机会，拓宽了高素质人才培养渠道。但在不同生源背景下，各种考试招生方式、计划招生的比例分配不均，无法满足学生的升学需求。主要表现为：一是面向"三校生"的招生计划人数少，面向普通高中生的招生计划人数多。以对口招生为例，重庆电子工程职业学院在 2015 年招生计划申报表中，总共招录 5 780 人，单招总计划占 2014 年专科计划的64.12%，对口高职生中占 2014 年专科计划的比例为 20.51%。对口单招计划招生人数不到专科总计划招生人数的 30%。二是部分专业的培养方向可能出现招不到学生的情况。以 2014 年山东省部分高等职业院校注册入学为例，曲阜远东职业技术学院的商业销售技巧、电子商务、国航及商务和物

流技术 4 个专业方向只招收 2 名学生；山东司法警官职业学院，只有社区管理与服务专业 2 个专业招生。专业招生人数少在很大程度上限制了学生对专业和院校的选择。并且注册入学起步较晚，多以民办高等职业院校为主体，缺少相应的政策支撑，供学生可选择的专业很少，报考风险大，难以满足学生的需求。

（三）文化课考试和职业技能考试的内容有待调整

高等职业院校的考生来源较为繁杂，有普通高中生、中职生和退役军人等，一定程度上增加了命题难度。具体表现为：一是面向普通高中生职业素养测试内容有待提升。单独招生主要面向普通高中生，这部分学生的思维水平、文化素养、兴趣特长和自控能力等各方面较为出色，而职业教育的属性决定了高等职业院校在选拔考生时必须进行职业素养测试，但从普通高中生所接受的高中阶段教育来看，没有任何与技术相关的科目，无形中加大了考核难度。目前，高等职业院校进行职业素养测试时主要包括面试和实操两部分，面试环节主要是学生进行一些才艺表演或特长展示，实操部分每个院校采用不同的测试办法。由于招生专业复杂多样、单独招生又占据了高职生源的大部分，职业素养测试难以预先评估学生技能水平。二是面向中职生的职业技能测试比例较低。对口招生主要面向中职生，这部分学生具有一定的技能操作水平。但在考试招生中，文化素质考试和专业理论考试仍占据着考查内容的主体，如安徽省 2017 年的高等职业院校分类考试招生办法中规定，中职生专业技能测试仅占 250 分，文化素质和专业理论占 500 分。加之中职学生对理论性的考查知识兴致不高，以理论知识考查中职学生可能会影响升学率。

（四）录取标准不统一影响生源质量

为保证公平、公正录取而采用多种考试招生方式并行，意味着高等职业院校要实行不同的录取标准，现实情况是高等职业院校招生自主权虽然扩大了，但是录取标准缺乏特色，公平、公正录取仍有待进一步提升。一方面，高等职业院校在录取考生时仍以文化课考试分数作为主要的录取标准。如福建省教育厅《关于组织实施 2017 年高等职业教育入学考试的通知》中规定，福建省通过对口招生招收中职生的录取标准为"本科、高职（专科）录取时，技能测试成绩占总成绩的 30%，文考成绩占 70%"。技能测试成绩低于文化课考试成绩进行录取的情况与职业教育的办学宗旨相违背，长此以往，高等职业院校很难招到技术技能突出的学生。另一方面，实行注册入学的高等职业院校其录取标准有待明确。例如，南京旅游职业学院录取中职生的依据是"考生的思想品德表现、专业培养、技能学习情况或对口单招成绩择优录取"，对取得不同级别的技能大赛的获奖者优先录取。无锡城市职业技术学院录取中职生的标准是看中职阶段的学业表现、能表现技能水平的证书或资格证书等。纵观江苏省注册入学的录取条件，各院校的要求不一、表述模糊，如将"具有体育或艺术特长的考生"作为录取标准，但特长的评定要求并未做出具体说明；没有具体录取分数线，优先录取标准难以量化，如在录取原则里出现将"在高中阶段思想政治品德方面有突出事迹的考生"等作为录取标准，但没有说明突出事迹的评价标准以及在录取时如何证明等信息。

五、国际高等职业教育考试招生模式启示

高等职业教育招生模式是优化高等职业教育结构和职业教育高质量发展的重要基础。为加快我国教育改革和实现高质量发展，有必要借鉴国外高等职业院校招生模式。分析和对比欧美与亚洲等发达国家高等职业院校的招生模式，发现这些国家在招生模式的类别、作用、保障措施等方面存在可借鉴之处，以优化我国高等职业教育多元招生模式，增强招生模式对人才培养的系统性影响，保障现代职业教育高质量发展。

（一）强化招生模式的双向选择性，同时提升招生模式的灵活性与普适性

国内高等职业院校分类招生模式多样，发挥着重要的作用，但招生模式的灵活性与普适性尚无法完全体现，借鉴国际高等职业院校分类招生的经验，对比我国高等职业院校分类招生的现有做法，有以下几点启示：

1. 改革院校的招生模式，优化招生评价机制

高等职业院校招生时，主要考虑从学生的文化教育、个人特长、个人技能等方面进行选拔。"双高"高等职业院校招生时，要注重学生的文化教育质量与理论知识水平，可以适当提高招生分数过档线，尽可能选拔到足够多的优秀学生。如在高考招生分流时，适当提高招生分数线，还可以

将重点学科、优势专业的招录分数提到二本甚至一本的水平。普通高等职业院校招生时，要注重对个人技能与实践业务能力的选拔，可以优先选择那些虽然文化、理论知识水平不高，但实践能力突出、组织管理经验丰富、社会生活体验较全面的学生。如在单考单招模式招录时，可侧重对优秀学生干部、参加过学科实践技能竞赛或曾参加过寒暑假勤工俭学的学生予以高分评价或加分奖励，并考虑优先录取。具有专业特色的高等职业院校招生时，要注意学生个人特长与兴趣爱好，可以灵活设置招录模式。如在单考单招模式下，为突出该院校特色专业招生所需技能，应提高该院校特色专业所需业务技能评价分数，并相对弱化文化、理论知识分数的比重，以录取针对该院校专业而言特长出众、优势明显、兴趣浓厚的学生。

2. 考虑学生择校因素，制定具有针对性的招生策略

高等职业院校招生时，学生择校主要考虑的因素有地区特色、地区经济与社会的发展水平、学校与专业实力的强弱。高等职业院校招生时应尽量选择与特色产业相关联地区的学生，以利于他们因地择业和因地就业。为规避中学教育"重理论轻能力、重知识轻素质"的弊端，专业实力较强的高等职业院校在招生时可加大对实践与应用能力强、技术技能水平较高的学生的招生力度，以利于高等职业院校更好地培养综合素质较强的复合型人才。专业实力相对较弱的高等职业院校可以适当降低招生分数，为更多的学生提供学习机会。

（二）优化多元招生模式，增强招生模式对人才培养的系统性影响

国外高等职业院校考试招生模式从产业需求出发，以市场为导向，注重人才的系统性培养。我国高等职业院校的招生模式可以从以下两个方面改革和创新：

1. 对于高等职业院校而言，重在适时调整专业设置

学校应以地区特色、产业门类、学科前沿为导向来设置专业和制订人才培养方案。具有地方特色产业的高等职业院校在招生时，应该选择与产业相近、特色鲜明、区域间产业高度关联的地区生源。依据综合性产业门类设置专业的高等职业院校招生时，应该选择与地区产业结构相似度高、产业专业紧密度高的地区生源。紧扣学科发展前沿的高等职业院校在招生时，应加大对经济发展水平高、创新活力强的地区的招生力度。

2. 学生在择校时通常以地区特色、社会关系、兴趣期望为导向选择院校与专业

针对以本地特色产业作为专业选择目标的学生，高等职业院校在招生时，应加强院校相应专业特色的宣传，以提高学生对本专业的辨识度、期望度。对于将亲朋的职业作为专业选择目标的学生，高等职业院校在招生时，应注重宣传本院校本专业在就业与择业方面的特色优势和收入待遇。对于以个人兴趣爱好、期望倾向选择院校专业的学生，高等职业院校在招生时应强化人才培养方案的综合性、全面性、专业性，加大对学校环境、师资力量、设施投入、管理服务等方面优势的宣传，提高学生对本院校本专业的兴趣与选择期望。

（三）建立健全高等职业教育法律体系，保障考试招生模式的高效实施

国外职业教育健全的法律制度为高等职业教育的发展保驾护航，对我国高等职业院校分类招生模式的改革提供了有益参考。高等职业教育法律法规颁布实施的宗旨在于，结合本国高等职业教育发展的现状，适当借鉴国外高等职业教育的法律体系建设，吸取适合本国发展的法律规定，构建高等职业教育法律体系；提高劳动者的素质和技术技能水平，促进就业创业，建设教育强国、人力资源强国和技能型社会；扩大高等职业院校招生规模，增强教育扶贫功能，提升高等职业教育的均衡性与普惠性。为达到新职教法"推动职业教育高质量发展，提高劳动者素质和技术技能水平，促进就业创业"的目标，高等职业院校招生时应扩大招生规模、改革招生模式、引入多样化的招生手段、拓展多元化的考核内容。改革考生跨区域报考制度，强化招考流程中数字化手段的应用，提升学生选择学校与学校选择学生的双向选择匹配度，提升高等职业院校的招考质量。

（四）制定因地而宜的招生政策，保障高等职业教育的均衡性

高等职业教育的均衡性主要体现在高等职业院校数量均衡、高等职业院校的学生在人口中所占比例均衡、师资力量均衡、设施投入均衡、学科门类均衡等方面。高等职业院校招生时，要鼓励学生优先选择本地区的高等职业院校，优先在本地区择业与就业。经济发达地区的高等职业院校数量众多、集中度较高，可以适当扩大学生地区来源的广泛性，增加学生入

学、就业跨地区流动的选择性；提高院校专业与地区产业、人才与岗位的匹配度；高等职业院校招考时，可扩大异地报考的学生规模。经济发展相对落后地区的高等职业院校常常由于历史原因导致产业落后、资金投入不足，高等职业院校的数量较少，专业门类不齐全，人才培养也不全面。因此，需要加强师资力量、加大政府设施投入、拓展学科专业设置，对来自不同地区的生源采取差异化的招考标准，对于来自本地区经济条件困难的学生，招生时要加大助学政策的宣传力度。

在深化考试招生制度背景下的高等职业院校考试招生改革中，要求政府及相关职能部门特别留意从招生的双向选择性、多元化招生策略、法律保障、均衡性等方面进行改革。同时，需要从宏观上进行管理，在法律和制度设计层面予以引导。高等职业院校应积极、主动地推广自主招生，赋予学生多次的选择机会，探索出一条足够灵活的升学渠道，以及分类考试、多元录取的模式。应多借鉴其他国家的先进做法，深入推进高等职业院校分类招考制度改革。

（五）扩大各高等职业院校的招生自主权

目前，政府对高等职业院校的招生工作仍存在一定的条件限制和政策束缚。建议引入招考分离制度，在招生领域给予职业院校更大自主权。一是进一步增大高等职业院校自主招生的人数比例。通过扩大高等职业院校的招生自主权，激发其办学的动力与活力；同时，也促使高等职业院校能够真正招收到有专业基础和专业发展潜能的职业人才，为社会培养更多高层次的技术技能人才。二是政府应进一步放权给高等职业院校，使高等职业院校可根据自身的办学条件和社会需求，制订招生计划。在这一过程中，政府可给予科学引导和适度监管。三是在公平公正、择优录取、科学选才的原则下，高等职业院校可依据自身的发展定位，自主制定录取标准和招生办法。

（六）落实过程与结果考核相结合的综合考核评价制度

目前，我国现行的招生录取办法依然是"一考定终身"，考核分数是主要选拔依据。随着我国人才培养观念的转变和高等职业院校自主权的扩大，建立综合评价体系已势在必行。建议高等职业院校可将招生考核目标定为考核考生的"文化素质+专业知识技能+综合素质"。应突出强调对考生综合素质的考核，特别要加强学生在学业期间的综合素质过程考核。同时，考试内容应适当增加专业知识和专业技能比重。在录取标准上，建议除将考核成绩作为录取的主要依据以外，高等职业院校还可综合考虑考生的特长、大赛获奖证书、工作经验、技能等级证书等，将这些证书作为过程考核的加分项目，最终计入高等职业院校入学考核成绩。另外，高等职业院校可单独组织综合素质面试、技能实操考试等，综合评定学生的职业能力与职业适应性。

（七）建立统一与多元考试相结合的考核评价体系

从国际趋势及我国的国情出发，对普通高中毕业生实行全国统一的高等职业院校招生形式是符合实际的，但应改变目前"全国统一高考"的单一招考形式。建议我国高等职业院校尝试建立"统一考试与多元考试相结合的考核评价体系"，使我国高等职业院校招生制度实现统一性、多样性和灵活性的有机整合。考核评价体系由两部分构成：第一部分是对学生在高中阶段学业情况的过程考核。该部分考核评价的主体是高中阶段学校（中等职业学校或普通高中），该部分成绩可占综合评定成绩的50%。在过程考核中，建议将学生在高中阶段所学全部课程的总成绩（包括专业课和公共基础课）计入过程考核总成绩，建议该部分占过程考核总成绩的70%。学生平时的综合素质表现及行为表现等也将计入过程考核总成绩，建议该部分所占比重为30%。此外，学生在高中阶段取得的获奖证书、技能鉴定证书等可以作为加分项，计入过程评价总成绩。第二部分是对学生学业结果的考核。该部分成绩可占综合评定成绩的50%。结果考核的考核内容由各高等职业院校根据各自特点自主决定，建议考核形式可以为"专业知识笔试（40%）+技能实操考核（40%）+专业素质或专业潜力面试（20%）"。

第六章　高等职业教育考试招生制度发展与改革探索

高等职业教育考试招生制度是国家重要的高等教育制度之一。改革开放以来，高等职业教育考试招生经历了专科教育考试恢复阶段、高等职业教育考试招生制度探索阶段、调整阶段和分类考试招生制度发展阶段。高等职业教育考试招生制度改革一直是社会关注的焦点。在党的十八届三中全会明确推进考试招生制度改革、全国职教会议提出加快发展现代职业教育、国务院出台《关于深化考试招生改革的意见》等重要政策文件之后，围绕高等职业教育考试招生制度改革的理论研究与实践探索越来越多。改革开放以来，高等职业教育考试招生制度不断完善，为国家选拔技术技能人才作出了历史性的重大贡献。但长期以来，高等职业教育考试招生依附于统一高考，没有独立性，带来了一些弊端：一是录取的生源质量差，考试招生制度的设计导致"职教低于普教"的社会错误认识进一步增强；二是一考定终身，不适应素质教育的要求，不能适应考生的多样化选择；三是高等职业院校难以科学选拔技术技能人才。因此，我们有必要分析高等职业教育考试招生制度改革的历史发展进程，研究高等职业教育考试招生改革的相关问题与成因，为完善高等职业教育分类考试招生制度提供决策参考。

一、高等职业教育考试招生制度的发展历史

20 世纪 70 年代，我国高等专科教育逐步恢复，首批职业大学开始建立。改革开放前夕，专科教育以考试招生制度改革为突破口，向学生提供了较多的受教育机会，解决了社会技能人才短缺的问题，成为我国高等教

育改革的先锋。

（一）专科教育考试招生恢复阶段（1978—1984 年）

1977 年 8 月~9 月，全国高等学校招生工作会议在北京召开，会议决定恢复高考并通过了《关于一九七七年高等学校招生工作的意见》，高等职业教育的考试招生也被纳入普通高等院校的考试招生中。1978 年，全国恢复和新建专科学校 98 所，招收专科生 12.37 万人。而高等职业院校在重点本科院校、一般本科院校和民办本科院校录取之后，按一定的分数线，和高等专科学校作为同一个批次录取考生。专科教育在满足当时人才需求方面发挥了重要作用，但在招生方面"先本后专"的招生方式使得专科教育没有凸显高等职业教育的特性，社会认同度也较低。

党的十一届三中全会以后，社会经济的快速发展对职业教育高层次人才的需求更为迫切，我国经济发达地区开始大量创办职业大学。1978 年，国内开始出现一批高等职业技术学校。1980 年，国内一批短期职业大学相继创办，如江汉大学、南京金陵职业大学、无锡职业大学等。1983 年，国务院批转教育部《关于加速发展高等教育的报告》，指出要采取多种层次和多种形式发展高等教育，要逐步调整好高等教育内部的比例关系，增加高等专科学校的比重，鼓励大、中城市和大企业举办高等专科学校和短期职业大学。该报告还特别指出，高等院校的工科专业应增加专科学生的招收。

（二）高等职业教育考试招生制度探索阶段（1985—1995 年）

由于党中央、国务院的高度重视和有关部门的大力支持，我国的专科教育从 20 世纪 80 年代中期开始快速发展。1985 年，我国正式启动教育体制改革。《中共中央关于教育体制改革的决定》提出，要"积极发展高等职业技术院校，优先对口招收中等职业技术学校毕业生以及有本专业实践经验、成绩合格的在职人员入学"。这个文件正式将高等职业教育纳入国民教育体系，统一了全党对发展职业教育的认识，使之达到了前所未有的高度。1987 年，《普通高等学校招收少数职业技术学校应届毕业生的暂行规定》指出，选拔少数优秀的中等职业技术学校应届毕业生升入普通高等学校学习。该文件规定，高等学校按职业高中应届毕业生总数的 1%招收优秀职业高中毕业生，采取在推荐的基础上进行考试、中专学校保送推荐、招生学校复审、单独考试等办法录取。1993 年，《中国教育改革与发展纲要》要求深化高等教育体制改革，改革高等学校的招生和就业制度，改变之前国家招生和就业包分配的制度，高等学校招生实行国家计划和调节性计划结合。1994 年，第二次全国教育工作会议明确了高等职业教育的办学主体和未来发展方向，通过"三改一补"的方式来发展高等职业教育，但高等职业教育在高等教育中的比例还是没有多大提高，考试招生仍是依附于统一高考。

（三）高等职业教育考试招生制度的调整阶段（1996—2009 年）

1996 年，《中华人民共和国职业教育法》出台，开启了我国职业教育制度化和法治化建设的新篇章。1997 年，为满足经济发展对高层次职业教育人才的需求，原国家教育委员会下发《关于招收应届中等职业学校毕业生举办高等职业教育试点工作的通知》（教学〔1997〕9 号）并指出，招收应届中等职业学校毕业生是普通高校招生计划的重要组成部分，并规定了具体招生对象与学制、招生计划、中等职业学校推荐和入学考核相结合的考试录取办法等。这一政策文件被视为高等职业院校"单招"制度形成的雏形，标志着真正意义上的职业学校毕业生直接升学政策的出台。1998 年，为落实科教兴国战略，教育部制定了《面向 21 世纪教育振兴行动计划》，提出探索多种考试招生办法促进高等职业教育的发展，普通高中生多数应接受高等职业教育，3%左右的中等职业学校毕业生应进入高等职业院校学习。

2002 年、2004 年和 2005 年，国家三次召开全国职业教育工作会议，把发展职业教育提升到国家战略重点的高度，更加重视高等学校招收中等职业学校毕业生的比例问题。2002 年，《国务院关于大力推进职业教育改革与发展的决定》强调，高等职业院校应增加招收中等职业学校毕业生，高等职业院校也可以通过对口考试招生招收中等职业学校的优秀毕业生，对于获得中级职业资格证书的中等职业学校的毕业生免除技能考核的要求，以此保持中职教育和高等职业教育的发展比例，扩大高等职业教育的规模。2004 年，《教育部等七部门关于进一步加强职业教育工作的若干意见》提出，在高等教育中，高等职业教育招生规模应占一半以上。2005 年，《国务院关于大力发展职业教育的决定》指出，到 2010 年高等职业教育招生规模应占高等教育招生规模的一半以上。在这个阶段，高等职业教育仍然是我国高等教育事业的薄弱环节，高等职业教育考试招生制度问题还未引起足够的重视。

2006年，为了提高高等职业院校的办学水平，教育部启动了"国家示范性高等职业院校建设计划"。教育部鼓励高等职业教育扩大跨省招生规模，其中示范高等职业院校跨省招生比例不低于30%，中部、东部地区示范高等职业院校对西部地区的招生比例不低于10%。这一时期，国家非常重视高等教育的质量问题，因此严格控制了高等职业教育的招生规模。2007年，教育部开始在浙江、江苏、广东、湖南等省的示范性高等职业院校中开展单独招生试点，取得明显成效并逐渐在全国示范性高等职业院校中推广。近年来，教育部继续推广单独招生改革试点工作。单独招生作为符合高等职业教育的特色考试招生方式，生源范围主要为各省（区、市）所在地的普通高中毕业生，也可试点招收部分中等职业学校毕业生；在文化考试方式上，既可单独举行，也可联合组织；招生计划纳入高等职业院校核定的招生计划总数内，强化了高等职业教育考试招生的针对性与实操性。

（四）高等职业教育分类考试招生制度发展阶段（2010年至今）

2010年，国务院发布《国家中长期教育改革和发展规划纲要（2010—2020年）》。该文件提出，推进考试招生制度改革，逐步实施高等学校分类入学考试。这既是国家第一次在正式文件中提出分类考试招生，也是高等职业院校考试招生独立于统一高考的重要标志。2011年，为了全面提升高等职业教育质量，教育部在《关于推进高等职业教育改革创新引领职业教育科学发展的若干意见》中指出，"改革招考制度，探索多样化选拔机制"，继续推广高等职业院校单独招生试点，完善"知识+技能"的考核办法。这个文件的出台，标志着高等职业院校在考试招生改革方面取得了更大的自主权。单独招生、综合素质评价、对口招生等多样化的考试招生方式并举是这一时期最主要的特点。

从2013年开始，国家进一步鼓励高等职业教育考试招生与普通本科院校考试招生相分离，强调在报考时间、考试内容、录取等方面独立进行，为高等职业教育分类考试招生提供了政策保障。《教育部关于2013年深化教育领域综合改革的意见》提出，"推进普通本科与高等职业教育分类考试"。《教育部关于积极推进高等职业教育考试招生制度改革的指导意见》

指出，探索"知识+技能"的高等职业教育考试招生办法，并逐步与普通高考相分离。同年，《中共中央关于全面深化改革若干重大问题的决定》提出，深化考试招生制度改革，推进高等职业院校分类考招或注册入学，探索考试和招生相对分离。2014 年，《国务院关于加快发展现代职业教育的决定》提出，健全"文化素质+职业技能"、单独招生等考试招生办法，完善职业教育人才多样化成长渠道，为学生接受不同层次高等职业教育提供多种机会，提高高等职业院校招收中等职业学校毕业生的比例。同年，《国务院关于深化考试招生制度改革的实施意见》（简称《实施意见》）提出，高等职业院校实行"文化素质+职业技能"的评价方式，推进高等职业教育分类考试招生，与普通高校考试招生相对分开。普通高中生通过参加职业适应性测试和文化素质考试进入高等职业院校，中职毕业生通过参加文化基础和职业技能相结合的测试进入高等职业院校。《实施意见》的颁布，标志着高等职业院校分类考试招生改革正式启动，在高等职业教育考试招生发展进程中具有里程碑式的意义。

二、高等职业教育考试招生制度的内涵探析

《国家职业教育改革实施方案》明确职业教育是一种教育类型，并提出"建立'职教高考'制度，完善'文化素质+职业技能'的考试招生办法，提高生源质量，为学生接受高等职业教育提供多种入学方式和学习方式。"这为我们研究和思考高等职业教育考试招生问题提供了逻辑起点和主要依据。

（一）高等职业教育考试招生是我国高等职业院校招收新生的制度，由一系列符合高等职业教育人才选拔需要的考试招生制度组成，是一项具有类型教育特点的职业教育基本制度

"普通高等学校招生全国统一考试"（以下统称"普通高考"）制度自1952 年建立以来虽经多次调整，但作为普通教育体系内部考试招生制度的基本性质没有变化。20 世纪 90 年代末出现高等职业教育办学类型之后，高等职业院校招生仍被列为普通高考的一部分，一直作为专科层次安排在本科学校招录顺序之后。20 多年来，高等职业院校招生不断改革，出现了"自主招生""单考单招""贯通培养"等多种形式，并对考试内容和技术

环节做了改进，但总体上还是在普通高考制度框架下，服务普通高中教育之后的升学考试。目前，国务院文件明确职业教育的类型属性，提出了设立职业教育高考问题。职业教育高考是普通高考的一部分，还是在普通高考之外相对分离、自成一体？显然应该是后者。当然，职业教育高考与普通高考同属高等教育层次的选拔性考试招生制度，招考对象有一定程度的交集，两种高考不可能完全独立、绝对割裂，要在国家层面加强对两种高考的政策统筹，增进良性互动，服务广大考生。

（二）高等职业教育考试招生的特殊性集中体现在"就业"这个特殊使命上，制度设计不能偏离这个目标

职业教育是从职业出发的教育，职业是逻辑起点，就业是最终目标。按理说，想通过正规学习实现就业的应选择报考职业教育高考，想通过正规学习之后继续升学的应选择报考普通高考，但实际情况不像这样单纯，就业和升学都是学习者的需求，往往要统筹兼顾。在世界范围内，加强职业教育体系建设、发展终身教育导向的职业教育成为一个重要趋势，发展高等教育层次职业教育受到了普遍关注。要处理好同一种教育兼有"就业""升学"两种教育目标，根本办法是构建融合就业和升学的教育标准体系，为职业教育学历层次与社会用人体系建立起逻辑联系。

（三）高等职业教育考试招生的复杂性源于招考对象的广泛性、多元性，要考虑为不同生源群体接受高等职业教育提供多种入学方式和学习方式

按照"体系""类型"的观点看职业教育高考，它首先应是职业教育体系的"内部"升学制度，通过职业教育高考将中等职业教育与高等职业教育有机连接起来；其次是面向体系外其他类型教育的毕业生、其他社会成员等更广泛群体开放的"外部"招生制度，为那些想通过职业教育走向就业的人们提供接受高等职业教育的机会。因此，"多种入学方式"应主要指职业教育体系的"内部升学"和面向体系之外的"外部招生"两大类，体现出高等职业教育的包容性。"多种学习方式"则属于高等职业院校教育教学改革范畴，就是为不同类型的学习者提供个性化的课程及学习方式，高等职业教育针对传统生源与非传统生源时体现出更强的适应性。包容性与适应性是现代职业教育的重要标志，是服务终身学习和促进教育公平的需要，是职业教育高考改革的大方向。

（四）高等职业教育考试招生的考试招生办法应该因生源对象多元而形式方法多样，重点考查报考者的文化基础和技能专长，鼓励每个学校或专业设立各具特色的招录标准

在个人先前学习基础、学校招录标准、招考方式、专业培养方案、就业去向的完整逻辑中判别职业教育高考具体考试招生办法的科学性，尊重学校考试招生自主权并建立招考标准、过程、结果的公开公示监督制度。"文化素质+职业技能"考试招生办法是职业教育高考的总体原则或要求，但还需要针对不同情况具体问题具体分析，使之具有更强的操作性。如对于"内部升学"而言，应将中等职业学校学业成绩作为考查重点，使平时成绩优异者有较大的可能获得学习深造的机会，体现高职招生对中等职业教育质量的重视，发挥职业教育体系内高一级对低一级教育层次的拉动作用。

高等职业教育考试招生具有满足"提高生源质量"要求的选拔性质，但制度设计又不能仅仅局限于实现选拔目的。职业教育的定位是以服务为宗旨、以就业为导向，那么职教高考不能"为考而考""为选拔而选拔"，必须要照顾到学生就业。从这种意义上看，高等职业院校招录新生的过程也是建立考生与未来就业之间联系的过程。普通本科教育并非一开始就指向就业，但高等职业教育从专业设置、教育目标等方面早已确立了就业导向，故而职教高考除有着与普通高考相同的选拔性考试功能之外，还有诸如就业导向等其他重要功能。从道理层面来讲，除体现招生学校的意愿之外，职教高考要更加尊重考生的个人志愿、社会用人单位的意见。所谓"生源质量"，不能仅理解为考生在选拔性考试中获得的成绩，还要关注那些成绩或许并非最出色，但与未来职业比较匹配且适应变化能力最优的考生，这是一个新的"生源质量观"。

三、高等职业教育考试招生制度的现实问题

2013年4月，教育部出台了《关于积极推进高等职业教育考试招生制度改革的指导意见》（以下简称《指导意见》），为四类招生对象设计了六种考试招生方式。一是为普通高中毕业生开了三条升入高职学习路径，即

参加普通高考的考试招生办法、高等职业院校单独考试招生办法和部分特殊专业的综合评价招生办法，增加了学生的选择余地和升学机会。二是拓宽了中职毕业生升入高等职业院校学习的渠道。中职毕业生对口升高职，实行以专业技能成绩为主要录取依据的招生办法。三是针对初中毕业生实行中高职贯通招生办法，招生限定在艺术、体育、护理、学前教育以及一些技术含量高、培养周期长的专业，采取"三二分段制"和"五年一贯制"等中高职贯通培养模式。四是为技能拔尖人才提供了免试入学政策。《指导意见》实施以来，拓宽了高等职业教育的生源渠道，优化了生源结构，推动了高等职业教育改革，但随着形势变化也出现了一些不相适应的新情况和新问题。

（一）构建现代职业教育体系的新机制问题

高等职业教育考试招生制度改革应有利于职业教育体系建设，在高等职业教育得以加强的同时也要带动中职教育发展，建立起现代职业教育体系框架下中职、高职协调发展的新机制。但就实际效果而言，高等职业教育考试招生制度改革对中职教育发展没有起到应有的带动作用，甚至出现了一些消极影响。主要表现在：一是在鼓励中高职衔接、大幅提高中职毕业生的升学比例（很多省份超过20%，甚至有的达到60%以上）的政策驱动下，中职教育越来越像升学准备教育，越来越偏离了就业导向，失去产教融合、校企合作等职教特征的中等职业教育面临着"名存实亡"危机。二是近年来中高职贯通招生专业不断增加、招生计划所占比重持续加大，有的地方把中高职贯通的"三二分段制"和"五年一贯制"的培养都放在高等职业院校来完成，实际上挤占了本属于中职招生的计划，直接影响了中职的发展空间。三是《指导意见》所列高等职业教育六种招生方式更有利于普通高中毕业生报考，从而造成初中后教育分流越发偏向普通高中，职普教育比持续下降。

（二）高等职业院校招收社会成员的制度建设问题

《指导意见》所列四类招生对象的主体仍然是接受高中阶段教育的传统生源。虽然对"具有高级工或技师资格（或相当职业资格）、获得县级劳动模范先进个人称号的在职在岗中等职业学校毕业生"开了口子，但需要"经报名地省级教育行政部门核实资格、高等职业院校考核公示，并在教育部阳光高考平台公示后，可由有关高等职业学校免试录取。"这类群体人数少、实际录取难度大，面向社会成员的招生大门敞开得还不够。2019 年 3 月，李克强总理所作的政府工作报告中明确提出高职扩招 100 万人，要改革完善高等职业院校考试招生办法，鼓励更多应届高中毕业生和退役军人、下岗职工、农民工等报考。2019 年年底统计实际完成扩招 116.5 万人。非传统生源大幅增加，给高等职业教育考试招生制度改革提出了新挑战，现有办法难以适应。有关资料表明，高等教育的大众化和普及化都要引起高等教育机构中学生成分的显著变化，成人大学生所占比重越来越大。如 1985 年美国高等教育机构中 25 岁以上的学生就占到了 42%，英国的这一比例为 32%，法国的这一比例为 31%，前联邦德国的这一比例为 47%。当前，我国即将进入高等教育普及化阶段，从 2019 年高职扩招透露出来的政策信息判断，我国高等教育的包容性、开放性会首先在高等职业教育领域发生，将来成人大学生越来越多地出现在高等职业院校会成为新常态，高等职业教育考试招生制度必须做出回应。

（三）高等职业教育考试招生制度的系统性问题

高等职业教育考试招生制度是构建现代职业教育体系的一项重要制度设计，是上下衔接、左右沟通的枢纽。《指导意见》受当时文件出台背景条件所限还达不到整体性、系统性、协同性的改革要求。一是相关政策措施属于局部试点性质，不具有普遍适用性。如"单独考试招生办法"主要由国家示范性、省级示范性高等职业院校和现代学徒制试点学校等试行。虽然试点取得了预期成效，但同时也加大了原本就存在的高等职业院校之间、专业之间政策供给不平等及由此产生的发展不平衡。二是高等职业教育招生计划管理和考试录取规则仍在普通高考制度的统一框架内，高等职业教育是大学本科之后的专科层次招生的制度安排没有变化，社会认为高等职业教育是低层次高等教育的现实没有改变。近年来，学龄人口总体数量减少明显，很多省市依然在原有招生计划管理体制下制订高等职业教育招生计划，本科计划有保障、高等职业教育专科计划"吃不饱"，出现高等职业教育招生计划数大于实际生源数的问题，相当一批高等职业院校按计划招不满学生。《指导意见》提出，高等职业教育考试"逐步与普通高校本科考试分离"，实际上高等职业教育考试招生不是一个分离出来怎么组织考试的技术问题，更重要的是围绕招生"为谁选才、选多少才、去哪里选才、怎么选才"构建切实管用、相互配套的政策体系。三是高等职业教育考试招生制度改革没有触及普通高中改革，整个教育体系没有协调联动。2018年，大约46%的普通高中毕业生升入高职学校占当年高职招生总量的70%左右。既然普通高中毕业生占据了高职生源主体，那么普通高中理应在学制、课程体系、人才培养方案及教学计划等方面适应高等职业教育需要并为其奠定教育基础。但实际情况恰恰相反，普通高中是以普通高考为指挥棒、以普通本科教育为升学指向的。此外，高职单独考试招生的时间安排与普通高中学制不衔接，高中毕业年级的学生参加高职春季单独考试招生被录取之后，将近有一个学期的时间未得到科学合理的利用。因此，普通高中教育改革也需要及时跟进。

（四）高职本科教育考试招生的新情况与新问题

《国家职业教育改革实施方案》提出"开展本科层次职业教育试点"，高等职业教育办本科的问题正式摆上议程。这就意味着，将有职业本科学校（高职本科）、职业专科学校（高等职业教育专科）两类学校或专业要通过职教高考招收新生，职教高考制度涵盖了高职本科考试招生制度、高等职业教育专科考试招生制度，显然又增加了复杂性，需要从多个维度综合考量。

1. 要明确本科与专科两个学历层次的职业教育标准

"高职本科与专科的区分度是什么"是一个很有挑战性的问题，仅从学制或者高考录取分数上区分还触及不到高职本、专科区分度的实质。要避免用普通高等教育眼光看高等职业教育，坚持对接和匹配社会用人体系，健全和完善职业教育层次结构，用职业图谱诠释专业内涵和就业方向，使用职业岗位、职业资格、技能等级、职业知识、职业技能和职业能力等新的话语体系描述高职本科、专科学历教育的标准，在职业发展与成长的实践中寻找本科、专科的联系与区别、共性与个性，为制定职教高考制度奠定基础。

2. 要明确高职本科、专科的纵向衔接关系，科学设计职教体系内部升学制度

估计在未来比较长的时期内，高等职业教育仍会以专科招生为主体，具备招收职本科资格的高职学校（包括部分应用型本科学校，下同）也会兼招本、专科生，建立本、专科层次职业教育协同发展机制对于保障教

育质量、提高办学效益非常重要。显然，现有高职专升本考试和"3+2"高职与本科分段培养试点政策需要加以调整，建立高职本科、专科之间的内部升学制度（在高职学校内部实施）或转学制度（指从高等职业教育专科升入高职本科、应用技术型本科学校），形成新的"专转本"制度。

3. 要合理确定高职本科招生的生源结构，让高职本科的发展有效带动高等职业教育专科的发展，发挥分工有序、功能互补、错位竞争、协调发展的体系优势

如果高职本、专科招生面向共同生源群体不加分工、任其竞争，本科学校一定会压制专科学校的生存空间，加剧专科生源紧张的状况，放大考试本身存在的技术性问题，甚至引发社会舆情热点，试办本科层次职业教育的好政策就不能转化为推动职业教育体系建设的正能量。生源结构也是高职办学功能定位的反映。按照《指导意见》和2019年高职扩招政策，高职生源包括普通高中毕业生、中职毕业生、其他符合报名条件的社会生源，高职本科招生可考虑主要从参加普通高考的普通高中毕业生中招收新生，并为英模先进人物、特殊技能拔尖人才提供入学通道，同时留出招生指标和足够的学位用来接收那些在高等职业教育专科学习的"专转本"学生。

4. 要研究职业本科教育的学制问题

我国普通本科教育的基本学制是4年，是不是职业本科教育学制也是4年？德国、奥地利等欧洲很多国家的应用科学大学本科学制是3年；法国高端技术技能人才培养学制也是3年，即由大学科技学院2年学制加上1年的大学教育获得学士学位；英国、澳大利亚、新西兰等国家的大学本科学制是3年，加拿大兼有3年和4年；美国将转学教育作为社区学院重要办学功能，2年在社区学院、2年转学到普通大学，本科实行"2+2"跨校转学衔接的学制。学制是高等职业教育最重要的"供给侧结构"。只有学制灵活多样，才能适应具有不同学习和工作背景的考生作出选择，形成以人为本的高等职业教育供给体制。

5. 要研究高职本科学校的设置数量，使高职本科在高等职业教育中占有合理比重

数量和比重既不能太少（否则不利于职教体系构建），也不能太大（否则影响职教体系重心的稳定）。

首先从现状出发，以高职"专升本"比例为5%测算，也就是假设高

职本科主要接收来自高职专升本的生源，按照全国高等职业教育专科每年招生 400 万人计算，则高职本科每年招生规模为 20 万人；假设允许每所高职本科学校每年招生 2 000 人，则需要设置高职本科学校 100 所。如果以高职"专升本"比例为 30% 的高值进行测算，高职本科每年招生规模将达到 120 万人，需要设置高职本科学校 600 所。高职本科学校与高等职业教育专科学校数量之比将达到 3∶4，高职本科与专科在校生规模之比略高于 1∶4，职业教育的人才供给结构和培养能力将会得到显著改善，职业教育系统化人才培养体系将得以优化、趋向合理。

以 2019 年《国家职业教育改革实施方案》的颁布为标志，高等职业教育考试招生制度改革进入全面构建"职教高考"制度的新时期。上述提到的若干问题，都需要在职教高考改革中加以纠正和完善，形成符合类型教育规律的职教高考制度，为推进我国教育治理体系和治理能力现代化提供重要支撑。

四、高等职业教育考试招生制度的建设困境

（一）高等职业教育考试招生依附于统一高考，缺乏独立性；制度设计系统性不强

改革开放以来，高等职业教育考试招生依附于统一高考，缺乏独立性。在专科教育考试恢复阶段，高等职业院校在招生录取的时候，高等职业院校作为普通院校下面的一个层次而进行招生，招收的往往是分数较低的学生。这一时期，高等职业教育考试招生完全依附于统一高考制度，没有独立性。在高等职业教育考试招生制度探索阶段，党和国家对发展职业教育的认识达到了前所未有的高度，高等职业教育正式被纳入国民教育体系。这一时期出台了一些优先对口招收中等职业技术学校毕业生入读高等职业技术院校的政策文件。但总体来看，这一时期高等职业教育考试招生仍依附于统一高考，没有体现出高等职业教育考试招生的特点。在高等职业教育考试招生制度调整阶段，随着《中华人民共和国职业教育法》《面向 21 世纪教育振兴行动计划》的颁布，以及"国家示范性高等职业院校建设计划"的实施，国家探索出了多种高等职业教育考试招生方法，如单独招生、自主招生、对口招生等，但这些考试招生方式并未从根本上改变

高考作为主要考试招生方式的局面。在 2018 年部分省份高考录取批次中，高职高专仍然在本科一批、本科二批之后录取考生，且分数较低。高职招生被放在最后批次进行，缺乏独立地位，很难录取到优质和生源。

考试招生制度改革一直伴随着我国职业教育的发展，国家先后组织实施了"统考统招""单考单招""单独考试招生"等一系列改革，推进高职分类考试招生，并于 2019 年在《国家职业教育改革实施方案》中明确提出建立"职教高考"制度，初步形成现代职业教育招生考试制度。与职业教育改革发展要求相比，高等职业教育招考制度在顶层设计上仍存在一些现实堵点，主要表现为：招考制度主要依附于普通高考，与职业教育的类型本质不相适应；职业初等教育、职业中等教育、职业高等教育（包括专科、本科层次）纵向贯通和普通教育、职业教育、成人教育、继续教育等不同类型教育间横向打通的招考"立交桥"尚未建立，开放性的升学制度不健全。

（二）高职生源质量不高和数量不足，中职生占比偏低

我国高等职业教育发展起步晚，高等职业教育的吸引力不足，长期依附于统一高考的考试招生制度不能适应考生自主、多样化选择的需求，生源质量更难以保证，生源危机进一步加剧。高等职业教育考试招生存在的最大问题是高等职业院校对考生的吸引力不足，报到率低，很多高等职业院校招生计划难以完成。一是高职招生范围狭窄，没有突破省域界限。大部分高等职业院校分类考试招生限定了只能招收本省的生源，这在一定程度上限制了生源范围。二是从招生对象的构成比例来看，生源以普通高中毕业生为主，高中生远多于中职生，不利于中高职衔接的现代职业教育体系的建立。从调研结果来看，在录取的新生中，中职生的比例不到 30%。三是新生报到率低，很多高等职业院校招生计划难以完成，特别是民办高等职业院校和地理位置不佳的高等职业院校的新生报到率不到 80%，整体招生情况并不理想。四是生源质量差，部分高等职业院校为了完成招生计划，通过单招、学校自主招生等形式，无底线降低录取门槛，导致学生的素质参差不齐。

（三）高职考试以理论知识为主，技能测试为辅；考试内容的针对性不强

教育政策的本质是教育利益的调整，教育政策对教育利益的分配与调整主要有两个层次：一是对受教育权和机会进行分配，二是对教育资源的分配。高等职业教育考试招生政策的本质是调整高等职业教育利益相关者的利益，是对高等职业教育入学机会和教育资源的分配。高等职业院校通过"文化素质+职业适应性测试"的评价办法招收普通高中生，通过"文化素质+职业技能"的评价办法招收中等职业学校的毕业生。其中，文化素质至少含语文、数学、英语三科内容，由各省（区、市）教育考试院统一组织命题，卷面分值各省（区、市）略有不同。职业适应性测试主要面向普通高中生，是测试考生的职业潜在才能并帮助考生选择适合自己的专业的心理测试，根据学科和专业要求分别进行职业潜能测试和综合素质评价。现阶段，很多高等职业院校对职业适应性测试结果暂不设分值，仅作为录取的参考依据。职业技能测试主要考核中职生的基本技能，以及综合运用知识和相关技能解决实际问题的能力。不管是面向普通高中生还是中职生的高等职业院校分类考试，内容仍然以理论知识为主、技能考核为辅。在福建省高等职业教育入学考生中，普通高中生的文化课考试不分文理科，考语文、数学、英语、信息技术等4门，理论考试占了100%；中职生考试形式是"文化课+职业技能"，文化课包含语文、数学、英语，专业基础知识包括专业理论知识和操作技能知识两部分。《2018年福建省高等职业教育入学考试招生录取办法》规定，高中生投档分＝文化考试总分＋固定加分；中职生（音乐、美术类除外）投档分＝"文化考试总分＋固定加分"的70%＋技能测试成绩总分的30%。可见。高职本科、专科录取时，仍主要以文化考试成绩为录取标准，技能测试被忽略或仅作为次要依据。

考试内容是招考制度的核心要素，对高等职业教育招生和人才培养质量具有导向作用。高等职业教育招生考试的内容针对性体现在两个维度：一是类型教育属性下的职业技能考试。虽然，多年来高等职业教育招生考试一直进行着职业技能考试的探索，例如，对口招生的专业课考试、单独考试招生的职业技能考试、提前招生的职业技能考试和综合素质测试、特殊群体招生的职业适应性测试；但相关职业技能测试的考试形式和方法仍以传统纸质笔试居多，职业技能考试内容缺乏统一标准、缺乏行业和企业

诉求、缺乏实操能力考查等，针对性、科学性和有效性都亟待进一步强化。二是在招生生源多样化背景下的考试内容的针对性。当前，高等职业教育生源包含普通高中毕业生、中等职业学校毕业生及各类社会考生，生源类型和学业基础的差异大，这给考试内容设计带来了挑战。

（四）考试招生录取机制尚未与普通高考分离，评价方式的职业性欠佳

高等职业教育考试招生改革主要集中在考试科目的调整，而没有涉及录取制度的突破。高等职业院校录取一般通过省级教育考试院集中投档，对于进档的考生根据考核总成绩，依据专业志愿，从高分到低分进行录取。这种录取方式仍旧强调以分数为标准，限制了考生的选择权。当前考试招生制度矛盾的根源在于，非专业的政府行政部门以计划的方式过度集中了考试和招生的权利。因此，有学者提出考试和招生机制相对分离的观点：学校成为招生主体，政府从招生中退出；改变现在以行政主导的考试招生模式，转变为社会化的、专业化的考试招生模式，由专业机构组织实施。考试招生相对分离，打破目前的按计划集中录取制度，应成为我国高考改革的基本原则。《中共中央关于全面深化改革若干重大问题的决定》《国家中长期教育改革和发展规划纲要（2010—2020 年)》都提出，考试招生制度改革应探索考试和招生相分离。高等职业院校招生具有公权力的性质，既关系到国家发展，也关涉个人利益，这决定了高等职业院校考试招生应由政府、社会和高等职业院校在合理的权利结构中共同支配，而不是由单一的利益主体主导。高等职业院校考试招生是以省级政府为主的管理体制，以省级教育行政为主统筹管理和组织实施，具体由各省级教育考试院负责组织和管理高等职业院校考试招生工作。省级教育行政部门不仅从宏观层面制定相关政策和文件，而且在微观层面还负责管理具体的考试招生事务，如统一组织文化课考试、划定分数线等。高等职业院校在省级教育行政部门的领导和监督下具体负责实施考试招生工作。目前在这种以教育行政部门为主导的高等职业院校考试招生管理体制中，高等职业院校的自主性没有得以充分体现，"国家本位"色彩浓重，缺乏行业、企业的参与和监督。目前高等职业院校考试招生没有相对独立的专业性的考试招生机构，行业、企业、用人单位都没有参与到考试招生环节中。

高等职业教育招生考试实行"文化素质+职业技能"的评价方式，是

新一轮职业教育改革和教育评价改革的重要内容，在面向中等职业学校毕业生的招生中，已经初步得以实施。但普通高考招生、中高职贯通招生的评价方式，仍以综合素质评价或职业适应性测试为主，对综合素质、素质特长的评价尚未突出"职业性""职业技能"等特点，成绩占比也偏低，无法有效发挥职业性向的甄别作用。同时，评价结果呈现出孤岛现象，在各种不同的招考模式中没有形成互通互认机制，遮蔽了招考制度评价的本质功能。

（五）招考主体众多，多元参与缺失，招录机制的取向发生错位

多元治理是高等职业教育的内在属性，也是新时代多元评价改革的必然要求。高等职业教育要深度融入经济，形成国家需求和企业需求的协同效应，就需要充分发挥行业、企业在人才选拔入口端的参与积极性，尤其是在职业技能考试的考试组织、过程性评价等方面的深度介入。目前，高职单独考试招生一般由省级教育考试主管部门统筹部署，各地教育考试主管部门具体实施；高职提前招生一般采用省级教育考试主管部门统筹部署，高等职业院校具体实施，自主实行综合素质测试并完成自主招生。行业、企业在考试招生中的参与程度仍显不足。

随着国家对职业教育的持续重视和新一轮职业教育改革、新时代教育评价改革的深入推进，社会各界对职业教育尤其是高等职业教育的价值取向将会产生根本转变。"社会需求+价值取向"将成为职业教育尤其是高等职业教育改革的重要依据和参考。自1999年高等职业教育被纳入普通高考招生以来，其考试招生长期依附于普通高校统一考试招生，且处于最后一个录取批次，客观上导了了高等职业教育录取分数偏低、生源质量较差的状况。

五、高等职业教育考试招生制度的改革目标

职业教育高考的改革目标在于适应新发展格局的需求。在深化新时代教育评价改革背景下，构建职业技能人才评价制度，完善高等职业教育考试招生制度，在不断开放的教育体系中为学校和学生在职业教育与普通教育双向选择方面预留空间，让学生能进入更契合自己的专业学习，使院校更容易招录到更合适的生源。

（一）多方共同参与治理，完善职教高考运行机制

考试改革的外部动力是社会需要，内部动力是人的持续提升需求，每个成员都参与评价活动并处于被评价的位置上，为使这一机制中各相关利益主体从他治走向一定程度的自治，政府应提供参与渠道，动员和鼓励多方参与，建立一种稳定的协调关系。各利益相关主体的责任具体而言：由国家根据人才培养目标确定评价目标、提出考试要求及标准；省级教育行政部门根据本地区教育资源与考试对象进行全面分析，提出考试方案，选择合适的政策工具，编制计划并上报教育部；省级教育行政部门和省级教育考试机构共同确定考试的方法、程序和手段；省级教育考试机构牵头组建行业技能测试联盟，加强跨部门合作；高等职业学校和行业组织自主命题，提出知识、能力和素质的考查要求；学生主动提升能力素质、积极应考，了解入读专业并建立全周期的职业预期。通过学生积极主动适应、学校自主招生、专业考试机构提供支持、行业组织提出人才需求、企业进行技能评价并开展联合培养等方式，建立由职教高考各涉及主体分别承担的良性运行机制，形成新的利益分配和责任分担机制。

（二）突出技能评价，构建具有职业教育类型特点的"文化素质+职业技能"评价体系

构建职业教育高考评价体系，系统回答和解决用什么内容来测试技术技能人才所需的文化知识与专业技能，依据什么来分配两者之间的权重并设计考试科目和内容，职业技能测试如何才能反映考生真实的技能水平。在分类考试和技能测试的具体环节，引入专业考试机构和行业组织共同参与，以提升文化考试和技能测试的信度和效度，提高职业技能考核占总成绩的权重，强化技能评价的结果。具体来说，可以以 2021 年 3 月教育部发布的《职业教育专业目录（2021 年)》（以下简称《专业目录（2021 年)》）专业大类为基础构建评价指标。发挥好教学领域实际使用的唯一强制性标准和《专业目录（2021 年)》的一体化特征，同步开发可供面向中职和普通高中毕业生选择的各专业选考科目指引，结合培养目标明确各层次考试的目标，依据培养定位界定各层次人才所需要的技能门槛，据此一并设计中职升入高职、中职升入本科、高职升入本科的技能评价标准。在职业本科教育中体现出一定的选拔性，匹配高层次的人才培养定位，参考艺术类

省级统考和校考相结合的方式，以共性专业基础课作为基本内容开展技能测试，行业企业与学校共同参与题库建设，由专业考试机构从命题、标准化考点、评测等方面保障考试的实施。

（三）强化评价结果的使用，构建普教与职教并行的招生制度体系

2020 年，通过全国高职分类考试入学人数已超过高职学校招生总数的 60%，成为职业院校招生的主渠道。考试规模取得一定突破，但职业教育的统一招生录取名额分配制度在国家层面尚处于缺失状态。"普教有高考，职教有大赛"是业界的共识，但通过技能大赛免试入学仅覆盖不到 1% 的升学人群，对口单招等局部升学通道已无法支持人才持续培养的需要，亟须建立与职业教育考试相适应的录取制度。面对我国教育改革发展的新形势、新要求，适应全新的发展格局，职业教育和普通教育需要"双轨"运行、双擎驱动。职业教育考试招生改革，一方面要向考试招生制度内部的核心环节拓展；另一方面，要向外部多元评价主体延伸，在构建普通教育、职业教育双轨并行的考试招生制度上取得突破，持续适应经济社会发展和教育改革深化的需要。

第七章 高等职业教育考试招生制度框架的构建

1977 年 9 月，教育部召开全国高等学校招生工作会议，宣布恢复我国高考制度；同年 10 月，《关于 1977 年高等学校招生工作的意见》（以下简称《意见》）发布，高等职业教育考试招生制度作为我国普通高等院校考试招生制度的重要组成部分得以恢复。1985 年 5 月，党中央、国务院颁布《中共中央关于教育体制改革的决定》（以下简称《决定》），从国家政策层面肯定了高等职业教育在我国国民教育体系中的作用与地位。此后，高等职业教育考试招生政策作为我国的一项基本招生政策，经过 40 余年的发展日渐成为党和政府教育工作关注的重点。本章节以历史制度主义作为分析范式，对我国高等职业教育考试招生制度变迁历程进行回顾与分析，有助于把握政策发展的内在逻辑与深层机理，以期为政策框架的研究、制定及完善提供参考。

一、高等职业教育考试招生制度的历史脉络

（一）以高考统招为主导的依附发展期（1985—1995 年）

党的十一届三中全会后，为恢复特殊时期对我国职业教育事业的冲击，我国开始构建与社会主义经济发展相适应的现代职业教育体系。1985 年，《决定》提出"大力发展职业技术教育"，对高中毕业生做出了"升入普通大学"与"接受高等职业技术教育"的分流规划。此外，在以中等职业技术教育为建设重点的同时，提出了"积极发展高等职业技术院校""优先对口招生"等多项针对高等职业教育发展的举措。自此，高等职业

技术教育正式进入国家视野并纳入我国国民教育体系，开始探索适合高等职业教育人才选拔标准的考试招生制度。同年 7 月，《国家教育委员会关于同意试办三所五年制技术专科学校的通知》提出"同意在西安航空工业学校、国家地震局地震学校、上海电机制造学校三所中等专业学校的基础上试办五年制技术专科学校"，打破了以高考作为接受高等教育唯一途径的桎梏，加强了中高职的衔接工作。

1987 年 3 月，国家教育委员会印发《普通高等学校招收少数职业技术学校应届毕业生的暂行规定》，允许"中等职业技术学校招收少数优秀应届毕业生升入普通高等学校学习"，招生以推荐为基础，视具体情况采取中专校保送、招生学校复审、学校单独考试等方式来确定最终录取人员。1991 年 10 月，《国务院关于大力发展职业技术教育的决定》再次肯定了《决定》关于高等职业院校招生对象以及建立从初级到高级职业技术教育体系的相关规定。1993 年 2 月，中共中央、国务院印发《中国教育改革和发展纲要》，提出了通过改革现有高等专科学校积极发展高等职业教育的构想，基本确定了高等职业教育的发展方针与途径。1994 年 6 月，第二次全国教育工作会议召开，主张通过"三改一补"改革、发展高等职业教育。1995 年 1 月，《国家教育委员会关于推动职业大学改革与建设的几点意见》出台，再次强调要改革职业大学的招生制度，职业大学依据培养目标的要求，也可举办专科层次招收初中毕业生、学制为五年的专业。这一阶段，我国职业教育的发展重点为中等职业教育，高等职业教育尚处于起步摸索阶段。虽然我国对高等职业教育招生的来源进行了规定，并开始进行试点工作，但高等职业教育以国家统一高考为主的考试招生制度格局并未打破，未从普通高等院校考试招生制度中分离出来。

（二）以高校自主招生为基点的多元探索期（1996—2009 年）

1996 年 5 月，《中华人民共和国职业教育法》（以下简称《职业教育法》）出台，明确规定"高等职业学校教育根据需要和条件由高等职业学校实施，或者由普通高等学校实施"，为高等职业教育的发展提供了法律保障。1998 年 12 月，教育部印发《面向 21 世纪教育振兴行动计划》，除肯定"三改一补"的发展规划外，主张"要通过试点逐步把高等职业教育的招生计划、入学考试和文凭发放等方面的责权放给省级人民政府和学校"，以此推动高等职业院校探索多种招生方法，同时将普通高中毕业生与部分中等职业学校毕业生列为高等职业教育主要招生来源。1999 年 1 月，教育部、原国家计委《关于印发〈试行按新的管理模式和运行机制举办高等职业技术教育的实施意见〉的通知》规定高等职业教育招生对象以当年参加全国普通高校统一考试招生的考生为主，少量为中等职业学校应届毕业生，并由省（区、市）招办统一择优录取。其中，中等职业学校应届毕业生的"文化课和职业技能水平应由省级招生部门单独组织考试，并确定具体的录取标准"。同年 6 月，《中共中央 国务院关于深化教育改革全面推进素质教育的决定》出台，明确指出将高等职业教育的招生计划权责下放至省级政府，确立了省级政府的招生自主权，从而开启了地方发展职业教育的崭新篇章。

进入 21 世纪，我国高等职业教育迈入快速发展期。2002 年 7 月，第四次全国职业教育工作会议召开，肯定了职业教育的战略地位，推动了职业教育的发展。同年 8 月，《国务院关于大力推进职业教育改革与发展的决定》出台，指出高等职业院校有权单独组织对口考试招生，优先录取中等职业学校的优秀毕业生，且满足一定要求的考生可免除技能考核。高等职业院校招生自主权进一步扩大。此后，2004 年印发的《教育部等七部门关于进一步加强职业教育工作的若干意见》、2005 年印发的《国务院关于大力发展职业教育的决定》，明确了高等职业教育招生规模应占高等教育的一半以上。2006 年印发的《教育部 财政部关于实施国家示范性高等职业院校建设计划加快高等职业教育改革与发展的意见》，支持示范院校的改革试点工作，扩大跨省招生规模。2007 年，教育部宣布在江苏、浙江、湖南、广东四省 8 所高等职业院校开展单独招生改革试点工作，2011 年全国高等职业院校数量增至 200 所，其中国家示范性高等职业院校与骨干高等职业院校各 100 所。这一时期，党和政府加大了对高等职业教育的重视程度，招生权责的进一步下放成为高等职业教育考试招生制度由国家主导向地方自主模式转变的助推器，也是高等职业教育考试招生制度从统一的高考制度中剥离的开始。此外，招生比例的明确、示范院校的建立与推广为高等职业教育的规范化、体系化提供了实践平台，各省（区、市）的积极回应为高等职业院校自主权的归位与多元化招生录取机制奠定了改革基础，更好地契合了高等职业教育人才培养的规律与特点。

（三）以分类考试为核心的深度改革期（2010 年至今）

2010 年 7 月，《国家中长期教育改革和发展规划纲要（2010—2020

年)》（以下简称《纲要》）出台，首次提出"逐步实施高等学校分类入学考试"，在"考试招生制度改革试点"方面，主张"探索自主录取、推荐录取、定向录取、破格录取的具体方式""分类考试"成为高等职业教育考试招生制度独立于统一的高考制度的里程碑。为深入贯彻落实《纲要》对高等职业教育的工作部署，2011年印发了《教育部关于推进高等职业教育改革创新引领职业教育科学发展的若干意见》，2013年印发了《教育部关于积极推进高等职业教育考试招生制度改革的指导意见，2014年印发了《国务院关于深化考试招生制度改革的实施意见》（以下简称《实施意见》），2017年印发了《国务院关于印发国家教育事业发展"十三五"规划的通知》等，多次强调省级政府统筹管理与组织高等职业教育考试招生的工作权责，为各地行使办学自主权给予鼓励与支持，"文化素质+职业技能"、单独招生、综合素质评价等招考方式成为此时高等职业教育考试招生制度改革的主流。2019年年初，《国家职业教育改革实施方案》（以下简称"职教20条"）出台，明确提出"建立'职教高考'制度，完善'文化素质+职业技能'的考试招生办法"。同年3月，李克强总理在政府工作报告中强调，"改革完善高等职业院校考试招生办法，鼓励更多应届高中毕业生和退役军人、下岗职工、农民工等报考，大规模扩招100万人"。同年5月印发的《教育部办公厅关于做好2019年高职扩招专项考试招生工作的通知》《教育部等六部门关于印发〈高职扩招专项工作实施方案〉的通知》，对高职百万扩招专项工作作出进一步安排部署，根据考生类型调整考试形式和内容。2019年，"全国高职共扩招约116.5万人，其中，普通专科增长约114.8万人，五年制高职转段学生增长约1.7万人。在扩招人员中，退役军人、下岗失业人员、农民工、新型职业农民等社会生源群体约招53万人"。自此，我国拉开了高职百万扩招的序幕。此后两年间，李克强总理在年度政府工作报告中分别提出"高等职业院校扩招200万人""高等职业院校扩招100万人""完成职业技能提升和高职扩招三年行动目标"的发展目标，教育部等六部门也连续两年印发了本年度高职扩招专项工作的通知，以确保扩招工作圆满完成。"2021年全国高等职业院校招生557万人，相当于十年前的1.8倍，3年累计扩招413.3万人。"

随着高等职业教育考试招生政策的持续出台，高等职业教育考试招生制度体系日益清晰、完善。自《纲要》提出"分类考试"以来，以分类考试、自主招生为核心的多样化招考模式层出不穷，作为高考制度体系的子系统，高等职业教育探索出了一条有别于以传统学术型人才选拔为主的技能型考试机制。此外，以百万扩招为主的高等职业教育考试招生政策突破了以往高等职业教育在招生数量与范围上的桎梏，为后续高等职业教育考试招生政策的落实提供了坚实的政策保障。

二、高等职业教育考试招生制度的理论逻辑

（一）制度的深层次结构：宏观层面分析

历史制度主义认为：制度的演进与变迁源于平衡的打破，主要受制于环境的变化，而这种变化根植于复杂的历史背景与社会环境，不同时期的政治、经济、思想文化等因素对制度变迁具有深层次的影响。同理，高等职业教育考试招生政策的演进也难以与历史背景、社会环境相分离。据此，探究在不同历史背景下高等职业教育考试招生政策的深层结构，有助于帮助我们了解政策体系的建设思路。

20世纪六七十年代，随着产业结构的调整、新兴工业部门向传统工业部门的挑战、生产方式的转型，出现了应用型人才紧缺的难题。由此，高等职业教育在全球范围内兴起。此时，我国开始重构以中等职业教育为中心的职业教育体系。《意见》印发后，高等职业院校开始通过"先本后专"的方式，与高等专科学校作为同一批次开展录取工作，高等职业教育尚处于弱势地位。党的十一届三中全会后，我国经济体制向市场经济体制转变，为满足对高级职业人才的紧迫需求，我国着重强调了职业教育在培育支撑经济和社会发展的优质技术技能人力资源中的关键地位，以南京金陵职业大学的建立为伊始，原国家教育委员会于1980年批准建立了13所短期职业大学。截至1984年，我国职业大学共82所，在校学生4.7万人，覆盖20多个省（区、市）。1985年，《决定》印发后，高等职业教育正式纳入我国高等教育体系。这一时期的高等职业教育虽并非职业教育体系建设的重点，但国家已陆续关注到这一方向，开始将高等职业教育的学生来源、录取比例、录取方式等内容纳入政策文件，探索有别于传统高考制度、符合职业教育发展规律的考试招生制度。

20世纪90年代至21世纪10年代，随着经济全球化的不断推进，发达国家在国际范围内产业结构的调整、国际分工格局的细化以及我国成功加入世界贸易组织，加快调整经济结构与转变经济增长方式成为我国经济

发展的新目标，探索构建高等职业教育体系成为我国与世界接轨的必然选择。这一阶段，"三改一补"发展规划确立了我国高等职业教育的发展方针。《职业教育法》的出台肯定了高等职业教育在教育体系中的地位，试点院校的建立推动了各地发展高等职业教育的积极性，同时赋予了省级政府对高等职业教育的办学自主权，并对高职扩招比例、学生来源、管理制度等方面做了进一步规范。

此外，随着信息时代与知识型社会到来，我国对新一代信息技术等领域的创新型人才的需求不断扩大，对技术技能人才的要求随之提升，建立契合职业教育人才培养的特点、独立于普通高考的高等职业教育考试招生制度成为高等职业教育的建设重点。据此，以《纲要》为起点，我国正式提出将高等职业教育考试招生与普通高考分离，从考试时间、内容、录取等方面进行独立，逐渐形成分类考试、综合评价、多元录取的考试招生制度；2014年，《实施意见》的印发，标志着高等职业院校以分类考试为主的考试招生改革正式开启，为各地因地制宜探索多样化高等职业教育考试招生制度提供了政策支持。

（二）制度实施的路径依赖：中观制度分析

皮尔逊借鉴经济学"回报递增"的概念形成了历史制度主义的路径依赖观，认为制度确立后会形成一种惯性，在进入某一种模式之后很难进行改变。回溯政策的发展历程可以发现，高等职业教育考试招生政策具有显著的路径依赖特征。

1. 高昂的政策构建成本限制了政策的推陈出新

高等职业教育考试招生政策所涉利益群体众多，就政策制定与执行过程而言，中央政府在政策制定过程中处于主导地位，国务院、教育部是主要的政策制定部门，国家发展改革委、财政部、人社部等部门协同合作，地方政府、高等职业院校、相关机构等是政策实施责任主体，高中毕业生、退役军人、农民等人员是政策目标群体。此外，示范院校的建立、专业课程的设置、相关资源的配给，无一不展现出国家和地方政府所投入的成本。可见，受"回报递增"效应的作用，无论是政策的制定执行、资金资源的投入还是政策的利益群体，其成本均随着制度体系的演进而逐渐降低，政府更倾向于在维持已有成本的基础上对现有制度进行小范围调整与修改。

2. 协同效应会增加政策退出成本，增大政策变革的难度

"协同效应指一旦政策得以施行，则与其相适配的相关政策也会随之确立起来，构成一个紧密联结的政策共同体。"自高等职业教育考试招生政策出现以来，我国先后在法律法规、课程建设、专业设置、教学管理、教学改革、师资培训等方面出台了一系列配套政策，这与高等职业教育考试招生政策共同构成了制度矩阵，使得"回报递增"效应显著。因此，高等职业教育考试招生政策的改革势必涉及多方面的制度改革，从而加剧政策退出的成本，提高政策变革的难度。

(三) 制度演进的动力机制：微观行动者分析

政策的变迁不是单一因素变化的结果，而是由多种因素共同参与造成的。历史制度主义将制度变迁过程分为存续期与断裂期。在存续期内，由于缺乏竞争机制、变迁动力不足，制度与利益群体及社会环境在自我强化的作用下保持着某种平衡；在断裂期内，社会经济与政治环境变化引发权力非对称性的凸显、群体利益的分化，推动原制度的调适或新制度的产生。在高等职业教育考试招生政策变迁的过程中，社会经济建设与产业转型升级是促使政策变迁的外部推手，高等职业教育的内涵发展与个体的价值诉求是推动政策演进的内在动力。

1. 外部推手：社会经济建设与产业转型升级

20 世纪 80 年代，改革开放推动地方经济迅猛发展，为满足地方各行业对高级技能人才的需求，党和政府在重点发展中等职业教育之余，开始着手构建高等职业教育体系，作为高等职业技术学校雏形的短期职业大学逐步建立。20 世纪 90 年代至 21 世纪 10 年代，为进一步深化市场经济体制改革，我国将职业教育的主要目标定位为"促进经济、社会发展和劳动就业"，考虑到我国对高级技能人才的需求，职业教育发展重点逐渐高移化，开始转向高等职业教育。这一时期，高等职业教育考试招生政策将中等职业学校与高中毕业生列为高等职业院校的主要招生来源，并严格控制其招生比例，一方面提高高等职业教育质量，另一方面推迟就业，为未来市场储备高素质技能人才。此外，为推动经济全面发展，党和政府开始试点建立示范性高等职业院校，并在取得显著效果后向全国推广，考试招生制度作为高等职业院校人才筛选机制随之得以快速发展。此后，信息技术革命推动了我国产业结构进一步升级，对我国职业技术人才培养提出了新

要求。这一时期,《纲要》在关于发展职业教育方面作出了"把职业教育纳入经济社会发展和产业发展规划……与经济社会发展相适应"等发展规划,并据此提出以"分类入学考试"改革考试招生制度,而后《实施意见》、"职教 20 条"等政策发布,高等职业教育"分类考试、综合评价、多元录取"的考试招生制度体系形成。

2. 内部动因:高等职业教育的内涵发展与个人的价值诉求

作为实现阶级流动的重要途径,高等职业教育考试招生政策不仅承载着为高等职业院校筛选人才的功能,更担负着融合职业教育与普通教育、衔接中高等职业教育、保障中职学生公平升学的重任。考虑到不同于普通教育的教育特性以及当前信息社会对技术技能人才所提出的新要求,"中国职业教育逐步从以规模扩张为主的外延式发展向以质量提升、机制完善为主的内涵式发展转变",要不断推动高等职业教育考试招生政策的多样化探索。此外,在社会经济的快速发展下,人们生活水平不断提高,对于美好生活的向往也愈加强烈,更加重视教育对实现个人价值的重要作用。为满足人民的需求,高等职业教育逐渐降低入学门槛,弱化"选拔性"功能,不断为人们接受高等职业教育以满足个人价值的诉求提供便利与希望。截至 2024 年 6 月,全国高等职业院校总计 1 611 所(专科层次 1 560 所,本科层次 51 所),在校生人数 1 603.03(专科 1 590.10 万人,高职本科 12.93 万人)。2024 年,全国高等职业院校招生人数(含高职本科)约 475 万人。调查发现:近几年来,我国高职职业教育不论学校数量、在校生人数还是招生人数,都呈现稳步增长的趋势。

三、高等职业教育考试招生制度的基本框架

(一)招生目的得以确立

目的是行为主体根据自身的需要,借助意识、观念的中介作用,预先设想的行为目标和结果。高等职业教育的招生目的是行为主体根据社会对职业教育的发展需要,预先设想的多种行为目标和结果,是考试招生政策制定的动力和发展方向。

高等职业教育考试的招生政策对各类招生目的的确立,其侧重点有所不同。

1. 关于核心任务的确立

适应社会生产发展、满足社会对不同教育类型与人才类型的需求、建设中国特色职业教育体系是高等职业教育考试招生的核心任务。

2. 关于重要任务的确立

加大职业教育发展力度，营造认可职业教育的社会氛围是高等职业教育考试招生制度改革面临的重要任务。

3. 关于具体目标的确立

引导普通教育学生分流，扩大职业教育招生规模，注重培养学生的生存技能是考试招生政策要实现的具体目标。

受到国家宏观调控的影响，由国家政府机关制定的高等职业教育考试招生政策更加重视全局层面的目标，主张满足社会整体发展需求、建设具有中国特色的职业教育体系，而对于如何引导职业教育微观层面发展的内容提及较少。

（二）招生流程的设计

招生流程包含整个招生过程的各个环节，是高等职业教育考试招生政策的主体内容。招生流程的内容主要可以分为考试内容、考试形式和录取标准三个部分。

1. 考试内容

高等职业教育考试招生政策中对于考试内容的规定是由单一化转向多样化，最终综合化的过程。2000年，教育部印发《关于做好2000年普通高等学校招生工作的通知》，详细规定了高职考试招生考查文化和外语的内容与细则；2008年，教育部印发《关于2008年河北等8省区部分高等职业院校开展单独招生改革试点工作的函》，提出招生主体可以根据学生的具体情况，"单独或联合组织文化考试，也可结合高中学业水平考试成绩，组织以职业技能测试为重点的相关考核"，标志着高职以文化或技能二选一作为考试内容；2010年，国务院印发《国家中长期教育改革和发展规划纲要（2010—2020年）》，将综合素质和综合能力纳入考试考查的内容之中，高职考试招生所涉及的内容扩充至"文化知识、技术技能和综合素质"，提升了国家考试的科学性、导向性和规范性；从2011年起教育部出台一系列政策，提出考试内容要采取"知识+技能"的类型，针对不同类型学生的不同知识基础，制定不同侧重程度的文化知识测试和技术技能考核，精准考查学生的文化水平和技能掌握程度。

2. 考试形式

早在 2001 年，《全国教育事业第十个五年规划》就提出要探索"多次机会、双向选择、综合评价的高等学校招生选拔方式"，但多年来并未有明确统一的多样化招生方式。直至 2010 年，国务院出台《国家中长期教育改革和发展规划纲要（2010—2020 年)》，首次提出"分类考试"和"单独考试招生"的制度，赋予了高职学校独立组织考试招生的权力，统一并规范了高等职业教育的考试招生形式。自此之后，国家出台的相关考试招生政策都将"分类考试"和"单独招生"并列提及，倡导招生学校通过分类考试的形式，按照不同考试标准开展单独招生工作。除此之外，2012 年《国家教育事业发展第十二个五年规划》和 2013 年《中共中央关于全面深化改革若干重大问题的决定》先后提出，鼓励全国统考科目实行一年多次的社会化考试，将考试成绩综合化，进一步丰富了考试的形式。然而，从已出台的相关政策可以看出，对分类考试的考试结构和内容缺乏统一合理的规定，反映出当前分类考试在顶层设计上得到了确认，但在实践层面缺少细化的科学设计和规范实施。

3. 录取标准

录取标准的发展规律是伴随考试内容的逐步改进而持续丰富的。21 世纪初，我国高等职业教育招生延续普通教育的录取方式，以文化考试成绩为录取标准，未形成独立的录取原则。2010 年，国务院提出将"文化知识、技术技能和综合素质"作为高等职业教育考试内容后，录取标准也随之转变为根据考试成绩和综合素质择优录取，具有社会实践经验、拥有技术技能特长的可通过面试破格录取；此外，"分类考试"使得录取标准逐渐演变为按照不同学生类型采取不同录取标准，对于技能拔尖人才和有特殊荣誉的人才采取免试的录取办法。这些措施逐渐改变了我国高等职业教育招生简单以考试成绩为唯一标准的现象，完善了高职考试招生的录取标准和原则，也表明我国对不同人才和不同背景学生的包容性和开放性，有利于实现人才价值的最大化。但从上述录取标准的变化中不难看出，高职始终以成绩为主要判断标准，缺少以能力为本位的录取标准，无法体现职业教育的技能性、职业性等特性。

（三）招生条件的设定

招生条件是指影响招生政策制定和实施的外部环境及内部主体因素。

在高等职业教育考试招生政策制定中所涉及的招生条件主要是指招生政策制定和实施过程中所面临的招生环境，具体分为招生发展需求和招生发展阻碍两部分。

满足招生发展需求、促进政策执行的主要因素有四个："国家宏观政策的指导"对高职考试招生政策制定发挥着调控作用，"考试招生改革"与"职业教育发展需求"提供了内外部的支持动力，"技能人才的培养"确定了高职招生的努力发展方向；在中央政府的政策指引下，我国在经济、政治、文化等多方面取得了举世瞩目的发展成就，这为高等职业教育考试招生政策的改革营造了稳定的外部环境，为政策文本内容的调整提供了依据；考试招生政策的总体改革将会推动高职考试招生制度去探索更加契合职业教育规律的新路径和模式，职业教育自身建设的需求带动了教育目标、培养方案、角色定位等多方面调整，改变了高等职业教育对招收生源的要求，进而促进了高职考试招生制度的改革；社会生产对于应用型、复杂技能型人才的需求在一定程度上会影响高职考试招生政策的制定，为高等职业教育提高人才培养质量提供持续动力，成为高职考试招生政策扩充生源种类的动因。"整体教育体系发展"也是考试招生政策制定时考虑的因素，但侧重的程度不高。综合对比可以看出，考试招生政策的制定始终以国家宏观指导与建设需求为宗旨，同时更加注重教育自身的变革所产生的直接影响。当前，我国各类教育之间发展不均衡、教师的整体素质尚无法满足现实需求、人才培养类型单一、学校办学动力不足、不规范招生等问题导致教育发展不平衡、不充分，教育改革迫在眉睫，在一定程度上带动了职业教育的改革，为考试招生政策调整提供了改革环境。同时，职业教育社会吸引力不强、层次结构不合理、基本制度不健全、办学体制脆弱等问题直接引发高等职业教育的反思与改进，推动了考试招生政策和制度的优化与加强。

（四）招生政策的行动主体

1. 招生主体

执行主体作为政策执行的承担主体，不仅指负责政策执行的组织架构，还包括个体执行的方式、技巧及能力等。这里招生主体是指在招生政策制定和实施时承担主要责任的行为主体。《关于进一步办好五年制高等职业技术教育的几点意见》《关于做好普通高校招生工作的通知》《关于做好高职扩招专项考试招生工作的通知》等文件，都规定了学校在考试招生政策中的责任主体地位，指出其职责主要包括招收符合条件的学生、治理考试环境、维护考试招生安全稳定、整肃考风考纪、监督管理考试招生过程等。省级政府是考试招生政策个性化和具体化的规定者：《关于深化考试招生制度改革的实施意见》《关于进一步做好高等学校各类招生管理工作的通知》《关于 2011 年部分高等职业院校开展单独招生改革试点工作的通知》《关于做好普通高职（专科）招生计划管理工作的通知》等文件，均强调省级教育行政部门具备统筹权和监督管理权，对考试招生过程进行设计与监督，以保证考试的公开公正和录取的合情合理。除此之外，省级政府要结合实际制定本地考试招生制度改革实施方案和补充条例，使国家政策得以落实。

《现代职业教育体系建设规划（2014—2020 年）》和《国家教育事业发展第十二个五年规划》等政策，详细规定了企业和社会机构在高等职业教育考试招生政策制定及实施过程中的地位和作用，鼓励开展产教融合形式的校企招生模式、建立社会合作招生的渠道与平台，凸显了企业主体作为落实深化校企合作的关键角色，以及社会机构在面向劳动者设立培训项目、健全教育质量评价制度方面的显要参与地位，同时也体现了我国职业教育办学招生的多元化趋势，维护各类利益群体核心利益的合法化和合理化。

2. 生源主体

生源主体是政策的直接作用对象，指因受政策执行影响而改变自身行为的群体。该群体的组织化程度、先前经验等都对政策执行效果具有一定影响。高等职业教育考试招生政策作用的对象，即符合高等职业教育入学考试报名条件的考生类型。国家政策文本提出，所招收的生源包括中职毕业生、普通高中毕业生、特殊群体和拥有特殊技能的学生，其中，中职毕业生、普通高中毕业生和特殊群体是招生的主要对象。中职毕业生是高等职业教育考试招生政策实施的关键群体。中等职业学校长期定位于就业教育，与高等职业学校隶属于同一教育体系，中职毕业生为继续接受高层次教育，需进入高等职业学校实现知识、技能升级，促进职业生涯可持续发展。因此，中职毕业生是高等职业教育的主要生源。但在中高职衔接、招生名额、个人职业规划、家庭影响等因素的作用下，导致中职毕业生参加高等职业教育考试招生的比例很小。为此，进入 21 世纪，我国高等职业教育考试招生政策中突出强调了"提高中职毕业生的招收比例与规模"和"完善中高职贯通模式"两方面内容，为中职毕业生接受高等职业教育提供更多机会和更丰富的渠道。这一变化反映出我国职业教育人才越来越受到重视，中高职贯通程度不断加深，职业教育的纵向衔接在政策层面取得进展，未来拥有较大的发展潜力。

普通高中毕业生是高等职业教育考试招生政策的重要群体。1998 年，教育部印发《面向 21 世纪教育振兴行动计划》，首次将普通高中毕业生纳入高等职业教育的招生范围，丰富了高等职业教育的招生种类。自此，确认招收普通高中生的高职考试招生政策不断增加。在国家政策文本中，对高中毕业生的范围界定逐渐扩大，由单独招生试点政策吸纳本省应届高中毕业生，变为广泛招收全国各地符合条件的应往届高中毕业生。鼓励普通高中毕业生接受职业教育的政策数量增多和政策内容对普通高中生的生源范围扩展，都表明国家越来越支持普通高中毕业生接受职业教育，职普融通程度日益加深，也侧面反映出职业教育地位的提升。

特殊群体生源是高等职业教育考试招生政策实施的潜力群体。由国家政策文本可知，特殊群体生源主要包括退役军人、农民群体和社会工作人员三类。与普通高中毕业生和中职毕业生不同，特殊群体生源接受高等职业教育的目的是满足自身从业就业、福利待遇等方面的"转型升级"，故而该群体的主观能动性较强。同时，退役军人、农民群体和社会工作人员都具有一定的社会生活经验，有利于其接受和理解高等职业教育的内容。因此，吸纳特殊群体接受职业教育是高等职业教育扩大规模和扩充生源种类的重要举措之一。2010 年颁布的《关于加强退役士兵职业教育和技能培训工作的通知》和 2011 年出台的《关于加快发展面向农村的职业教育的意见》两项政策出台后，自 2011 年起，高等职业教育考试招生政策中逐渐增加了有关退役军人、农民群体和社会工作人员生源的招生要求和考试细则，进一步扩大了高等职业教育的考试招生范围。

四、高等职业教育考试招生制度的运行逻辑

如前所述，我国高等职业教育考试招生政策框架包括招生目的、招生流程、招生条件和行动主体四个方面。通过对具体节点的定性分析，可以总结出我国高等职业教育考试招生政策的制定和运行逻辑。

（一）强烈的路径依赖

美国经济学家道格拉斯·诺斯认为"路径依赖主要涉及认知层面、技术层面和制度层面"。高职考试招生政策受社会认知、技术路线、政策制定的三重诱因影响而生成，其制定和改革也同样会呈现认知、技术和制度三方面的路径依赖。高职作为与经济社会发展互动最直接的教育类型，以就业为导向，职业性较强，其招生规模和招生类型依据社会生产需要进行调整。经济社会发展背景、教育发展状况、职业教育观念、对职业教育是一个类型而非层次的认识等，均属于深层次结构性因素，通过外在环境影响招生政策内部属性的改变，进而驱动政策整体的变化。

1. 社会认知依赖

民众对于高等职业教育的认知普遍停留在培养的人才社会地位低、回报少、发展前景弱于普通教育等消极层面，忽视了高等职业教育的地位和作用，使得高等职业教育出现生源不足、招生困难的现象。为解决这一问题，高职招生政策规定其招生形式延续普通招考的形式，难以彰显自身的职业性和技能性。随着社会认知的不断变化，越来越多的学生接受并进入高等职业学校，使我国高等职业教育考试招生政策的招生形式和范围逐渐多样化。

2. 技术路线依赖

在知识经济迅速发展、我国产业结构转型升级的经济背景下，生产技术的高速发展扩大了社会对技术技能人才的需求，要求高职提供更多高质量的技术型人才，开展更多高水平的职业培训服务。对此，高职考试招生政策借由调整招生目的、增加招生类型、改进考试内容等方式顺应技术更新的趋势。

3. 政策制定依赖

在我国加大宏观政策调控力度、扩大内需、改善民生等宏观政策的运行下，职业教育获得了稳定的发展环境；随着国家对职业教育的重视程度逐渐加深，"类型教育""产教融合""提质培优""高质量发展"等政策意见相继出台，职业教育获得了强有力的政策支持。这些都促使高职考试招生政策不断改革深化：按照"文化+技能"的组合形式综合考查学生的文化水平和职业能力，为各类社会人员提供参与高等职业教育的机会和权利，联合企业建立校企合作形式的考试招生模式等，体现出强烈的政策路径依赖。

（二）国家意志的外部驱动

国家意志是国家权力机关通过法定程序所表达，体现全体人民共同意愿的权威意志，是一群体利益诉求的聚合。国家意志依托于国家建设，在国家改革和发展过程中传播并落实。政策文本由国家机关制定并出台，其内容构成均源自国家建设、产生于国家需要，能够直接地反映国家的意志和思想，即招生目的聚焦社会经济发展和民生改善，致力于满足社会发展需要和提高受教育者技能水平；考试形式顺应国家现代教育考试招生体制的总方向，采用"分类考试"的形式，综合评价、多元录取，坚持国家立德树人根本任务；招生流程源自国家的顶层设计，由国家牵头制定考试招生的总体逻辑和内容框架，强化教考衔接，突出我国教育的育人功能，贯彻以人为本的国家发展理念。同时，高职考试招生政策文本按照"由中央政府制定总则，省级政府按照国家要求对政策进行丰富和规划，学校和企业在国家思想的指导下主动有序实施和参与"的顺序层层衔接，遵循从上至下的行政范式，明确各级主体的职责范畴和权力范围，并鼓励不同主体积极发挥能动性，尊重各群体的自主性和独立性，维护不同主体的利益与诉求，贯彻并实现国家意志的整合。

（三）以共同利益为导向

利益相关者理论提出，任何一个整体的发展都离不开各利益相关者的投入或参与，其追求的是利益相关者的共同利益，而不是某些主体的利益。共同利益是集体通过努力促成的紧密团结的社会成员关系中的固有因素，强调个体和组织的参与度和能动性。我国高职考试招生政策的制定主体可以分为三类：国家作为确定性利益相关者，同时具备权力性、合法性和紧急性；各级政府、各类院校和学生是兼顾合法性和紧急性的预期型利益相关者；企业属于潜在型利益相关者，其仅具备紧急性这一种特性。随着参与主体的不断增多，使得高职考试招生政策的权力结构多元化，不同类型的利益相关者间的关系难免会受到影响。为维护多方利益，保持参与者的积极性，高职招生政策需要通过强调各主体间的关联性和利益紧密性，保持不同利益主体间的关系，并维护其共同利益，进而实现整体的最终发展目标。在高等职业教育考试招生政策方面，共同利益的维护体现在权力格局的多元架构上，即针对不同类型利益相关者的诉求，细化其权力和职责范围。进入 21 世纪以来，国家逐渐将高职考试招生自主权下放至省级政府和学校，形成了"中央政府简政放权、省级政府切实规划"的局面，在确保中央政府的宏观指导地位的同时，给予地方政府充分的自主权，维护了地方个性化发展的可能性。2010 年，随着社会发展，国家确立了分类考试的发展方向后，高职考试招生的权力结构再次更新，逐渐形成了"中央政府顶层设计、省级政府规划实施、高职学校具体操作、企业主动积极参与"的结构。在政策文本中明确指出学校和企业的主体地位，为学校发挥招生权力、履行招生职责提供了政治保障，为企业参与高职招生、加强产教融合提供了政策支持。

五、高等职业教育考试招生制度的未来展望

（一）招生目的：在满足社会发展需求的同时，还要体现对个人价值诉求的满足

从当前我国高职考试招生政策中可以看出，国家制定政策的目的更加倾向于社会和教育总体的发展，注重以社会发展进程为导向，但在一定程度上忽略了对个人价值诉求的满足，导致高职招生政策无法完全契合职业学校学生的成长规律和需求，吸引力遭到削弱。在今后的高职考试招生政策改革过程中，应兼顾社会建设需求和个人发展诉求，顺应目标主体的发展规律，以其生理和心理的变化顺序为线索，合理安排考试流程和时间、选择恰当的考试内容和形式，使高职考试招生政策成为能够准确筛选人才的工具。除此之外，由于高职考试招生的目标群体正处于进行职业生涯规划的关键时期，高职考试招生政策应当具备指导学生完成生涯规划的功能。在制定政策的进程中，应着重突出学生职业生涯发展的重要性，激励分类考试等招生形式，将职业生涯规划能力和职业岗位适应能力纳入考查范畴，不仅能够提高高职招生的效度，也有利于彰显职业教育作为类型教育的特质。

（二）招生流程：要改变政策制定的路径依赖，确保制度制定严谨规范

由高职考试招生政策的运行逻辑可知，政策制定时存在强烈的路径依

赖，使高职考试招生政策内容随着社会环境而演变，相关政策概念和规定前后不统一、不对应，阻碍了政策向下落实的速率和成效。在未来的政策制定和修订过程中，国家层面应对容易产生理解混乱和实践样态杂糅的概念进行详细界定，减少理解和实施方面的偏差。例如，对"分类考试"的规定只停留在笼统表述层面，并未系统阐述分类考试的考查内容和评价标准，导致分类考试依然依附并模仿普通高考，缺乏独立性。在今后的政策制定过程中，政策文本要明确分类考试的考试内容和评价方式，强调以能力为本位进行考查，采用赋分转化的形式统筹成绩标准，以确保选拔的公平公正，同时也有利于规范各省（区、市）的实践行为和结果。

（三）招生条件：在满足社会需要的同时，确保高等职业教育高质量发展

高等职业教育是我国经济社会高质量发展的组成部分和力量源泉，为推动高质量发展，我国高等职业教育需要满足经济、教育、科技和时代背景发展的需求。因此，作为高等职业教育组成部分的高职考试招生政策，要在契合高质量发展需要的同时解决自身的问题和弥补自身的疏漏：调整人才培养方案，在经济大发展的环境下，更加需要综合型人才来进行创新，不断满足国家产业结构的优化；随着高等教育大众化，高等教育的需求量大幅增长，高等职业教育作为具有高等教育属性的教育类型，应适当扩大招生规模和范围，为高等教育的普及作出贡献；信息化和数字化时代的发展带来企业生产技术的快速革新，为顺应行业企业的改革，高职考试招生政策要增加对新科技、新技术能力的考查，在推动职业教育现代化的同时，响应国家的数字化转型战略；在全面脱贫攻坚和乡村振兴战略的时代背景下，技术工人和农民群体可以通过高等职业教育获得生产生活的知识和技能。为此，高职考试招生政策能够依据时代发展状况，适度增加对特殊群体的招生数量，为乡村振兴和建设美丽新农村提供教育服务和政策支撑。

（四）行动主体：从国家顶层设计出发，强化多元协同力的培育

我国高职考试招生政策越来越倾向于多主体联合参与，在未来的政策改革过程中，应从划定政策内容和规范制定过程两方面，继续强化多元合作意识，构建多主体协同治理结构，促进多主体治理协同力的形成。

政策的最终目的是解决地方的实际问题，牵涉的职责范围较广，需要各主体的通力合作。因此，要从国家顶层设计出发，在政策内容上对不同部门的职权进行明确限定和规划，明确中央政府总体调控、地方政府细化落实、学校具体操作、企业积极参与的角色定位，增强不同参与主体的多元协作能力。同时，在政策制定的过程中，构建宏观、中观、微观梯次层级型架构，规范中央与地方、政府与学校、社会与企业之间的制定关系，助力各级主体找准自身的定位，提出契合自身社会角色的建议和意见，避免权力的交叉，提高政策制定的效率与成效。

（五）制度体系：从职业教育的特殊性出发，促成区域与院校招生制度的融合

职业教育不同于普通教育的发展特性，与社会经济尤其是地方经济发展紧密相连是其显著特点，这也在一定程度上决定了职业教育与普通教育在招生内容、招生方式等方面存在差异。考虑到职业教育的特殊性，高等职业教育考试招生应注重地方经济发展的特点与现实市场的需求，肯定省级政府或教育主管部门统筹安排、因地制宜地选择高等职业教育考试招生方式的主导性地位。同时，结合高等职业院校办学定位及自身需求，转变政府管理模式，适度扩大办学自主权限，允许其根据自身的需求和专业特点来选择不同的招考方式，竭力探索以"专业大类"为主的考试招生模式。

（六）产教融合：以行业企业为主体，完善制度评价体系

作为职业教育直接服务的对象，行业企业的发展动向可以说是职业教育发展的风向标，对于职业院校的招考内容、人才评价与培养标准等具有导向作用，因此，探索产教融合新模式既是应有之义也是大势所趋。党和政府可联合行业、企业与高等职业院校，探索"以当地政府为龙头，以行业、企业为骨干，以高等职业院校为基础"的三维合作网络。同时借助"行指委"与"教指委"的专业力量，构建专业考试评价体系，推动行业、企业参与高等职业院校考试招生的内容设计、评价录取等工作，以保障高等职业教育考试招生的专业性与严谨性。

（七）社会认同度：消除社会对高等职业院校和学生的偏见，破除"身份"的门槛限制

一方面，给予高等职业教育学生与普通教育学生同等升学、就业、发展的机会，各机关组织、事业单位、行业企业等聘用人才的标准应以个人能力为主，扭转"唯学历"的用人导向，探索突出能力本位的职业发展体系。另一方面，进一步加大经费投入力度，根据个人与市场的需求，以特色专业为主，联合多省（区、市）、院校、行业建设试点院校，逐渐发展与高等职业院校对接的本科及以上层次的职业教育，拓展高等职业教育学生求学成才的空间与机遇。这不仅有益于高等职业教育提高生源质量、扩大招生范围，更有利于提高高等职业教育的社会认可度，进而提升高等职业教育的吸引力。

高等职业教育考试招生政策是我国的一项基本招生政策，其改革是我国职业教育现代化过程中一次自上而下的战略行动。同时，作为职业教育的组成部分，高职考试招生政策的完善和优化对于构建职业教育考试招生体系具有重要意义。也为我国高职招生政策侧重从招生制度的建设和招生流程的内容两方面来阐述高职招生的相关工作，并且政策在制定和运行过程中遵循着"路径依赖""尊重国家意志"和"共同利益导向"的逻辑。然而，在当前政策里仍然存在内容不完善、监管评价机制缺失、宣传不力等问题。因此，在未来的高职考试招生改革的过程中，在顺应政策运行逻辑的前提下，明确高职的育人定位，形成更为细致完备的高职考试招生政策，切实提升高职招生工作的适应性，达成高等职业教育和生产建设的良性互动。

第八章 高等职业院校分类考试招生制度问题与策略

分类考试招生是当前高等职业院校选拔人才的主要路径，在实践中逐步形成了统考统招、单考单招、自主招生、中高职融通招生、注册入学、免试入学六种分类考试招生改革的样态。但是，实践中还存在诸多问题：高等职业院校分类考试招生改革缺乏足够的前瞻性、招生方式选择缺乏足够的合理性、招生计划分配缺乏足够的科学性、考试招生内容缺乏足够的全面性、录取标准的设置缺乏足够的明晰性。针对这些问题，高等职业院校分类考试招生改革策略应着力在注册入学、优化考试招生方式、改进招生计划分配方式、考试录取标准等方面，探索改革的路径与策略，不断推进高等职业院校分类考试招生制度的科学化。

2014年9月，《国务院关于深化考试招生制度改革的实施意见》（以下简称《实施意见》）颁布，对高等职业院校考试招生提出了改革指导意见，指明了改革的具体路径：要加快推进高等职业院校分类考试。高等职业院校考试招生与普通高校相对分开，实行"文化素质+职业技能"的评价方式。中等职业学校毕业生报考高等职业院校，参加文化基础与职业技能相结合的测试。普通高中毕业生报考高等职业院校，参加职业适应性测试，文化素质成绩使用高中学业水平考试成绩，参考综合素质评价。学生也有机会参加全国统一高考进而迈入高等职业院校的大门。《实施意见》的颁布，对于高等职业教育考试招生改革发展具有里程碑意义，标志着我国高等职业院校分类考试招生正式启动。《实施意见》确定上海市和浙江省为全国高考综合改革试点省（区、市），统筹推进高等职业院校考试招生制度在内的各项考试招生制度改革，为其他省（区、市）高考改革提供依据。经过几年的调研筹备，2016年年底之前各省份基本确立了各自新高考实施方案，并于 2017 年全面推进，2018 年开始全国大部分省份进入了高考新时代。踏上新的征途，研究工作需率先启程。相较于普通高考话题的热议与研究的热门，高等职业院校的考试招生改革研究倍显冷寂，在高等职业院校分类考试招生问题与策略方面着墨甚少，仅有袁潇等的《高等职业院校分类考试招生制度研究》、田建荣的《高等职业院校分类考试制度设计与推进策略》、雷炜的《深化高等职业院校招生模式改革的思考——以浙江省为例》和董照星等的《高等职业院校分类考试招生的途径、问题和对策研究》，对高等职业院校分类考试招生的制度设计与政策内涵、主要模式与改革路径做了相应的探讨和研究。有鉴于此，梳理高等职业院校分类考试招生的改革试点的实践探索与现实问题，聚焦高等职业院校分类考试招生改革路径与推进策略，对高职院分类考试招生制度改革问题进行全面且系统的梳理与探究。

一、高等职业院校分类考试招生制度的政策背景

2011 版《国际教育标准分类法》将第 5 级及以上层次的教育称为高等教育，第 5 级教育被称为"短线高等教育"，分为短线高等普通教育和短线高等职业教育，其主要特点是实用和针对特定职业。高等职业教育作为高等教育的一种类型，其考试招生制度应自成体系，符合这一类型教育的特征。长期以来，高等职业院校考试招生被置于普通高校招生系统中，没有形成独立的考试招生制度。

从 2010 年开始，国家提倡高等职业教育考试招生与普通高考分离，高等职业院校考试招生从考试时间、考试内容、录取等方面独立进行，高等职业教育分类考试招生有了政策保障。2010 年，《国家中长期教育改革和发展规划纲要（2010—2020 年）》指出，探索招生与考试相对分离的办法，逐步形成分类考试、综合评价、多元录取的考试招生制度。这既是国家第一次在正式文件中提出分类考试招生，也是高等职业院校考试招生独立于全国统一高考的重要开端。

《教育部关于 2013 年深化教育领域综合改革的意见》提出了"推进普通本科与高等职业教育分类考试"。2013 年，教育部在《关于积极推进高等职业教育考试招生制度改革的指导意见》中提出"逐步与普通高校本科考试分离，重点探索'知识+技能'的考试评价办法"。这个文件中明确了

高等职业院校分类考试招生的多样化途径,如单独考试招生、中高职贯通招生、综合评价招生等。

2014 年,《国务院关于加快发展现代职业教育的决定》提出,健全"文化素质+职业技能"的高等职业教育分类考试招生办法。2014 年,《国务院关于深化考试招生制度改革的实施意见》(以下简称《实施意见》)提出,加快推进高等职业院校分类考试改革,与普通高考相对分开,实行"文化素质+职业技能"评价方式。《实施意见》的颁布,标志着高等职业院校分类考试招生正式启动,在高等职业教育考试招生发展进程中具有里程碑式的意义。

为贯彻落实《国务院关于加快发展现代职业教育的决定》和《国务院关于深化考试招生制度改革的实施意见》,各个省(区、市)分别制定了高等职业院校分类考试招生的相关政策文件并进行试点改革。2016 年,广东省发布了《关于做好 2017 年高等职业院校分类考试招生工作的通知》《广东省人民政府关于深化考试招生制度改革的实施意见》两个文件,明确广东省从 2017 年试行以普通高中学业水平考试成绩为主要依据进行高职分类招生录取的改革试点。2016 年,黑龙江省发布《深化考试招生制度改革实施方案》,积极推进高等职业院校分类考试招生的试点改革。2016 年,安徽省通过发布《安徽省 2017 年高等职业院校分类考试招生工作实施办法》,正式以"文化素质+职业技能"的方式进行分类考试招生。2016 年,宁夏回族自治区根据《宁夏回族自治区深化考试招生制度改革实施方案》确定的改革目标、任务,启动实施高等职业院校分类考生招生试点改革。

国家非常重视高等职业院校分类考试招生制度建设,这种政策导向性是持续性的,体现在多个文件中。从政策的价值取向来看,国家提倡"文化素质+职业技能"的考试评价方式,强调构建符合职业教育特征的考试招生方式。从政策的发展趋势来看,探索分类考试录取、灵活开放、多方参与的考试招生模式成为高等职业院校考试招生改革发展的方向。实行分类考试招生,既有利于考生尽早合理分流选择适合自己的教育类型,也有利于高等职业院校科学选拔技术技能型人才。各个省(区、市)实施分类考试招生以后,参加分类考试招生的高等职业院校逐渐从国家示范高等职业院校扩大到省级示范高等职业院校以及所有高等职业院校,各省(区、市)高等职业院校通过分类考试招生录取的学生人数也大幅增加。2017 年在这些招生计划中,大部分的比例都达到了 50% 及以上。其次是各省

（区、市）高等职业院校分类考试招生的时间一般都在高考前的 3~4 月，便于考生尽早作出选择，给考生提供了多种升学选择通道，已被高等职业院校录取的考生可以不用参加普通高考。同时，放弃参加高等职业院校分类考试招生的考生仍然可以参加高考，有效地保障了考生多次选择的权利，让学生的选择变被动为主动，给考生提供了多种升学发展选择通道。高等职业院校分类考试招生既推进了人才评价选拔机制从单一标准向综合标准的转变，又扩大了学生和高校的双向选择权，有助于学校选拔适合自身培养要求的学生，也有利于促进高等职业院校提升办学质量和水平。

二、高等职业院校分类考试招生制度的基本形式

高等职业院校分类考试招生按照分类型、分层次的原则进行。招生对象主要分为普通高中毕业生、中等职业学校毕业生两个类型；招生层次分为高等职业教育专科和应用技术本科两个层次。高等职业教育分类考试招生的时间一般安排在每年上半年。从 2016 年开始，分类考试招生逐渐成为考生进入高等职业院校的主渠道，各省（区、市）根据高等职业院校招生的对象进行分类，针对普通高中生及同等学力者、中等职业学校毕业生及同等学力者、社会青年实行不同的分类考试招生模式，已逐步形成单独招生、自主招生、五年一贯制、对口招生、技能拔尖人才免试入学、注册入学等多种高等职业院校分类考试招生模式。从 2017 年起，针对不同类型的考生，全国各地的高等职业院校实施"文化素质+职业技能"的考试招生方式，逐步建立相对完善的高职分类考试招生制度。根据考试的科目和内容，高等职业院校分类考试招生主要有以下四种基本形式：

（一）"文化素质+技术科目+职业倾向能力"考试招生

在高职单独招生试点的基础上，高等职业院校通过"文化素质+技术科目+职业倾向能力"测试招收普通高中毕业生及具有同等学力者。文化素质测试包括语文、数学、外语三科，满分均为 150 分；技术科目测试为信息技术，满分 150 分，考试总分为 600 分。职业倾向能力测试是根据学科和专业要求分别进行职业潜能测试和综合素质评价。现阶段，职业倾向能力测试的结果暂不设分值，仅作为高等职业院校录取的参考依据。文化素质测试和技术科目测试由省级教育考试院组织实施，招生院校负责组织

实施职业倾向能力测试。省级教育行政部门划定文化素质和技术科目测试合格线，招生院校按照公布的招生章程中明确的录取规则排序，根据参考职业倾向能力测试的结果来录取考生。

（二）高职与本科贯通培养考试招生

在高职单独招生试点的基础上，与应用技术本科贯通培养的高等职业院校和地方转型试点本科院校通过"文化素质+技术科目+职业倾向能力"考试招收普通高中毕业生及具有同等学力者。报考与应用技术本科贯通培养模式的考生，同时可兼报高职。后期转段考试科目为文化素质考试和职业技能测试，其中文化素质考试科目主要包括英语和计算机基础等，总分300分。职业技能测试科目标准、内容分别由转型试点本科院校自主确定，原则上在专业核心课程中随机确定3门，每门课程的分值各150分，满分450分，总分750分。文化素质考试由省级教育考试院统一组织实施，职业技能测试由地方转型试点本科院校自行制定方案，并负责具体的组织与实施工作，贯通培养的高等职业院校和地方转型试点本科院校按照一体化人才培养方案进行综合考核。

（三）"文化素质+职业技能"考试招生

"文化素质+职业技能"的考试招生模式招生主体为高等职业院校和正在进行地方转型试点本科院校，招生对象主要为中职毕业生。文化素质考试科目为语文、数学、外语，各科分值均为100分，满分300分；职业技能测试含专业综合理论测试和专业技能测试，分值分别为200分、250分，满分450分，考试总分为750分。符合免试条件的考生报考高等职业教育专科对口专业，免文化素质和职业技能测试。文化素质考试和专业综合理论考试统一由省级教育考试院组织实施；专业技能测试由具有专业技能测试考试点资格的高等职业院校具体组织实施。省级教育行政部门统一划定文化素质和职业技能测试合格线，招生院校根据分专业招生计划，对填报志愿的双上线考生，按照文化基础和职业技能测试的总成绩排序择优录取考生。

（四）中高职贯通培养转段考试招生

参与中高等职业教育（含本科层次）贯通培养模式的高等职业院校和

本科院校针对就读于中高职贯通培养模式的中等职业学校毕业生，统筹实施转段考试招生。文化素质考试为语文、数学、英语，各科分值均为100分，满分300分；职业技能测试科目标准、内容分别由转段招生的高等职业院校或本科院校自主确定，原则上我们在专业核心课程中随机选取3门，每门课程的分值各150分，满分450分，总分750分。符合免试条件的考生报考高等职业教育专科阶段对应专业，免文化素质考试和职业技能测试。文化素质考试由省级教育考试院统一组织实施，职业技能测试由高等职业院校或本科院校自行组织实施。参与贯通培养的中等职业学校、高等职业院校、本科院校按照一体化培养方案进行综合考核，对在籍学生按一定比例实行淘汰，完成前一阶段规定各门课程的学习并经考核合格，且取得所学专业相应的职业资格证书或对口专业操作技能实习证明者，由对应的高等职业院校或本科院校依据文化素质考试的成绩、职业技能测试的成绩单独实施录取。

三、高等职业院校分类考试招生制度的现实困境

高等职业院校当前正面临着生源危机进一步加剧、考试内容太过理论化、录取机制不完善、考试招生管理体制缺乏行业企业的指导和监督等一系列现实困境。

（一）生源困境

虽然高等职业院校分类考试招生的对象覆盖面广，限制条件较少，但生源危机仍然制约着高等职业院校考试招生的发展。高等职业教育考试招生存在的最大问题是高等职业院校对考生的吸引力不足，生源质量差，报到率低，很多高等职业院校的招生计划都难以完成。一是招生范围狭窄，没有突破省的界限。大部分高等职业院校分类考试招生的对象限定了只能招收本省的生源，在一定程度上限制了生源的范围，考生只能在本省范围内选择高等职业院校进行报名考试。二是从招生对象的构成比例来看，高等职业院校招生生源以普通高中毕业生为主，高中生远多于中职生，不利于中高职衔接的现代职业教育体系的建立。三是新生的报到率低。很多高等职业院校的招生计划难以完成，特别是民办高等职业院校和地理位置不佳的高等职业院校，整体招生情况并不理想。四是生源质量差。部分高等

职业院校为了完成招生计划，通过单招、学校自主招生等形式，无底线降低录取门槛，导致学生的素质参差不齐。高等职业院校分类考试招生在高考之前完成，凡是被高等职业院校录取的考生不再参加高考。很多高等职业院校规定考生需要签字确认并承诺被录取后将不再参加统一高考，但考生违约现象仍然存在。

（二）考试内容困境

考试科目和考试内容成为高等职业院校分类考试改革的重点和难点，特别是知识与技能科目之间所占的权重如何分配的问题。高等职业院校通过"文化素质+职业技能"的评价办法招收中等职业学校毕业生，通过"文化素质+职业适应性测试"的评价办法招收普通高中生。其中，文化素质至少包含语文、数学、英语三科内容，由各个省级教育考试院统一组织命题，卷面分值各省（区、市）略有不同。职业适应性测试主要面向普通高中生，测试考生的职业潜在才能并帮助考生选择适合自己的专业。职业适应性测试是根据学科和专业要求分别进行职业潜能测试和综合素质评价。现阶段，许多高等职业院校对职业适应性测试结果暂且不设分值，仅作为录取的参考依据。职业技能测试主要考核中职生的基本技能以及综合运用知识和相关技能解决实际问题的能力。高等职业院校分类考试的内容不管是面向普通高中生还是中职生都是以理论知识为主、技能考核为辅，不符合高等职业院校技术技能型人才的考试招生特点和培养目标。调研发现，技术科目分值的比重仅占25%。在面向中职生的考试中，文化素质分值的比重占66%以上，专业技能测试分值的比重仅占33%左右。2017年，福建省高职招考，普通高中生不设职业倾向能力测试和技能测试，文化课考试不分文理科，考语文、数学、英语、信息技术4门，理论考试成绩的占比为100%；中职生的考试形式是"文化课+职业技能"，文化课包含语文、数学、英语，专业基础知识包括专业理论知识和操作技能知识两部分。职业技能测试根据文化课成绩是否达到本科控制分数线，划分为本科和专科类别。本科、高职（专科）录取时，在面向普通高中生的考试中，文化素质分值比重占30%，文化课考试成绩占70%（见表8-1）。

表 8-1　2017 年福建省高等职业教育入学考试的内容及分值

	普通高中生				中职学生					
考试形式	文化课（不分文理科）				文化课+职业技能					
考试科目	语文	数学	英语	信息技术	语文	数学	英语	专业基础知识		职业技能
								专业理论知识	技能操作知识	
考试分值/分	150	150	150	150	100	100	100	200	100	本科、高职（专科）录取时，技能测试成绩占总成绩的30%（文化课考试成绩占70%）

（三）录取机制困境

录取方式的改革一直是高职考试招生制度改革的重要内容。目前，高等职业院校录取一般按照考生文化课和职业技能测试的成绩，对于进档的考生根据考核总成绩，按照专业志愿，依高分到低分的顺序择优录取。

录取程序是高等职业院校设定招生计划、志愿等招生信息，考生网上报名并填报志愿，普高类考生选报面向普高类招生的院校及专业，中职类考生选报面向中职类招生的院校及专业。文化素质测试及合格分数线由省级教育考试院统一组织、划定，职业适应性测试或职业技能测试考点设在各招生院校，由招生院校按招生计划和简章进行预录取并上报预录取名单，考生在报名网站进行确认，只能选择一所高等职业院校确认录取，未被录取和放弃录取资格的考生，可以继续参加高考。高等职业院校招生录取过程呈现出坚持德智体全面考量、尊重学生志愿的特点，但标准仍然以考试成绩为主，同时也存在着录取批次、学生志愿填报、投档等多方面的问题，没有充分体现学生和学校的双向自主选择权。高等职业院校在招生录取环节掌握较大的主动权，学生只能以考试分数等待被录取，即如果学生被录取，也一定是学生填报志愿的那几所院校。在通常情况下，为了被录取到填报的学校学生会选择"服从调剂"，意味着如果学生不太喜欢被录取的专业，也没有任何更改机会。

（四）监督机制困境

高等职业院校考试招生是以省级政府为主的管理体制，以省级教育行政为主统筹管理和组织实施。省级教育考试院负责组织和管理高等职业院校考试招生工作，不仅从宏观层面制定相关的政策和文件，在微观层面还负责管理具体的考试招生事务，如统一组织文化课考试、划定分数线等，高等职业院校在省级教育行政部门的领导和监督下具体负责实施考试招生工作。

目前在这种以教育行政部门为主导的高等职业院校考试招生管理体制中，高等职业院校的自主性没有得以充分体现，"国家本位"的色彩浓重，缺乏行业、企业的参与和监督。目前高等职业院校考试招生没有相应的监督机构，行业、企业、用人单位没有参与到考试招生环节中。一是行业、企业未能参与到高职考试招生的内容命题、职业技能测试、面试等环节，考试内容与流程的科学性与行业适应性有待考量；二是招生过程缺少行业、企业的监督，难以保证考生录取的公平公正。

四、高等职业院校分类考试招生制度改革的基本样态

高等职业院校分类考试招生按照分类分层原则进行，招生对象主要为普高毕业生和中职毕业生两大类别，招生层次分为高等职业教育专科和应用技术本科两个层次。从 2016 年开始，很多省份的高等职业院校进行了分类考试招生改革，在改革实践中已逐步形成了统考统招、单考单招、自主招生、中高职融通招生、注册入学、免试入学"六模式十二类型"的分类考试招生改革的基本样态（见表 8-2）。

表 8-2　高等职业院校分类考试招生改革的基本样态

类型	生源	形式	志愿填报、录取	改革具体实践
统考统招	普高毕业生	统一录取	第三段（专科批）平行志愿，统一录取	沿用普通高等学校招生统一考试制度，按新课改高考第三类考试科目组织考试，即"语数外+技术"；将高考与高中学考、选考相结合，实现文理不分科、录取不分批次，实行"专业+学校"招录模式，平行志愿投档录取
		提前录取	第三段（提前批）平行志愿，统一录取	
单考单招	中职毕业生	应用技术本科层次录取	平行志愿，统一录取	文化素质与职业技能相结合的综合评价模式。文化素质科目中的语文、数学单独命题考试，英语选择参加全国英语等级考试一级考试，职业技能考试划分为计算机类、机械类、财会类、商业类、建筑类等 17 个大类，考生自主选报，每年考试 1 次，成绩 2 年有效
		高等职业教育专科层次录取		

表8-2(续)

类型	生源	形式	志愿填报、招录	改革具体实践
自主招生	普高毕业生 中职毕业生	校考自主招生	参加高等职业院校自主招生测试,合格后直接录取,不参加高考	校考单录自主招生高等职业院校自主确定入学标准、自主命题考试、录取,其中普高生以高中学考成绩为基本依据,中职生以全省统一组织的职业技能考试成绩为基本依据,高等职业院校对考生文化素质和职业适应性进行综合素质评价,择优录取。与校考单录自主招生相比,高职提前招生在报名资格、考试科目、录取投档方式等方面均有不同,"三位一体"是高等职业院校依据考生统一高考、高中学考和综合素质评价成绩按比例合成综合成绩进行择优录取
		高职提前招生	学业水平考试成绩、职业技能考试成绩为基本依据,结合高等职业院校综合素质评价,择优录取,不参加高考	
		"三位一体"综合评价招生	依据高中阶段学业水平考试成绩、高职综合素质评价成绩和高考成绩择优录取	
中高职融通招生	初中毕业生	3+2、2+3	中、高职学校合作分段培养,前3年(或2年)安排在中等职业学校学习,后2年或3年经考核后转入合作办学的高等职业院校学习	"3+2"模式与"五年一贯制"的共同特点是招收初中毕业生,总学制为五年,升入高职后,前者可在相近专业大类中选择专业,后者所学专业不得变换,学生毕业后颁发高等职业教育专科文凭。两者的区别在于一种为独立结构,另一种为一体化结构
		五年一贯制	中、高职学校一体培养,统筹制订和实施五年培养方案,五年实行高职大专收费标准、一贯制教学	
注册入学	普高毕业生	注册申请	无须参加考试,通过申请、院校审核、考生确认三个环节直接入学	江苏省于2011年率先实行注册入学起步,试点院校各具特色,无统一模式。如山东省注册入学,经过申请、院校审核、考生确认三个环节,第一轮未被录取的考生持续参加第二轮,直至当年招生指标完成
免试入学	中职毕业生	直接入学	无须参加考试,通过申请、直接入学	如浙江省在2012年开始探索和实施技能优秀中职毕业生免试升学政策,制定了《浙江省推进中高职一体化人才培养模式改革工作方案》。凡获得教育部等国家部委举办的全国职业院校技能大赛,全国数控技能大赛一、二、三等奖的应届中职毕业生可免试保送就读省内高等职业院校相关或相近专业

五、高等职业院校分类考试招生制度改革实践中存在的问题

回顾近几年全国高考制度的改革实践，高等职业院校分类考试招生改革卓有成效，但在分类招生改革、分类招生方式、分类招生计划、分类考试招生内容、分类录取标准设置等方面存在不少问题，需要引起重视。

（一）分类招生改革缺乏前瞻性

尽管大多数高等职业院校高度重视招生宣传环节，加大了招生力度，但与同区域的本科院校的综合评价等招生改革相比，高等职业院校招生改革处于劣势。究其因，除高等职业院校本身实力因素外，还有高等职业院校对招生改革的前瞻性认识不足的原因。新高考志愿填报模式在考生价值判断方式上实现了高考志愿从"总分匹配"到"专业导向"的转变，并且符合 Gale-Shapley 机制，具有公平和抗策略性。"专业+学校"的新高考改革投档方式在一定程度上增大了学生的自主选择权、推动了高等职业院校优化专业布局、提升专业内涵、增强专业竞争力，但有可能间接导致区域、城乡教育不公平会进一步拉大，生源不均衡矛盾会进一步凸显等问题的发生。一些高等职业院校缺乏分类考试招生改革的前瞻性认知，主动应对招生改革的积极性不高，存在观望意识。这种现实情况表明高等职业院校在主观认知领域的危机意识和招生改革中的应对举措有所欠缺。这使部分高等职业院校在未来发展中面临更大挑战，这部分高等职业院校尤其是综合办学实力不强且缺乏足够办学特色的高等职业院校，将面临严峻的生源压力。注册入学被普遍认为是代表未来我国高等职业教育招生发展的主要趋势。我国高等职业院校注册入学起步晚，目前以民办高等职业院校为招生主体，可选择专业较少，缺少政策支撑，难以满足当前考生的需求。

（二）分类招生方式选择缺乏合理性

高等职业院校分类招生方式选择上存在一些问题。就五年制招生方式而言，一方面，出于提升招生吸引力和储备生源的考虑，部分中、高等职业院校无视选拔目标不明确等现实问题，采取了不利于高等职业教育自身发展的措施，如对专业培养特点缺乏足够研究，一味地扩大五年制招生计划等；另一方面，一部分有"3+2"模式和"五年一贯制"的高等职业院

校存在生源流失的现象。究其原因，是面向中职段的招生计划在不断扩大，部分"3+2"模式和"五年一贯制"成绩较好的学生参加单考单招后考上了本科院校，导致本应在高等职业院校入学的考生生源不断流失。此外，由于中等职业学校一般为本地区属地招生，就参加全省统考的中职学生而言，与优质高等职业院校挂钩的同一地区的生源相对容易获得升学机会，导致区域间不公平竞争。关于单考单招的选拔方式，主要存在以下问题：一是考试时间安排过长，各类别考试的时间都不相同。这是由于每所中等职业学校都有多个专业类别的学生参加职业技能考试，给学校的正常教学秩序带来较大冲击，过长的年度考试总时间以及整个单考单招考试时间被划分为三段，中等职业学校及学生疲于应付。二是各类别之间的考生人数相差较大，考试方式及过程的分类过细，也过于复杂。三是由于实践操作所需的设备往往各校不完全一样，考生若不熟悉场地和设备，成绩可能会受到影响。

（三）分类招生计划分配缺乏科学性

不同的考试招生方式拓宽了高素质人才培养渠道，也为不同生源背景的学生提供了入学机会，但还是无法满足不同类型的学生升学需要，这是由于在不同生源背景下各种考试招生方式计划招生比例分配不均。从计划分配情况来看，面向普通高中生的招生计划人数相对较多，面向"三校生"的招生计划人数相对较少，面向中职生的单考单招计划更少。以绍兴职业技术学院 2018 年招生计划为例，该校 2018 年的招生计划为 5 291 人，统招计划为 3 185 人，其中普高统招计划为 1 906 人，提前招生计划为 640 人，单考单招计划为 595 人，省外招生计划为 44 人，对口招生计划为 2 106 人；其中"3+2"模式计划数为 1 300 人，五年一贯制计划数为 806 人。单考单招计划仅占 2018 年统招计划的 18.68%，普高统招计划占 2018 年招生计划的 59.84%，普高统招计划招生人数超过总计划招生人数的 50%，而对口单考单招计划招生人数不到总计划招生人数的 30%。从省外计划的分配情况来看，各省（区、市）均存在省外招生计划难以完成的现实问题。而且无论是计划完成情况还是学生报到率，省外招生均不如省内，尤其是部分民办高等职业院校和一些地理位置不占优势的地市高等职业院校，省外计划形同虚设，其总报到率低于全省平均水平近 10 个百分点，部分省外招生计划完成不到一半，有的甚至不到 10%。省外招生计划难以完成的原因在于招生计划分配和安排不够科学，这种状况既不利于高等职业教育整体形象的提升，也浪费了高等职业教育资源，省教育考试院要求各高等职业院校需根据自身情况科学地分配招生计划，达到计划资源的有效配置。

（四）分类考试内容缺乏全面性

高等职业院校的考生来源较为庞杂，既有中职生和普高生，也有部分在职从业人员与退役军人等，导致命题存在一定难度。高等职业院校分类考试改革的重点和难点是考试科目与考试内容改革，特别是要求高等职业院校考试招生的内容要具备足够的全面性。一是面向普高生考试科目与内容应足够全面。高等职业院校实行"文化素质+职业适应性测试"的评价办法，这就需要改进普高生职业适应性的测试内容。职业教育的职业性等本质属性决定着高等职业院校在人才选拔时要有职业技能的测试，虽然普高生在自控能力、文化素养、思维水平等方面表现较为出色，但职业适应性测试对他们来说难度仍然较大，因为普高生在高中阶段没有接受过相关的职业科目教育。二是面向中职生的考试内容需要足够全面，当前在"文化素质+职业技能测试"的评价办法中职业技能测试成绩占比较低。中职生职业技能测试主要由操作性考试和面试两部分组成，对于操作性考试各高等职业院校采用不同的测试办法，面试环节主要是进行一些特长与才艺展示。由于招生专业复杂多样，大部分中职生职业技能测试很难达到考核的预期效果。就高等职业院校分类考试内容而言，不管是普通生和中职生，当前占据考查内容主体的仍是文化素质考试和专业理论考试，这不符合高等职业院校技术技能型人才的培养目标。

此外，在操作性考试中，组织统一测试其难度较大。这是由于本身存在差异性，部分高等职业院校缺失足够的文化素质教育氛围，忽视文化素质教育在职业技能教育中的基础性作用，对高等职业教育的内涵认知片面。

（五）分类录取标准设置缺乏明确性

高等职业院校采用多种考试招生方式，实行不同的录取标准，目的在于保证公平公正录取。但在招生实践中，录取标准缺乏特色，录取的公平、公正性也不足。一方面，高等职业院校在录取考生时的主要标准仍是文化素质考试分数。浙江省通过对口招生招收中职生的录取标准是技能测试成绩与文化素质成绩各占总成绩的 50%，有效地解决了这个问题，但在其他较多省份还存在重文化素质考试、轻技能测试的情况。另一方面，在提前招生中，考生在中职阶段的学业表现、技能水平证书或资格证书等材料中，各高等职业院校在招生简章中表述模糊、要求不一，如特长的评定要求并未做出具体说明，如"具有体育或艺术特长的考生"作为优先录取标准，具体优先录取标准难以量化。

此外，个别类型的职业技能操作考试考点之间存在评判标准掌握不一致的情况。职业技能操作考试考点一般会在多个高等职业院校进行，由于个别类型的考试时间长，考试人数多，受设备、场地的限制，工量具的标准难以统一，就很难保证各考点之间评判尺度的一致性，参与考核人员的专业水平也参差不齐，考试的公平性与公正性会受到影响。

六、高等职业院校分类考试招生制度改革的策略

高等职业院校分类考试招生制度改革是一项系统工程，应从大力推行免试注册入学、优化选择考试招生方式、改进招生计划分配方式、加大对职业技能的考查比重、采用合理考试录取标准五个方面入手，深化和完善高等职业院校分类考试招生改革，综合评价、多元录取，建立科学、高效、公平的新时代中国特色高等职业院校分类考试招生制度。

（一）增强前瞻意识，积极探索推行免试注册入学

"注册入学"是一种与"选拔入学"并行的入学机制，这种招生制度最早出现在美国的社区学院。其特点是入学门槛较低、上课时间和教学方式灵活、教学内容多样，申请社区学院时无须托福和 SAT 成绩，不需要入学考试，对所有人开放，学生一旦注册入学，社区学院就要为学生提供学业辅导和经济援助等服务。注册入学是考生提交注册申请后，高等职业院校根据考生提交的学业水平测试成绩、期末考试成绩、专业技能测试成绩、注册入学申请时间先后等条件进行审核录取，国内注册入学的起步相对较晚，尚未形成统一模式。江苏省于 2011 年率先进行改革，推行注册入学。当前在部分省市试点的注册入学专业，均为该校重点建设的特色专业。

在高等职业院校日趋激烈的生源竞争压力背景下，普遍认为注册入学代表着高等职业教育招生发展的主要趋势。高等职业院校应大力探索注册入学、申请入学的招生方式。在探索注册入学、申请入学的招生方式，要妥善处理"短期"办学效益与"长远"内涵式发展的内在逻辑关系。当前，部分高等职业院校的社会吸引力和认可度不高的主要原因是由于人才培养质量不高，发展前期我国高等职业院校办学发展路径主要是依靠学生的数量和规模的扩张。由于部分高等职业院校过于重视"短期"办学效益，再加上近年来高等职业院校生源危机的加剧，即使在有些省份试行注册入学考试招生制度后，部分高等职业院校还是不能完成当年的招生计划。因此，高等职业院校应专注于解决自身人才培养模式局限和办学特色缺失的"长远"问题，提升社会的认可度和美誉度，只有这样才能吸引考生主动进行注册入学。高等职业院校应向所有有意向生源敞开办学大门，进一步推进免试注册入学制度。

（二）从整体与长远的视角，优化选择分类考试招生方式

服务于地方经济发展的人才培养是高等职业教育的主要任务，选拔高素质技术技能型人才也要依赖分类考试招生方式。区域内高等职业院校应努力建立共生发展的考试招生机制，相互推荐生源、相互合作。分类考试招生方式有助于进一步推动高等职业院校多元化的生源人才选拔，使选拔目标更为明确。为更好满足学生、学校双方的主体利益，高等职业院校需进一步考虑如何因地制宜、因校制宜、因人制宜，做到整体与长远发展相结合，优化选择考试招生方式。一是省级教育考试主管部门要统筹安排分类考试招生方式，同一区域内的高等职业院校在职业技能测试和职业适应性测试环节要制订不同的考试方案。高等职业院校的一些省重点专业在职业技能测试和职业适应性测试要有清晰的报考标准，提升录取率。二是高等职业院校的考试招生方式选择要有利于提升学生升学率，保证生源质量，要进一步优化选择考试招生方式。例如，对会计、机电设备维修与管理、物联网应用技术等培养时间长、技术要求高的专业，建议采用对口招生或中高职贯通培养等考试招生形式；对旅游管理、电子商务、市场营销等培养时间短、理论知识要求高的专业，可采取注册入学的考试招生方式。随着考试招生制度的发展，高等职业院校考试招生制度发展的新趋向在于选择若干考试招生方式加以组合。

（三）坚持公平与效率优先，改进招生计划分配方式

进一步改进高等职业院校招生计划分配方式，省外招生计划分配要合理化、五年制计划安排要注意差异化和单考单招计划分配要注意精细化，既要做到公平合理，又要注重效率。首先，省外招生计划分配要合理化。教育考试主管部门要合理分配好高等职业院校省外招生计划，对于高等职业院校属地招生来说，省外生源普遍存在报到率低、收费和招生难等现实问题，教育考试主管部门要加大统筹力度，对于示范性高等职业院校和省外招生情况较好的高等职业院校采用奖励性措施，并扩大这些高等职业院校的省外招生规模，增强其在全国高等职业院校中的影响力，这在招生计划控制越来越严格和省际生源竞争越来越激烈的背景下显得尤为重要。此外，五年制计划安排要注意差异化。除普高生生源外，中职生已成为高等职业院校生源的主力军。从当前计划分配情况看，五年制计划安排上应有针对性地向地市高等职业院校倾斜，这样有利于减少当地人才的流失，增强地市高等职业院校服务区域社会经济发展的能力和地市高等职业院校与当地中等职业学校的良性联动。同时，为增加高等职业院校招生过程中的公平性，可将示范性高等职业院校和省属优质高等职业院校的招生计划更多地分配在统考统招中，适当降低示范性高等职业院校和省属优质高等职业院校五年制招生计划的比例。再者，需对单考单招计划进行精细化安排。针对生源分布不均、单考单招类别多等实际情况，应着力做好以下三方面的工作：一是要减少计划与生源的倒挂；二是要力求实现各类别间本科与高等职业教育专科比例的基本平衡；三是同类别之间的招生计划要尽量满足班级建制的需求。最后，为中高职贯通培养提供便利，增加中职学生招生的比例，高等职业院校应提前调研，根据中职生和普高生升学的意愿确定招生计划，尽可能细化招生计划制订中的未知因素，减少生源流失。

（四）科学设置考试内容结构，加大职业技能考查比重

职业教育的属性和特征要求，高等职业院校实行"文化素质+职业技能（职业素养）"的考试招生模式。尽管各高等职业院校积极探索职业技能考试办法，但职业技能的考核内容"重理论、轻实践"等问题仍然存在。

2012 年，教育部委托高职高专教学指导委员会制定了首批 18 大类、10 个高职学校专业教学标准，国家职业标准对高等职业院校提出了"重构以就业为导向的能力本位式人才培养机制新要求"。因此，高等职业院校分类考试招生要提升高等职业院校服务地方经济发展的能力，促进国家职业标准和高职人才选拔的匹配度，加大对学生技能考查的力度。此外，形成专业技能、专业理论、文化课分值 5∶3∶2 的比例分布，以达到中职学生专业技能和文化考查各占一半的标准。同时，高等职业院校根据普高生报考专业情况进行拔高性考查，要科学设置普高生的职业素养的考核内容。在面试环节考查内容要与所选专业相关，对普高生专业素养的考查限定范围。

（五）以生源质量提升为前提，科学设置录取标准

采用合理的录取标准是提升生源质量的前提条件。高等职业院校要把普高生的职业素养、中职生的职业技能与文化课都纳入录取总分的"双上线"录取原则，凸显职业教育的特色。一是对于高职提前招生的普高生的生源特点，面试和职业素养测试占比 40%，文化课考试录取分数应占总分的 60%，这比较符合普高生的考核录取标准。二是对于单考单招的中职生生源特点，将职业技能测试的录取分值设为"不得低于总分的 50%"，特别是理论知识测试，优先录取专业理论考分高于文化课考分的学生。三是对于"3+2"模式和"五年一贯制"中高职贯通的生源特点，在申请转段升学时，高等职业院校要重点关注中职阶段专业理论、文化素质、实践操作的表现，在中职阶段建立学生电子检测档案，将学生的课堂测验、期中考试和期末考试成绩作为评价学生的重要录取分数，量化测验分数，学生升学转段到高等职业院校时，平时成绩不低于 70%。四是对于注册入学和免试入学生源人数较少的特点，高等职业院校可调整录取标准，在招生计划缺额较小的情况下择优录取。

高等职业院校分类考试招生改革是我国考试招生中的一次重大改革与突破，打破了传统唯分数论的录取模式，合理且有效地回应了教育考试过程中所存在的良性内在张力，具有重要意义。高等职业院校分类考试招生凸显了考生综合素质和职业技能，扩大了高等职业院校与考生双向的选择权，推进了高等职业院校人才选拔方式从单一选拔向综合评价的转变，高等职业院校分类考试招生改革不能一蹴而就，应根据高等职业教育的自身

发展特点与高等职业院校的办学定位，以适应社会发展的需求和服务地方经济发展作为核心任务，进一步深入推动高等职业院校分类考试招生改革。

七、高等职业院校分类考试招生制度改革的路径

探索高等职业院校分类考试招生制度改革的路径，主要在以下几个方面着力：扩大中职毕业生的招收比例；积极推行注册入学；提升专业技能测试比重；完善招生录取机制；提升行业、企业在考试招生录取中的参与度。

（一）进一步扩大中职生的招收比例，通过注册入学补录应对生源不足

针对高等职业院校生源危机加剧、招生比例失调、生源质量差等现状，省级教育行政部门和高等职业院校必须扩大生源范围，提高中职毕业生招收的比例，制定相关政策文件。首先教育行政部门和高等职业院校应打破地域的限制，允许考生跨省进行报名考试。近几年，国家高职考试招生的相关政策文件已呈现出了下放自主权、探索试行以及试点等特点。打破高职考试招生的地域限制，必须扩大高等职业院校和考生的双向选择权。例如，深圳职业技术大学通过单独考试招收港澳台学生，接收外国留学生来校进修学习。其次，高等职业院校应扩大中职毕业生招收的比例。目前，高等职业院校分类考试招生的对象主要为各类中等职业学校和普通高中的应、往届毕业生，对招收中职毕业生的比例，各个省没有具体的指标和政策文件。中职毕业生升入高职比例的提升，将更好地促进中高职衔接，推动现代职业教育体系的建立，推进高等职业院校分类考试改革，各个省（区、市）应制定文件增大高等职业院校招收中职生的比例。2015年，四川省教育厅在《关于开展2015年高等职业院校单独考试招生申报工作的通知》中指出："各高等职业院校应加大通过单独招生招收中等职业学校毕业生的力度，招收中职毕业生的比例原则上应达到50%左右。"高等职业院校应通过注册入学补录应对生源不足。近年来，江苏、山东、辽宁等省份已经推行高等职业院校注册入学改革，这种带有救济性质的注册入学制度，实质上是"补录"，也是应对生源危机的一种有效措施。注

册入学具有报考条件灵活、注重考生学业过程审核、录取标准"宽"、毕业要求"严"等特点。凡是高考未被录取的文理考生均可参加注册入学，经过考生申请、院校审核、考生确认三个环节，第一轮未被录取的考生继续参加第二轮，直至当年招生指标完成。同时，考生依法享有接受高等教育的权利，高等职业院校让考生签订"承诺书"的做法并不妥当，效果也不理想，是否具有法律效力仍存在争议。导致高等职业院校新生报到率低、考生违约的原因主要来自社会对高等职业教育的偏见与歧视，来自深层次的价值冲突和文化阻力，也有"考试和招生"的制度阻力。高等职业院校应制定分类考试招生简章和分类考试招生计划，向社会公布，充分利用公共信息平台，加大对分类考试招生政策的宣传力度，让全社会了解分类考试招生的相关政策，通过制度层面的设计，引导社会价值层面的转变。

（二）提高专业技能测试的比重，由省级统筹制定专业技能考试大纲

改革高等职业院校分类考试招生的考试内容，应增加专业技能测试的比重，制定专业技能考试大纲，以文化考试为辅、技能操作考试为主。目前对于普通高中生及其同等学力考生，应强化文化综合素养考试。"文化素质"是评价普通高中学生达到国家规定学习要求的重要尺度，不应仅仅是语文、数学、外语三科的内容，还应该强化综合素养和能力，避免学生偏科，重点考查普通高中学生是否理解、掌握基础知识、基本技能和基本方法。职业适应性测试应以普通高中学校的教科书为基础，结合高中的学习要求，考查学生的科学素质、创新素质，目的是测试考生未来从事生产、建设、服务、管理一线工作所必备的基本职业素质，测试内容和方式由招生院校自行确定，原则上应包括专业适应性测试和综合素质测评，其结果作为专业录取资格条件。而对于中职生及其同等学力考生的考试应以技能测试和操作为主、文化课考试为辅。中职生普遍存在文化基础知识不足的情况，但动手能力强，实际上中职生进入高等院校前就已经达到了初级技工的水平。中等职业学校的课程是以培养职业技能为主，传统笔试可能使技能优秀的中职生与大学失之交臂。2011年，湖北省在机械类专业开展了全省统一的以技能操作考试为主、文化考试为辅的高校招收中等职业学校毕业生改革试点，技能操作考试由招生院校担任主考学校，文化考试由省教育考试院统一组织实施。湖北省技能高考和普通高考一样采取"3+X"

模式，总分为 700 分，其中专业技能操作 490 分，文化课 210 分。

同时，省级教育行政部门应尽快出台高等职业院校分类考试招生专业技能考试大纲。2017 年，福建省出台了《福建省高等职业教育入学考试职业技能测试考试大纲》，涉及电子信息类、财经类、土建类等十个专业类别。专业技能考试大纲依据教育部公布的相关专业教学大纲、高等职业院校对学生专业技能的要求、学生在中职阶段的学习情况三个方面的情况编写而成。省（区、市）教育考试院应聘请专家团队，包括：高等职业院校和中职院校教师、行业企业专家等，在充分研究学情、专业发展、考试规律的基础上形成以专业类别为主的专业技能考纲。

（三）增加平行志愿，确保高等职业院校和考生的双向选择权

增加招生录取的选择性，完善招生录取机制是高考制度改革的重点。在考试招生录取机制中，比较核心的问题是考生志愿的填报。有学者通过研究发现，在考试招生录取环节，完全平行志愿好于不完全平行志愿，不完全平行志愿好于梯度志愿。平行志愿的推行能有效地降低填报志愿的博弈成分，为考生增加选择的机会。在以增加选择性为主要特征的高等职业院校考试招生过程中，只有尊重考生的选择权，尊重考生作为选择主体的地位，才能最大限度地体现个人选择的价值。高等职业院校作为分类考试招生录取的主体，应逐步取消招生录取批次，增加学生的平行志愿，改进投档录取模式，探索按院校专业投档和依据考生志愿将考生档案同时投放多所高校的录取模式，增加招生院校和学生的双向选择机会。增加平行志愿以后，实行"一档多投"的原则。录取时，省级教育考试院按照录取批次的顺序，根据考生志愿将上线考生电子档案投给考生所填的所有高等职业院校，招生院校根据分类考试招生章程以及招生计划对投档考生进行审录并将预录取结果上报省级教育考试院审核，省级教育考试院审核无误后，最终确定考生的录取结果并进行公示。为满足考生志愿并确保录取结果公平公正，录取过程将对所有考生填报的志愿进行检索，对于排序位在院校专业招生计划数内的最小志愿号的预录取结果予以确定录取。实行一档多投，取消专业调剂服从意向，细化并优化考生选择，考生可能同时被多所院校的多个专业预录取。确定了录取结果的考生，其在其他队列的预录取数据予以删除。这些队列排序靠后的考生往前递补，多次循环最后确认录取结果，直至所有符合要求的考生都确定最终录取结果。广东省在高

等职业院校分类考试招生试点中，录取首次以学考成绩作为依据，一是不分批次统一一个批次录取；二是每个考生可以填报 10 个志愿，大大降低了考生落榜的可能性。

（四）提升行业、企业参与度，成立省级行业专业大类考试指导委员会

高等职业院校招生具有公权力的性质，既关涉国家发展，也关涉个人利益，这决定了高等职业院校考试招生应由政府、社会和高等职业院校在合理的权利结构中共同支配，而不是由单一的利益主体主导。从国家考试评价史来看，有三种不同的模式，一是由政府来主导，二是由录取学生的高校来主导，三是由专业的考试机构来主导。从目前发展的趋势来看，考试评价正在逐步由政府主导或高校主导模式朝着考试评价专业机构主导模式转变。省级教育考试院应淡化行政管理色彩，逐步向服务考试招生的社会专业化机构转型；更重要的是鼓励行业、企业参与到高等职业院校考试招生整个过程中，发挥指导、咨询、监督等重要作用。行业、企业参与高等职业院校考试招生，从源头上可以改变行业、企业在高等职业院校考试人才培养中局外观察者的局面，奠定在高职考试招生过程中直接参与人才培养的主体地位。高职考试招生应引入行业、企业等第三方组织，在考试内容命题、职业技能测试、面试环节等凸显行业、企业的作用。通过鼓励行业、企业成立省级行业专业大类联合考试委员会，聘请行业、企业专家参与考试题目设计和开发，聘请行业、企业专家指导职业适应性测试和专业技能测试，既可以实现高职招生与企业招工的同步性，也可以保证职业适应性测试和专业技能测试的准确性。同时，高等职业院校应增强考试招生的主体责任意识，科学规范制定招生章程，自主确定适合本校发展的录取标准，加强学校招生委员会建设，聘请行业、企业专家参与招生工作的现场面试、测试等环节，实现对招生的第三方监督。扬州工业职业技术学院在面试环节引进了"企业考官"，"企业考官"参与面试环节的命题和考察，这既有利于企业日后选拔到更符合企业需求并认同企业文化的人才，也有利于高等职业院校更加有针对性地选拔人才。山东省在高职考试招生职业适应性测试环节引入行业、企业专家参与，并且强化了省级行业专业大类考试指导委员会的指导作用。

高等职业院校分类考试招生作为一种突出学生综合素质和职业技能的考试招生方式，打破了唯分数论的录取模式，是我国考试招生历史上的重大改革与突破，是符合职业教育技术技能型人才选拔的考试方式。各个省（区、市）应紧紧围绕地区经济发展方式转变和产业结构调整升级的需要，依据高等职业院校的办学特色和发展定位，以适应地区产业发展需求和服务社会为出发点，深入推进高等职业院校分类考试招生的改革。

八、高等职业院校分类考试招生制度体系建设的对策与建议

（一）全面推广分类考试招生，逐步脱离普通高考而自成体系

高等职业教育实施分类考试招生，逐步脱离普通高考而自成体系，成为高等职业教育考试招生制度改革重要的发展趋势。2011版《国际教育标准分类法》将第5级及其以上层次教育称为高等教育，第5级教育被称为"短线高等教育"，分为短线高等普通教育和短线高等职业教育。其主要特点为实用且针对特定职业。高等职业教育作为高等教育的一种类型，其考试招生制度理应自成体系，符合这一类型教育的特征。2010年以来，高等职业教育进入分类考试招生制度发展阶段，国家提倡高等职业教育考试招生与普通高考分离。特别是2014年《实施意见》的颁布，标志着高等职业教育考试招生取得独立地位，从考试时间、考试内容、录取机制等方面探索脱离普通高考而独立进行。从近几年各省（区、市）公布的高等职业教育分类考试招生报名时间看，主要集中在每年的3月上旬，文化素质测试和职业技能测试也集中在4月，以便于考生尽早做出选择。已被高等职业院校录取的考生可以不用参加普通高考，给考生提供了多种升学选择通道。就考试内容而言，高等职业教育考试招生与普通高考相对分开，实行"文化素质+职业技能"评价方式。中等职业学校毕业生报考高等职业院校，参加文化基础与职业技能相结合的测试；普通高中毕业生报考高等职业院校，参加职业适应性测试，文化素质成绩使用高中学业水平考试成绩并参考综合素质评价。就录取机制而言，应增加考生的平行志愿，实行平行录取，逐步将现行的普通高考分成高职高专和普通本科两类不同层次类型的高考体系，试行高等职业教育单列批次录取。省级教育行政部门应逐步取消招生录取批次，增加考生的平行志愿，改进投档录取模式，探索按院校专业投档和依据考生志愿将考生档案同时投放多所高等职业院校的录取模式，增加招生院校和学生的双向选择机会，实行"一档多投"的原则。具体操作上，省级教育考试院按照录取批次的顺序，根据考生志愿将

上线考生电子档案投档给考生所填的所有高等职业院校，招生院校根据分类考试招生章程以及招生计划对投档考生进行审录并将预录取结果上报省级教育考试院审核，经省级教育考试院审核无误后，最终确定考生的录取结果并进行公示。

（二）扩大生源范围，提高中职毕业生的招收比例

导致高等职业院校新生报到率低、考生违约的原因主要来自社会对高等职业教育的偏见与歧视，来自深层次的价值冲突和文化阻力，也有"考试和招生"的制度阻力。教育行政部门和高等职业院校应打破地域限制，允许考生跨省进行报名考试，扩大高等职业院校和考生的双向选择权。只有拓宽生源范围，引导普通高中生合理分流，扩大招收中职毕业生的招收比例，吸引社会有志青年报考，实现高等职业院校生源的多样化，才能破解高等职业院校的生源危机。高等职业院校应制订分类考试招生简章和分类考试招生计划并向社会公布，充分利用公共信息平台，加大对分类考试招生政策的宣传力度，让全社会了解分类考试招生的相关政策。通过制度层面的设计，引导社会价值层面的转变。高等职业教育与中等职业教育衔接，才能进行技术技能人才的一体化培养。中等职业教育和高等职业教育的培养目标是具有一致性、连贯性的。中等职业教育和高等职业教育都是为国家培养生产、建设、管理、服务一线需要的技术技能人才，中职毕业生是高等职业教育的最佳生源。目前，高等职业院校分类考试招生的对象主要为各类中等职业学校和普通高中的应届、往届毕业生。对中职毕业生的招收比例，各省（区、市）没有具体的指标和政策文件，只有少数省份规定了高等职业院校招收中职毕业生的比例问题，如四川省、湖北省、湖南省等。《四川省教育厅关于开展 2016 年高等职业院校单独考试招生申报工作的通知》明确指出："为更好地促进中高职衔接，推动现代职业教育体系建立，各高等职业院校应加大通过单独招生招收中等职业学校毕业生的力度，招收中职毕业生的比例原则上应达到 50% 左右。"各省（区、市）应制定具体的政策文件，明确高等职业院校招收中等职业学校毕业生的比例，探索符合高等职业教育考试招生特点和规律的考试评价制度。

（三）提升专业技能测试的比重，制定专业技能考试大纲

高等职业教育分类考试招生应提升专业技能测试的比重，制定专业技

能考试大纲，技能操作考试为主、以文化考试为辅。目前面向普通高中生及同等学力考生，应强化文化综合素质考试。"文化素质"是评价普通高中学生达到国家规定学习要求的重要尺度，不应仅仅是语文、数学、外语三科的内容，还应该强化综合素养和能力，避免学生偏科，应重点考查普通高中学生是否理解、掌握基础知识、基本技能和基本方法。职业适应性测试应以普通高中的教科书为基础，结合高中的学习要求，考查学生的科学素质、创新素质，目的是测试考生未来从事生产、建设、服务、管理一线工作所必备的基本职业素质；测试内容和方式由招生院校自行确定，原则上应包括专业适应性测试和综合素质测评，其结果作为专业录取资格的条件。

而对于中职生及同等学力考生的考试应以技能测试和操作为主、文化课考试为辅。中职生普遍文化基础知识不足，但动手能力强，实际上中职生进入高等院校前就已经达到了初级技工的水平。中等职业学校的课程是以培养职业技能为主，传统笔试或许会让技能出众的中职毕业生与大学擦肩而过。同时，省级教育行政部门应尽快出台高等职业教育分类考试招生专业技能考试大纲。专业技能考试大纲可以依据《国家职业技能标准》《中等职业学校专业教学标准》、中等职业学校专业课程教学大纲等制定。省级教育考试院应成立专家团队，聘请中职、高职教师，行业、企业专家等，在充分研究专业发展、考试规律、考生学习的基础上形成以专业类别为主的专业技能考试大纲。2018年，福建省组织专家编写了《2018年福建省高等职业教育入学考试职业技能测试考试大纲》，涉及电子信息类、财经类、土建类等10个专业大类。2018年，湖北省制定的"学前教育专业技能考试大纲"由专业知识和技能操作两部分构成，专业知识为150分，技能操作为340分，重点考查考生的操作技能。

（四）将考试招生机制相分离，建立专业性的考试招生机构

高等职业教育考试招生相分离，可以在以省为单位的基础上成立第三方非营利性的考试命题机构，该机构独立于教育行政部门，从而能够更加客观公正地组织命题和考试。首先，高等职业教育考试命题应引入行业、企业等第三方组织，在考试命题、职业技能测试、面试环节等凸显行业、企业的作用。同时，鼓励行业、企业探索成立省级专业大类联合考试委员会，聘请行业、企业专家参与考试题目的设计和开发，聘请行业、企业专

家指导职业适应性测试和专业技能测试。这样，既可以实现高职招生与企业招工的同步性，也可以保证职业适应性测试和专业技能测试的准确性。其次，建立高等职业院校招生委员会或院校招考联盟负责招生，使高等职业院校分类考试招生发生质的改变。高等职业教育考试招生政策将招生自主权下放给高等职业院校，教育行政部门已不能全部包揽高等职业院校招生的流程，但高等职业院校面临的困难是没有足够的力量来形成一个完善的录取机制。因此，建立一个独立于政府和高等职业院校的权威的专业性招生机构显得尤为重要。高等职业院校招生委员会或院校招考联盟应以省为单位筹建，有专业化的考试招生专家小组，有一套招生运作机制，能足以保证招生的权威性，能给高等职业院校和考生提供大量的信息和专业化服务。高等职业教育招生的录取程序将会朝着更为民主和公平的方向发展。程序的本质特点是过程性和交涉性，与高等职业院校考试招生制度相关的利益群体应该有充分的表达意志的空间，各个利益主体的诉求能够在博弈中得到不同程度的体现。

改革开放以来，高等职业教育考试招生制度的改革与完善，使我国高等职业教育考试招生向科学化、制度化、人性化的方向发展。分类考试招生更益于高等职业院校选拔技术技能人才，也有利于考生合理分流，为我国高等职业教育的蓬勃发展提供了制度保障。高等职业教育考试招生制度改革，应遵循职业教育人才选拔和培养规律，着眼于推动考生个性潜能的发挥，为学生提供多样化的选择途径，优化高等教育结构和提高高等职业教育质量，使考试内容更加符合职业教育的特点，使考试招生机制相分离，逐步脱离普通高考而自成体系。

第九章 高等职业院校自主招生政策探析

高等职业院校自主招生制度的形成，是我国教育改革的重要组成部分，旨在构建一个更加科学、合理的高等职业教育招生体系，以满足社会对多样化的高素质技术技能人才的需求。2014 年 9 月，国务院在《关于深化考试招生制度改革的实施意见》中提出，到 2020 年基本建立中国特色现代教育考试招生制度。就高等职业教育而言，就是要形成分类考试、综合评价、多元录取，以省级政府统筹管理，多样化招生方式，"知识+技能"的考试评价办法为特点的考试招生新模式。高等职业教育考试招生逐步与普通本科教育考试招生分离，以便更好、更科学、更灵活地选拔适合高等职业教育的人才。

自 2005 年上海率先开展高等职业院校自主招生改革试点以来，我国高等职业院校自主招生改革已进行了近 20 年的实践探索。作为高等教育体制改革中的一个重要环节，我们需要对指引其改革的政策脉络进行梳理，对政策实践的现状及其存在的问题进行总结和反思，从而更好地推进和完善高等职业院校的自主招生改革。

一、高等职业院校自主招生政策的基本特征

改革开放以来，伴随着高等教育政策的不断调整，我国高等职业院校的考试招生政策也随之发生了深刻的变化，其中的一个关键变化就是高等职业院校自主招生政策体系逐渐得以形成。表 9-1 是 1985 年以来我国高等职业院校考试招生的主要政策。

表 9-1   1985 年以来我国高等职业院校考试招生的主要政策

发布时间	文件名称	政策的核心要求
1985-05-27	中共中央《关于教育体制改革的决定》(简称"85《决定》")	明确高等职业院校的三类招生对象
1993-02-13	中共中央、国务院《中国教育改革和发展纲要》(简称"93《纲要》")	要求改变统一计划招生体制
1995-10-06	原国家教委《关于推动职业大学改革与建设的几点意见》(简称"95《意见》")	扩大招生对象,改革职业大学的招生制度
1999-01-13	国务院《批转教育部面向 21 世纪教育振兴行动计划的通知》(简称"99《通知》")	逐步从招生计划、入学考试和文凭发放等方面放权给省级人民政府和高等职业院校,探索高等职业院校的多种招生方法
1999-06-13	中共中央、国务院《关于深化教育改革全面推进素质教育的决定》(简称"99《决定》")	采取多种方式招收普通高中毕业生和中等职业学校的毕业生,放宽招生和入学的年龄限制,进一步明确省级政府在考试招生政策制定上的自主权
2002-08-24	国务院《关于大力推进职业教育改革与发展的决定》(简称"02《决定》")	保障高等职业院校在招生规模确定上享有充分的自主权,高等职业学校可单独组织对口考试招生,提高中职毕业生的入学比例
2005-10-28	国务院《关于大力发展职业教育的决定》(简称"05《决定》")	扩大高等职业院校招生规模,明确到 2010 年占高等教育招生规模的一半以上
2006-11-03	教育部、财政部《关于实施国家示范性高等职业院校建设计划加快高等职业教育改革与发展的意见》(简称"06《意见》")	支持示范院校的改革试点工作,鼓励开展单独招生试点,逐步扩大跨省招生规模
2010-07-26	教育部、财政部《关于进一步推进"国家示范性高等职业院校建设计划"实施工作的通知》(简称"10《通知》")	支持骨干高等职业院校开展高职单独考试招生制度改革试点,探索多样化选拔录取机制

表9-1(续)

发布时间	文件名称	政策的核心要求
2010-07-29	《国家中长期教育改革和发展规划纲要（2010—2020年）》（简称"10《纲要》"）	高等职业教育入学考试由各省（区、市）组织。探索高等职业学校自主考试或根据学业水平考试成绩注册入学。探索自主录取、推荐录取、定向录取、破格录取的具体方式
2013-04-15	教育部《关于积极推进高等职业教育考试招生制度改革的指导意见》（简称"13《意见》"）	建立和完善多样化的高等职业教育入学方式，明确以省级政府为主统筹管理和组织高等职业教育考试招生制度改革
2013-11-12	中共中央《关于全面深化改革若干重大问题的决定》（简称"13《决定》"）	加快推进职业院校分类招生考试或注册入学
2014-09-03	国务院《关于深化考试招生制度改革的实施意见》（简称"14《意见》"）	明确现代教育考试招生制度改革的总目标，改进招生计划分配方式，改进考试的内容和形式，加快推进高等职业院校分类考试
2017-01-10	国务院《国家教育事业发展"十三五"规划》（简称"17《规划》"）	推进高等职业院校分类考试，突出"文化素质+职业技能"的评价方式。高等职业学校招收有工作经验的学生，应当将工作实绩和能力作为重要的录取依据。健全学前教育、护理等领域和专业实行初中毕业起点、中高职贯通培养的考试招生办法。健全技术技能人才系统培养的招生制度
2019-01-24	国务院《关于印发国家职业教育改革实施方案的通知》（简称"19《通知》"）	建立"职教高考"制度，为学生接受高等职业教育提供多种入学方式和学习方式
2019-05-06	教育部等六部门关于印发《高职扩招专项工作实施方案》的通知（简称"19《方案》"）	针对中职毕业生、退役军人、下岗失业人员、农民工和新型职业农民、技能拔尖人才不同对象采取不同的考试录取方式

基于政策内容分析发现，我国高等职业院校的自主招生政策体系具有如下三大特征：

（一）政策价值导向鲜明：提高质量与促进公平兼顾

高等职业院校自主招生政策的核心价值追求首先在于全面提高教育质量。高等职业教育考试招生制度改革，要着眼优化教育结构和提高教育质量。高等职业院校根据自身的发展规律和各自的办学特色选拔合适的生源，有利于提升自己的办学质量，为社会经济发展提供更多更好的高素质技术人才和劳动者。同时，高等职业教育质量水平提高，还能够更好地引导人们转变教育质量观，让每个学生都能根据自身的潜能实现多样化的发展，从而使基础教育真正获得开展素质教育的空间，最终有利于中小学教育质量提高。

高等职业院校的自主招生改革还在于能更好地促进教育公平。首先，通过分类考试和灵活自主的评价录取方式，为学生提供了更加多元化地选择不同类型的高等教育的机会，让每个受教育者尽可能寻找到适合自身的教育，进而获得更为平等的成功机会。其次，高等职业院校的自主招生，不断强调要扩大中职毕业生的入学比例，为广大中职生接受高等教育提供更多的入学机会。至少要使 3% 的中职毕业生能够进入高等职业院校继续学习。重点指出，要扩大中职毕业生进入高职学校的比例，通过国家优质高等职业教育资源的共享来促进教育公平。

（二）政策发展方向明晰：推进高等职业院校的分类考试，丰富和完善自主的招生途径

随着人们对高等职业教育性质和作用认识的深入，高等职业院校开始作为高等教育体系中的"与普通本科院校不同的一个独立类型"进行招生改革。要逐步形成分类考试、综合评价、多元录取的考试招生制度。要"加快推进高等职业院校分类考试。高等职业院校考试招生与普通高校相对分开，实行'文化素质+职业技能'的评价方式"，同时要求 2017 年通过分类考试录取的学生要成为高等职业院校招生的主渠道。

在这种分类考试政策的指引下，高等职业院校的自主招生途径也在不断丰富和完善。相关意见提出了每年举办两次高等学校考试招生的试点。此后，春季高考在许多试点省市开始成为高等职业院校进行自主招生的重要渠道。2002 年，《国务院关于大力推进职业教育改革与发展的决定》正式提出，"高等职业学校可单独组织对口考试招生，优先招收中等职业学校

优秀毕业生"。在四年之后，在教育部和财政部联合发布的"06《意见》"中又明确提出，"各地要制定相关政策，优先安排国家示范性高等职业院校招生录取批次，鼓励开展单独招生试点。"到2010年，新世纪首个指导我国中长期教育改革发展的重磅政策文件《国家中长期教育改革和发展规划纲要（2010—2020年)》颁布，其中对高等职业学校的招生录取方式提出了全面、系统的要求，即要探索高等职业学校自主考试或根据学业水平考试成绩注册入学，探索自主录取、推荐录取、定向录取、破格录取的具体方式。

随着政策的不断调整和补充，"13《意见》"中明确提出从建立以高考为基础的考试招生、改革单独考试招生、探索综合评价招生、完善面向中职毕业生的技能考试招生、规范中高职贯通招生、实施技能拔尖人才免试招生六个方面就如何建立和完善高等职业教育多样化的入学方式进行了系统的政策阐述。至此，我国高等职业教育自主招生的途径基本得以完善和规范。

（三）政策实施保障有力：不断增强省级政府和高等职业院校的自主权

高等职业院校的自主招生之所以能够得以实施并不断拓展，其主要的原因之一就在于中央政府逐步主动放权，使地方政府和高职学校获得了越来越多的自主发展权利。从高等职业院校招生政策的发展演变来看，20世纪末21世纪初是发生这一转变的关键时期。1999年，中共中央、国务院接连发布的两份政策文件都明确提出并强调了在高等职业教育上地方放权。"99《通知》"首次提出"要通过试点逐步把高等职业教育的招生计划、入学考试和文凭发放等方面的责权下放给省级人民政府和学校，省级人民政府在国家宏观指导下，对本地区高等职业教育的现有资源进行统筹"。在同年随后发布的"99《决定》"中再次强调指出，高等职业教育（包括高等专科学校）的招生计划改由省级人民政府制定，其考试招生事宜由省级人民政府自行确定。21世纪初，国务院发布的"02《决定》"进一步强调，"要扩大高等职业学校的办学自主权，增强其自主办学和自主发展的能力。要依法保障高等职业学校在专业设置、招生规模确定、学籍管理、教师聘用及经费使用等方面享有充分的自主权。""13《意见》"对以省级政府统筹组织和实施高等职业院校考试招生改革的管理制度继续给予了明确。

通过这一系列的政策指引，明确了高等职业院校自主招生改革的权力主体，考试招生自主权的下放，有利于充分调动地方政府发展高等职业教育的积极性，为地方政府根据各自的区域实情创造性地推进高等职业院校的自主招生改革提供了广阔的空间和稳定的政策保障。

二、高等职业院校自主招生政策实施的现状

（一）高等职业院校自主招生改革工作推进迅速

2005 年，经教育部批准，上海三所声誉较好的民办高等职业院校率先开展自主招生改革，计划招生 855 人。在上海试点改革的经验上，教育部随后几年持续扩大高等职业院校自主招生试点范围，2010 年试点院校就达到 73 所。2011 年，200 所列入"国家示范性高等职业院校建设计划"的示范性和骨干高等职业院校全部获得自主招生资格。此后，具有自主招生资格的高等职业院校数量持续迅猛增加。截至 2018 年 9 月，全国具有自主招生资格的高等职业院校达到 1 330 所，各省（区、市）当年纳入自主招生试点范围的高等职业院校数量总共达到 900 所，占全国高等职业院校总量的 68%，覆盖全国 31 个省（区、市）[相关数据依照中国教育在线网站 2018 年具有招生资格的高等职业院校名单以及当年各省（区、市）、在教育考试招生官方网站高职招生通知中统计汇总而来]。与此同时，高等职业院校自主招生的对象也不断扩大，除应届高中毕业生外，中职毕业生、具有高中学历的复员军人、转业军人都被纳入招考对象中。

发展至今，我国各地高等职业院校已经形成了不同梯度的自主招生改革格局。一是示范先导型。区域内仅国家、省（区、市）示范性和骨干高等职业院校纳入自主招生范围，处在示范院校先行探索阶段，如陕西、广西等少数省（区）。二是稳步扩大型。除区域内国家、省（区、市）示范性和骨干高等职业院校纳入自主招生范围之外，根据实际情况将自招生院校范围有针对性地扩展到一些办学规范、质量较好或特色鲜明的院校。高等职业院校自主招生的试点范围已稳步扩大到省域内的大部分院校，绝大多数省份都已经推进到这一阶段。三是全面放开型。区域内高等职业院校全部纳入自主招生范围，如河北、内蒙古、上海、江西等省份。

由此可见，经过近年的探索和实践，我国高等职业院校自主招生试点

范围不断扩大，参与自主招生试点的高等职业院校的类型不断丰富，数量不断增多。总体来看，我国高等职业院校的自主招生改革工作在全国已基本进入全面展开阶段。

（二）高等职业院校探索出灵活多样的自主招生考试模式

关于高等职业院校的考试招生模式，"13《意见》"提出重点探索"知识+技能"的考试评价方法，"14《意见》"强调要将高等职业院校与普通高校相对分开，实行"文化素质+职业技能"的招考方式。从各高等职业院校发布的招生章程来看，实行自主招生的院校都在围绕这一核心政策要求探索适合各自院校实际的考试评价模式。目前主要有五种不同的考试评价方式。

1. 文化基础测试自主命题+综合素质评价/技能考核

在此种评价模式中，文化基础测试一般多以笔试形式进行，招生院校自主命题和组织测试，但考试内容不尽相同。综合素质评价不以省（区、市）为单位，而由各校依据本校的专业特色和办学实际，调整评价内容，创新评价形式。全国大部分省（区、市）的试点院校都采用此种方式。

2. 文化联合测试+综合素质评价/技能考核

此种模式是知识考核部分实行院校联盟或全省统一联合测试，由院校或省级教育考试机构统一命题，技能考核部分各试点院校根据专业的特点自行确定。江苏、广西、海南、陕西等地的高等职业院校采用过此种模式。

3. 高中学业水平测试/会考+综合素质评价/技能考核

此种模式是取消文化基础测试，对普通高中毕业生以高中学业水平测试/会考成绩代之，中职业生以"中职期间文化课成绩+实践技能测试成绩+职业资格证书"折算成绩等。学校可自主确定所选科目、各科权重及计分方法。湖南、安徽、山东、甘肃、青海、内蒙古等地的部分国家示范性（骨干）高等职业院校采用过此种考评模式。

4. 高中学业水平测试+文化基础测试+综合素质评价/技能考核

此种模式是在第三种模式的基础上，由部分省份的院校自行组织文化基础测试，并将该成绩纳入录取标准。各院校根据各自专业的要求及办学特色依据设定不同的学业水平测试考查科目、分数折算原则和录取权重。文化测试由各校自主命题并组织实施，一般为语文、数学、英语三科。在综合素质方面，除部分院校仅用面试外，多数均采取笔试、面试、特长考察、技能测试等多种形式，笔试内容、面试形式、特长评价标准及各部分权重，均由各校自主决定。在这种模式下，对于中职生不要求学业水平测试成绩。浙江、湖南、江苏等省部分的国家"双高"（前期国家示范性）高等职业院校采用此种模式。

5. 文化基础+综合素质评价/技能考核

这种模式一般分为两种形式：一种为试点院校针对所有对象不设文化基础测试，直接以考生的综合素质评价或技能测试成绩决定录取的优先顺序；另一种是将文化课免考作为政策优惠吸引优秀及特长生源，免考对象及条件由各校自主决定。例如，安徽省两所高等职业院校规定，在省级及以上职业技能大赛、创新实践中获奖的考生，凭相应获奖证书职业技能或综合素质免试，但文化基础测试不免，考生需达到一定标准。

除以上几种考试评价模式外，各省（区、市）还积极探索适合高等职业教育特点的分类考试形式。如上海 2012 年开始实行的"分组联考"、湖北自 2011 年起实行的"技能高考"等考试评价模式，都为高等职业院校的自主招生积累了可供借鉴的特色创新经验。

（三）初步构建起丰富多元的高等职业院校入学体系

为了使更多的学生能够顺利接受高等职业教育，"13《意见》"提出，逐步与普通高校本科考试分离，为学生接受高等职业教育提供多样的入学形式。在这一政策指引下，我国高等职业院校已通过实践探索初步形成丰富多元的入学体系。

1. 春季高考成为高职招生入学的重要渠道

春季高考实际上也是对现行统一高考的一种改革，其初衷是通过多次考试、多次录取增加学生选择学校的权利和机会。在试行之初，绝大多数招生院校为高等职业院校（包含极少数本科院校），且在当前国家推进高等职业院校分类考试和鼓励自主招生试点的政策引领下，现在各省（区、市）所谓的春季高考，如天津、福建、山东、江苏等地基本上成为高等职业院校（包含部分本科层次职业院校）的考试招生平台，主要由省级政府统筹管理和组织实施，只是各地在春季高考的报考条件、考试时间、录取标准等方面存在着一定的地区差异。

2. 适合高职特点的三种招生入学途径得以推广

这三种针对高等职业教育发展特点的招生入学途径包括：一是高等职

业院校单独考试录取入学。这种途径意味着，高等职业院校可以单独组织文化和技能考试并自主确定一定标准择优录取。通过单独招生入学录取的考生无须再参加高考。二是中高职贯通模式录取入学。这种途径是指通过中考从初中毕业生中招收就读高等职业院校（其中包括面向初中应届毕业生的"三二"分段制和五年一贯制两种模式）。三是对口单招录取入学。这种途径又称对口高考，或"三校生"（中职生、中专生、技校生）高考，即高等职业院校结合自身专业发展的需要，针对特定中等职业学校的毕业生进行考试招生入学。

3. 高等职业院校免试入学通道不断畅通

为突出高等职业教育的特点，吸引各类生源入学，扩大高技能人才培养的范围，同时有效地解决就业问题，高等职业院校招生免试入学形成了以下三类免试入学通道。一是各地陆续建立了技能拔尖人才免试入学通道。"13《意见》"提出："对于达到规定条件的中等职业学校毕业生，经一定程序的审核公示后，可由有关高等职业学校免试录取。"各省（区、市）基本都按照这一政策要求制定了本地的高等职业院校技能拔尖人才免试入学政策。二是基于综合评价的注册入学试点不断增多。"10《纲要》"正式提出探索高等职业院校的注册入学模式。注册入学是指考生根据院校提出的报考条件和录取要求向试点院校提交注册申请。试点院校根据考生的高考成绩、学业水平测试以及综合素质评价结果等方面的情况，在一定计划范围内，择优确定拟录考生。考生在拟录院校中，根据实际，最终选择确定一所就读学校。在相关政策的引导下，2011 年江苏省最先试点注册入学模式。2015 年，江苏省共有 70 所（包括公办和民办院校）参加注册入学试点，规模不断扩大。尤其自 2014 年以来，试点注册入学模式的省（区、市）越来越多，北京、山东、陕西、福建、河北、广西等地已经开始展开注册入学的试点探索。三是针对特定群体的文化素质免考入学。为了更好地促进高等职业院校的优质发展，使优质高等职业院校更好地服务于区域经济、社会民生领域以及促进贫困地区的脱贫，在教育部等六部门发布的"19《方案》"提出："对于退役军人、下岗失业人员、农民工和新型职业农民，可免予文化素质考试，由各校组织与报考专业相关的职业适应性测试或职业技能测试。"

三、高等职业院校自主招生政策实施中存在的问题

随着我国高等职业院校自主招生政策的深入实施，由此也产生了一些需要重视并加以解决的问题，这些问题主要表现在以下四个方面。

（一）高等职业院校的自主招生权有限，自主招生规模占学校招生总数的比例偏低，自主招收中职毕业生的人数偏低

从政策规定角度来看，高等职业院校的考试招生已经从中央下放到各地方省级政府，但高等职业院校作为独立招生主体的地位还不明显，虽然在自主命题和自主测试等方面拥有了一定自主权，但这些自主权力的范围尚存在一定的局限性，同时在自主招生规模所占学校招生总数的比例、自主招生的专业选择、自主招生的报考资格等方面仍然存在着许多统一的限制条件。这些限制条件制约了高职学校自主招生权的落实，不利于学校根据社会经济发展的实际需要来适当地调整自身的办学行为。

目前，绝大部分省份对自主招生规模都有明确的总量限制，自主招生的专业也主要限制在示范（骨干）院校的若干特色专业上，招生面对的主要对象还是普通高中毕业生，而且受制于当地统一高考报名政策的影响。以浙江省 2011 年的自主招生为例，其中 8 所具有代表性的院校自主招生的人数占各自学校招生总数的比例为 4%~21%，总量上自主招生的学生只占到招生总数的 10% 左右，比例明显偏低。浙江省 2011 年的数据显示，在高等职业院校自主招生计划中，中职生的数量只占到当年自主招生总量的21.6%，同时，中职生的生源数量偏少。这种现状也明显不符合国家招生政策中要逐步增大中职学生进入高等职业院校的比例这一政策要求，高等职业院校在未来的自主招生中还需努力扩大中职毕业生的招收规模。

（二）高等职业院校自主招生政策的深入宣传解读有待加强

尽管高等职业院校自主招生政策已经实施多年，但许多地方的实践表明社会相关群体对此项政策并不了解。浙江省的一项调查表明："在高等职业院校自主招生制度实施几年之后，仍然有高达 20.2% 的调查对象表示从未听说过，92.4% 的人不太了解自主招生制度"。天津的政策执行调查也

发现：很多高中应届毕业生和高中教师对高等职业院校自主招生一事不甚了解，直到考试才知道确有此事。这表明，基层教育行政部门对高等职业院校自主招生的政策宣传还不到位，尤其是市县级教育部门对自主招生理解不到位、接受不到位、重视不到位和支持不到位等各种因素导致政策难以落到实处，导致很多中等学校尤其是重点高中对此政策尚不知晓。宣传缺位使得很多家长和学生对高等职业院校的自主招生在理解上出现了很大偏差，一些国家级高等职业院校的招生宣传人员进校宣传仍被误认为生源紧张的民办高职而拒之门外，参加高等职业院校的自主招生对许多学生和家长来说还是一种不得已而为之的被动选择。

为了确保高等职业教育的稳步前行与健康发展，为了使每一位学生都能找到适合自己的专业教育，为了给社会发展选拔出更好的高素质技能人才，各级教育行政部门、中等职业学校和老师都有义务为考生正确地理解和传达相关政策的精神，使有需要的学生和家长能够全面深入地了解各个招生院校的自主招生政策，从而能够更好地做出符合学生长远发展的最佳选择。

（三）高等职业院校自主招生考试的自主选择权受限，在制度设计中需进一步改进

在当前自主招生的制度设计中，许多地方和院校只是简单地从自身利益出发，在对考生所报院校数量和专业调剂上都有明确严格的限制，有的省份甚至规定只能报考一所参加单独自主招生的学校，这些规定很大程度上限制了学生的选择空间。同时，由于高等职业院校的单独招生工作是在高考前进行的，许多地方和学校一般要求参加高职自主招生的学生一旦被确认录取并办理正式录取手续后，将不得继续参加夏季的传统高考及录取。即使有些地方不会限制考生参加后续的高考和录取，但是对参加录取的批次和范围都会有明确的限制。

以上的相关要求，使得很多考生在是否报名参加高等职业院校单独自主招生方面顾虑重重，很多有希望但不一定能通过普通高考考入本科院校的考生因此纷纷放弃报考高职单招。与此同时，许多考生担忧准备高职单招或在参加单独招生中发挥失常会影响到此后的普通高考复习，甚至认为参加高等职业院校的自主招生对参加高考是一种重大的干扰。这就意味着

对许多考生来说虽然看似选择增多，但由于各个选择之间的兼容空间有限，他们仍然是面临着"一考定终身"的选择状态。

因此，高等职业院校在制定具体招生制度时还必须认真考虑学生的正当权益，降低学生参加自主招生带来的各种忧虑，使学生自主选择的权利和空间能够得到有效的落实和保障。

（四）高职自主考试招生评价的科学性和公平性有待提升

一般来讲，高等职业院校自主考试招生大部分采取"文化基础测试+综合素质评价+技能测试"的评价模式，主要都是通过笔试和面试的形式进行。其中，笔试普遍参照普通高考的形式，并且将语文、数学、英语等文化课成绩作为主要评价指标，只有很少的地区和院校会加入专业知识及综合文化知识的考察。面试多以个人陈述、专家提问、考生现场解答的形式进行。由于招收人数多、工作量大，高等职业院校参与面试的考官的素质参差不齐，面试过程缺乏有效监督，参与面试的考官对评价标准把握的尺度不一，面试试题的规范性与灵活性难以协调等原因，导致面试的科学性和公正性也容易遭到质疑。与此同时，还有研究指出，自主招生考核内容的难易程度、面试的时间、问题设计的合理性缺乏第三方控制和审核。

此外，综合素质测评是自主招生过程中必不可少的一项内容，在录取总成绩中的所占比重也较大。由于我国社会和教育中的诚信制度体系比较薄弱，自主招生的高职学校很难确定考生所提供的相关材料是否真实有效。不仅如此，不同地方的高中学校提供的教师评语和学生综合素质评价手册也存在着形式和内容上的差异，导致招生录取时只能凭主考官的主观评价进行考评而且费时费力。高等职业院校自主考试招生评价中的另一个值得关注的隐形现象是，由于不同地区之间、城乡之间的经济社会发展和教育发展程度上的差异，自然造成不同考生在基础文化素质和职业技能素质之间的差异悬殊。一般来看，当前高等职业院校组织的自主招生无论是在测试的形式上还是内容上，都更加有利于来自更加发达城市和质量相对优良学校的考生。例如，在职业技能测试、面谈测试等方面，经济欠发达地区或薄弱学校的考生由于学校办学条件和教育水平等各方面的限制，其职业技能的训练条件十分有限，社会交往能力不足，往往导致他们难以顺利参与综合面试和技能测试的竞争，这也势必造成高等职业院校自主招生中的一些不公平。

　　从高等职业院校自主招收的生源对象来讲，由于自主招生院校的数量有限，而且不少招生学校都是组织普通高中毕业生、"三校生"统一测试，统一录取，在制定录取标准的过程中，往往又偏重文化成绩。这就造成"三校生"的技能优势难以获得正常发挥和认可，从而使得他们处于一种明显不利的竞争地位，也导致了部分具有发展潜力的学生的流失。

第十章 高等职业教育考试招生制度改革实践与探索——基于相关省市的经验借鉴

高等职业教育招生考试制度改革是中国教育体系中一个重要议题，近年来，在政策制定和实践探索中取得了一些进展，主要表现在以下几个方面：一是教育部出台指导意见。教育部在 2013 年发布了《教育部关于积极推进高等职业教育考试招生制度改革的指导意见》，明确了改革的总体要求和具体措施，强调逐步与普通高校本科考试相分离；多样化招生方式，提出了建立以高考为基础的考试招生办法，增加技能考查内容，并改革了单独考试招生办法。二是实施综合性的评价招生方案。对于农、林、水利、地矿等行业特色鲜明社会急需的专业，可以依据考生普通高中学业水平考试成绩和综合素质评价结果综合评价，择优录取。三是技能拔尖人才免试招生。对于在全国技能大赛中获奖的中等职业学校应届毕业生，以及具有高级工或者技师资格的在职在岗中等职业学校毕业生，可以免试录取。四是分类招生考试。目前，我国高等职业教育考试招生制度呈现出多元化、层级性、自主性的特点，各省（区、市）结合区域特色做了积极探索和实践。这里我们列举了几个最有特色的省市案例，以供同行业者参考研究。

一、"校际分层，据层施考"并重"知识+技能"——基于重庆试验区的经验

2014 年 9 月印发的《国务院关于深化考试招生制度改革的实施意见》明确提出："到 2020 年基本建立中国特色现代教育考试招生制度，形成分

类考试、综合评价、多元录取的考试招生模式，构建衔接沟通各级各类教育、认可多种学习成果的终身学习'立交桥'"。

2014年以来，重庆市作为国家职业教育改革试验区，进行了一系列关于职业教育制度的改革方案设计，取得了显著成效，为培养高素质劳动者和技术技能人才提供了有力支持，为完善我国高等职业教育招生制度体系提供了"重庆经验"。

（一）重庆市职业教育领域改革与探索的主要成效

2024年，重庆共有45所高等职业院校（1所本科高等职业院校），全日制在校生人数101.7万人。

1. 明确的职业教育发展目标

重庆市在《重庆市职业教育事业发展"十四五"规划》中明确提出：到2025年，重庆职业教育要基本实现现代化，基本建成职业教育强市和技能型社会；到2035年，职业教育全面实现现代化，总体发展水平进入全国前列，全面建成职业教育强市和技能型社会。

2. 完善的职业教育体系

重庆市提出在"十四五"期间要建设市级优质中等职业学校50所，优质专业210个；建设市级优质技工学校20所，优质专业60个；建设市级高水平高等职业院校20所，高水平专业群60个；支持建设一批本科层次职业技术大学。

3. 产教融合与校企合作成效显著

重庆市深化职业教育综合改革，推动产教融合和校企合作。探索制定市级产教融合型城市、行业、企业建设要求和认证标准，培育、认证一批产教融合型城市（区）、行业、企业。同时，鼓励校企共建产业学院、"双基地"、产教融合实训基地等，支持企业和社会力量兴办职业教育。

4. 优化职业教育布局

重庆市围绕"33618"产业布局和乡村振兴的需要，优化职业教育布局。在主城都市区，推进职业教育服务创新发展示范区建设；在渝东北三峡库区城镇群，推进职业教育服务生态优先绿色发展示范区建设；在渝东南武陵山区城镇群，推进职业教育服务文旅融合发展示范区建设。

5. 推动职业教育服务重大战略

重庆市推动职业教育全面融入乡村振兴，助力长江经济带绿色发展，建设山清水秀美丽之地。支持职业院校开展校际对口帮扶，推动优质高等职业院校开展与区县职业教育中心开展深度合作。

6. 实施职业教育数字化行动

实施职业教育数字化行动，建设智慧校园创新示范项目，推动信息技术、智能技术与学校管理、教育教学深度融合。

7. 推动职业教育区域协同发展

推动成渝地区双城经济圈的职业教育协同发展，构建协同发展研究院、人才培养中心、产学研合作中心、职业培训中心"一院三中心"职业教育协同发展联盟。

（二）高等职业教育招生模式改革透视

招生模式包括招生选拔方式和录取标准，是考试招生制度的重要组成部分。现行的高等职业院校招生模式主要有：

1. 统考统招模式

"统考统招"模式，以"全国统一招生录取"为基础。在考试科目上，主要采用"语文、数学、英语+文综或理综""语文、数学、英语+技术"等；录取办法一般有"统一录取"和"提前录取"两种基本类型，提前录取主要针对委培生、定向生以及警察等特殊类型专业的学生。

2. 单考单招模式

单考单招，由各省（区、市）单独命题、单独组织考试和录取，一般分为专科、本科两个层次。单考单招模式考试科目一般为语文、数学、英语三门文化课程考试和一门职业技能考试。

3. 自主招生模式

近年来，自主招生模式逐步演化为三种形式：一是高等职业院校提前招生。对考生文化素质和职业技能进行综合测评和择优录取，普通高中毕业生以高中学业水平考试成绩为基本依据，中职毕业生以各省（区、市）统一组织的职业技能考试成绩为基本依据。二是校考单录自主招生。招考院校自主确定入学标准、自主命题与考试、自主实施招生录取，考生参加院校自主招生，合格录取后，不再参加高考。三是"三位一体"自主招生。招考院校依据考生统一高考、高中学业水平考试和综合素质评价成绩按比例形成综合成绩，择优录取。

4. 贯通制招生模式

这种模式一般分为"3+2"和"五年一贯制"两种模式。这两种模式的共同点是,其招收对象都是初中毕业生,学制为五年。其不同点在于:通过"3+2"分段招收的学生前三年在中等职业学校学习,转段选拔考试合格后升入高职学习两年,合格者颁发高等职业教育专科文凭,不合格者颁发中职毕业证书;五年一贯制由省级招生部门一次办理录取手续,无须参加转段选拔考试。近年来,贯通制招生还形成了"3+4"、中本一体化等模式。"3+4"模式是指学生入学后完成三年中等职业学校学习,然后进行转段测试,合格者进入对应的普通高校进行四年制本科学习。从2017年开始,还试点开展了中本一体化招生,中职与普通本科高校联合,在中职招生时就明确说明,进行七年一贯制培养,届时获得本科学历、学位。

5. 免试升学模式

免试升学模式主要面向技能优秀的中职毕业生。凡是参加教育部等国家部委举办的全国职业院校技能大赛三等奖及以上获奖者,或者省级技能比赛一等奖的获奖者,可以申请直接进入高等职业院校学习深造,无须参加考试、面试。从健全高等教育体系、构建现代职业教育体系来看,高等职业教育招生模式上还存在一些亟待解决的问题:一是招生方式复杂多样,变化快,民众熟悉度低,认可度低;二是理论考试与技能测试的权重有待科学化,较为突出的"重文轻技"现象无法充分考量学生的职业能力,职业教育的特色不鲜明;三是招生主体单一,行业、企业、社会没有充分参与考试科目设计、职业技能测试、面试等招生环节,难以准确考量考试内容的科学性、考试流程的公正性、考生的职业适应性等;四是招生模式对学生的终身教育设计不够,特别是对中职毕业生继续接受本科教育、专业学位研究生教育的设计较少。

(三) 重庆市高等职业教育考试招生制度的改革探索

1. 试验高等职业教育分类考试招生

2018年,重庆市教育委员会印发《高等职业教育分类考试招生实施方案的通知》,重庆市开始尝试"校际分层、据层施考"的高等职业教育分类考试的招生方式,共有40余所高等职业院校和6所本科院校参与分类招生。招考方式采用"文化素质+职业技能"形式:针对普通高中毕业生,分类考试由文化素质测试和技术科目测试组成。文化素质测试包括语文、数学、英语和技术科目测试"信息技术",满分150分;针对中职毕业生,考试由文化课测试和职业技能测试组成(见表10-1)。2018年,重庆市高职分类考试招生报名近 8 万人，按实际参考人数计，总体录取率为88.39%，与 2017 年相比，增加 8 000 余人，增幅 17.80%。从 2019 年开始，重庆市分类考试在科目和内容分配上有所改动，普通高中考生增加了一门"通用技术"测试，考试内容重点考查考生动手操作能力和职业能力倾向，具体科目分值见表 10-1。2021 年，重庆已经全面形成高等职业教育分类考试招生与普通本科考试招生相对分离的高校考试招生模式。

表 10-1　2019 年重庆市高等职业教育入学考试科目与分值

考试形式	普通高中毕业生					中职毕业生				
	文化素质+技术科目（不分文理）					文化素质+职业技能				
考试科目	文化素质测式			技术科目测式		文化素质测式			职业技能测式	
	语文	数学	英语	信息技术	通用技术	语文	数学	英语	专业综合理论	专业技能
分值/分	150	150	150	150	150	100	100	100	200	250

2. 试验高职—应用型本科—专业学位研究生贯通式招生

重庆市现代职业教育体系国家制度建设试验区（以下简称"重庆试验区"），一方面，积极探索"3+4"和"五年制"专本贯通、分段培养招生模式，增大全日制本科层次招生比重；另一方面，加快发展专业学位研究生教育，增加专业硕士研究生招生计划。《教育部、重庆市人民政府共建现代职业教育体系国家制度建设试验区实施方案》明确指出："加快发展专业学位研究生教育，进一步优化学位类型结构，新增硕士研究生招生计划。主要用于专业学位招生，专业学位研究生招生计划占硕士研究生招生计划的 50%以上。"重庆试验区内的高校纷纷加入扩招队伍，增大专业学位研究生招生比例，不仅拓宽了高职—应用型本科—专业学位研究生贯通式学习通道，进一步完善了现代职业教育体系，还为重庆市产业经济发展培养了匹配型、技术技能型人才。

3. 试验学校考试+企业面试制度

重庆试验区的高等职业院校加强对高职招生改革的宣传和指导，建立重庆招考信息、职业教育等网站，以方便学生、院校和企业交流；重庆市职业教育学会每年通过"职业教育成果展""公益助学捐赠"等形式，扩大职业教育的社会影响力，提升职业教育的吸引力。重庆市教育委员会

《关于深入推进高等职业教育分类考试招生工作的意见》指出，高等职业教育考试招生要紧跟区域经济的发展方向，服务区域经济；招生计划要向服务重庆市"6+1"支柱产业、十大战略性新兴产业集群、五大新型服务贸易和现代农业等相关专业的倾斜。2018年，重庆市新增11个国家现代学徒制试点院校，报考现代学徒制项目的学生，需要经过学校考试与企业面试的招生过程。试验证明，高等职业院校通过企业参与的面试，可以更加准确地选择适合的学生；学生也可以通过更加清晰地了解目标专业及就业方向，准确地选择学校、专业，准确地进行职业生涯规划。

（四）重庆试验区对我国高等职业教育考试招生制度改革的启示

1. 试行分类考试招生

《现代职业教育体系建设规划（2014—2020年）》指出，加快推进高等职业教育分类招考，建立符合技术技能人才成长规律的选拔机制。重点探索"知识+技能"、单独招生、自主招生和技能拔尖人才免试等考试招生办法，为学生接受不同层次的高等职业教育提供多样化的入学形式。一是在招生模式上，分类考试要因地制宜，选择适合本地高等职业教育特色的招生方式。通过教育行政部门宏观调控和院校自主申请相结合的形式，合理安排区域内各高等职业院校或专业的招生方式与招生计划，降低高等职业院校招生专业的重复率，避免千校一面的情况。对培养周期长、专业技能要求高的专业，适合运用"3+2""3+4""2+3"以及五年一贯制等中高职贯通培养的招生方式；而对于一些理论要求高、培养周期短的偏文科类专业，可以选择单独招生、注册入学、综合评价招生等方式。二是在考试科目与内容上，分类考试内容要符合职业教育特色，考试大纲要适应生源特点。考试内容可采用文化课考试、专业理论考试和技能实践考试2∶3∶5的分配方式，增加职业技能考试的分值，以动手操作的考核形式取代书面考查。三是在录取方式上，分类考试要完善录取标准，建立多元录取机制。实行"一档多投"的方式，保障考试招生录取过程的双向性。

2. 试行贯通式招生

近年来，重庆市加快中职、专科、本科贯通式招生培养模式，探索出"3+4"专本贯通招生、应用型本科对口单招等形式，但对更高层次的专科、本科、专业学位研究生招生培养上的力度还不够。《2017中国研究生教育质量年度报告》显示，"相对于硕士研究生考试报名总人数的下滑，专业学位研究生报名人数逐年增加，2016 年专业学位研究生报考人数较 2015 年增加了 12.4 万人"。专业学位研究生报考人数的持续上升，既说明我国专业研究生教育充满持续发展的活力，也说明我们在建立以提升职业能力为导向的专业学位研究生招生培养模式方面大有可为。

3. 试行行业企业参与招生工作

行业企业参与招生不仅有利于提高招生的匹配度以及院校的竞争力和对考生的吸引力，还有利于加强校企合作、深化产教融合。行业企业的专家可以参与招生简章和招生标准的制定、试卷的命制、考核形式的组织和评价指标体系的构建等过程，与高等职业院校共同承担起对企业未来员工的考核任务。另外，支持、鼓励非政府组织等参与高职招生，引进专业信息部门，建立生源信息库，运用大数据技术为高等职业院校匹配生源地、生源学校和生源，进而构建长期的生源合作机制，增加生源的数量，提升生源质量。通过社会广泛参与高职招生，提高高等职业教育质量，构建现代职业教育体系，创新推进中国特色高水平高等职业院校和专业建设。

二、构建高等职业、中等职业、终身教育人才成长的"立交桥" ——基于江苏省的实践

近年来，江苏的高等职业教育发展迅速，办学规模逐步扩大，在校生人数不断增加。根据教育部发布的数据，截至 2024 年，江苏省高等学校共计 172 所（不含成人高等学校），其中高职（专科）院校 94 所，占比为 54.6%。高等教育普通本专科学生招生数共计 52 万人，专科招生数共计 25 万人，高等职业院校的招生人数已达高等院校招生总量的 48%。随着江苏高等职业教育的发展，研究高等职业院校的考试招生制度，有利于更好地体现职业教育的办学特色，促进职业教育健康持续发展。

（一）江苏省高等职业院校的考试招生方式

针对不同类型生源，江苏省高等职业院校的考试招生形式多元、种类多样，主要可概括为全国统一高考、高职对口单招、高职提前招生、高职社会招生。

1. 全国统一高考

自 1978 年我国恢复统一高考以来，全国高等学校就以统一高考作为招

生录取、人才选拔的主要方式。统一高考的特点是招生计划、考试内容、考试时间、考试过程、录取过程全国统一。作为高等学校重要组成部分的高等职业院校，也采取统一高考模式进行招生录取，50%以上的学生是通过这种模式入学的。目前，国家在推进高考综合改革，明确实行新高考改革的省份已达22个。但是统一高考模式基本没有变化。统一高考模式对于人才的选拔、经济的发展、文化的繁荣、教育的振兴都发挥了无可替代的作用。在统一高考模式下，高等职业院校的录取在本科院校录取结束后进行，对于高等职业院校选拔人才以及提升社会地位缺乏正向引导。

2. 高职对口单招

高职对口单招是高等职业院校从中职院校选拔人才的一种考试招生方式，招生对象为省内中等职业学校（含普通中专、职业中专、职业高中、成人中专、技工学校，以下简称中职校）的应、往届毕业生。对口单招最初是为了解决职业院校教师短缺的问题。1985年，《中共中央关于教育体制改革的决定》提出，选拔中等职业学校毕业生以及有专业实践经验和成绩合格的在职人员入学。该规定开创了高职对口招生政策的先河。后来，这种招考方式在北京、上海等十多个省（区、市）开展试点，逐渐推广至全国并沿用至今。2008年，江苏省首次启动对口单招试点，推进现代职教体系建设，目前已取得了卓越成效。对口单招采取"专业技能考试+文化统考"的招考方式，报名、考试、录取由各省（区、市）招办统一组织。一般高等职业院校录取的对口单招考生占总计划的10%左右。江苏省的高职对口单招是完善高等职业院校考试招生制度以及构建现代职教体系的重要举措，是高等职业院校选拔技术技能人才的重要途径。

3. 高职提前招生

高职提前招生（或高职自主招生、高职单独招生）是指高等职业院校在报有关部门批准后，可以不用经过全国统一高考招生，而是根据学校自身特色以及对人才的需求，自主制订招生章程、自主进行入学考试、自主实行招生与录取的一种招生方式。2005年，上海市率先在高等职业院校试点自主招生。上海市教育委员会控制招生计划，考试科目、考试内容、录取办法等均由学校自主决定，学校拥有充分的自主权。被录取的学生不用再参加全国统一高考。2006年，教育部又在北京进行高职自主招生改革试点。继北京、上海之后，高等职业教育自主招生在其他各省（区、市）陆续展开。2007年，江苏省首先在国家示范院校开始实施高职单独招生。当时南京工业职业技术学院和无锡职业技术学院参加了试点工作。2010年，国家示范院校常州信息职业技术学院参加试点工作。2011年，江苏省15所国家示范性（骨干）高等职业院校全部进行单独招生试点，当年15所院校总计划招收4 186人，共有27 908人报考，产生了颇为重大的社会影响。2013年，江苏省进一步扩大了高等职业教育单独招生改革试点院校的范围，试点院校达到26所，招生计划也达到15 000多人。随着生源的减少以及高职单独招生在社会上的影响越来越大，越来越多的学生和家长对高职单独招生有了正确的认识。2014—2016年，江苏省逐步扩大了高等职业院校单独招生改革试点院校的范围，到2017年，全省高等职业院校均可参加单独招生，其招生计划也从2014年的22 963人增加到2017年的44 012人。同时，从2017年开始，江苏省高等职业教育单独招生，被称为高职提前招生。经过不断地摸索与实践，江苏省高等职业院校逐渐形成了适合本省高等职业教育发展的高等职业教育提前招生模式，为江苏省高等职业院校生源的多样化、高素质技术技能人才的选拔贡献了重要力量。但仍存在一些深层次问题，如院校的自主权需进一步提升、考试内容与评价机制有待完善、监督机制有待完善。

4. 高等职业教育面向社会招生

高等职业教育面向社会招生是2019年3月5日，李克强在政府工作报告中提出的，也称"百万扩招"。高职社会招生的对象为应届高中毕业生和退役军人、下岗职工、农民工，考核方式可由各高等职业院校根据学校的办学特色、办学优势自行确定。高等职业教育面向社会招生出台于国家经济结构发生重大变革以及职业教育考试招生制度迫切需要深化改革之际，是利国利民的重要举措，具有重要的意义。高等职业教育面向社会招生是推进产教融合、建立全民终身学习教育体系、协同行业企业与高等职业院校双主体育人的现实需要。

（二）江苏省现行高等职业院校考试招生制度存在的问题

1. 考试缺乏针对不同类型考生的选拔功能

全国统一高考采用同样的试卷、同样的考核方式、同样的录取机制，导致高等职业院校与本科院校人才选拔采用相同的考试标准，无法针对不同类型的教育灵活地选拔人才，不能体现高等职业教育重技能、偏职业的办学特色。尽管目前江苏省高等职业院校有对口单招、提前招生、社会招生几种考试招生模式，但这些模式依然侧重对文化知识的考查，对专业技能实操能力的考查占比不足。重文化、轻技能、统一化的人才选拔标准，脱离了高等职业教育的办学方向，有悖高等职业教育的初衷。

2. 录取模式影响高等职业院校招收适合的生源

从录取层面来看，高等职业院校的录取在本科院校录取批次结束后进行，导致社会对高等职业院校的认识存在偏差。而且这种录取模式，不利于不同特长的学生进入适合的学校、适合的专业，不利于高等院校的学生毕业后的择业就业，不利于学校根据自身办学的特色以及办学的优势选择学生，不利于提高高等职业院校的社会地位。

3. 不利于中高职衔接的现代职教体系的建立

职业教育作为类型教育，在推进全国高等教育大众化的进程中，起着至关重要的作用。构建科学的现代职教体系、建立中高职衔接的立交桥是促进职业教育可持续发展、推动高等教育大众化的基础。虽然目前江苏省已经建立了相对完善的现代职教体系，但大部分高等职业院校的生源还是以普通高中生为主，对中职院校招生的专业和数量有限，不利于提升中等职业教育的吸引力。此外，大部分高等职业院校以未经过技能训练和缺乏专业基础的普通高中生作为主要生源，难以达成高等职业院校的培养目标，不利于提升高等职业院校的办学质量。

4. 监管不到位

由于当下监督管理制度不严、管理行为有缺失，作为人才选拔的高职招生制度，其严肃性和公平性在一定程度上受到影响，体现在：一是部分高等职业院校在招生宣传过程中，采用不正当手段抢夺生源，扰乱了正常的招生秩序。二是在提前招生、对口单招等考试招生中，出现了出题不科学、管理不严谨、打分不专业、面试标准不统一等一系列不规范的现象。在"3+3"转段升学考试过程中，作为人才选拔的转段考试流于形式，选拔性失效。三是考试招生过程中，缺少行业监督，公平性受到质疑。

（三）对江苏省高等职业院校考试招生制度改革的构想

1. 改革考试方式和考试内容

高等职业教育的重要职能之一是为我国经济发展提供技术技能型人才。高等职业院校考试招生制度要遵循对人才分类选拔的原则，选拔出动手操作能力较强的人才。与普通本科教育不同，高等职业教育培养的技术人才不仅懂理论，更要有技术，其是理论与实践相结合的高技能人才。高等职业教育更加注重学生的动手能力和实践能力。分层考试即基于普通高等教育与高等职业教育对人才选择的差异，将现行的统一高考分成分别服务于普通本科的高考体系和服务于高等职业院校的高考体系，两种体系相互独立、平行录取。本科院校和高等职业院校使用不同的考试内容。高等职业院校可以根据自身办学特色和培养目标选拔合适的生源，有利于不同特长的学生根据自身的兴趣和爱好选择合适的学校，可以提高社会对高等职业教育的认可程度，符合高等职业院校的办学理念，有利于高等职业院校的长远发展。在考试内容方面，除考查文化知识外，还应突出考查学生的专业技能和实操能力。针对不同生源类型、不同学习动机、不同专业，专业技能考试所占比重可以灵活确定。对于下岗职工或农民工，其接受高等职业教育，更多的是基于对岗位的转换和提高自身技能的需求，这类学生入学之前就已经掌握了一定的职业技能。在职业技能测试中，可以降低文化考试的比重，增大技能考试的比重。对于退役军人而言，他们在部队的时间较长，所掌握的知识技能较为单一，文化课基础也相对薄弱。在职业技能测试中，文化课和职业技能考试应当科学设置，从而激发其职业潜能。对于中职学生而言，由于其在中专阶段已经具备了一定的专业知识，可以更多地录取在机械设计、模具制造等技术性较强专业的考生，并在考查中增大技能考试所占的比重。对于人力资源、工商企业管理等专业，由于对文化基础知识的要求较高，可侧重在高中毕业生中进行招生。采用多元选拔方式，有利于高等职业院校选择适合的生源，构建符合学生特点的人才培养模式，有利于高等职业院校健康发展。

2. 改革录取方式，提高高等职业院校的社会地位

江苏省是全国高考改革第三批试点省份，在考试招生改革方面做出了巨大的努力。在江苏高考填报志愿的时候，学生最多能够填报40个院校专业组，降低了滑档率。在录取批次方面，将本一批次、本二批次进行了合并，调整为本科批次、专科批次。但尽管如此，并未改变本科院校录取结束之后，高等职业院校才具备资格录取的局面。因此，建议取消批次设置，全部按照分数同时投档。并严格限制各大企业在招聘时对学历门槛的设置，从而改变社会对高等职业教育的偏见，提高高等职业院校的社会地位。

3. 构建高等职业教育与中职教育以及终身教育的人才成长"立交桥"

高等职业院校的考试招生制度，不仅是高等职业院校生源质量的筛选

器，也是中职院校与高等职业院校的引导器。建立高职与中职之间的有效衔接，拓宽高职生源的类型，提高中职学生以及退役军人、下岗职工、农民工的录取比例，创建本科层次职业教育试点，不仅可以提高高等职业院校的生源质量，促进职业教育可持续发展，更能体现职业教育的办学特色。高等职业教育的最适宜生源应是中职学生以及退役军人、下岗职工、农民工，他们在进入高等职业院校以前，已经过了 3 年的专业技能学习，或在社会经过了较长时间的行业历练，具备较强的技术素养和丰富的专业储备，对专业有清晰的认识，能够较快地适应高等职业教育。

4. 构建政府宏观指导、高等职业院校自主实施、行业主动参与监督的招生服务体系

首先，教育主管部门要创新服务、持续优化、放管结合，激发高等职业院校招考的活力。当地教育行政部门要改变姿态，以宣传者的身份配合各高等职业院校完善招生宣传工作体系，制定科学的招生宣传策略，积极通过各种渠道如互联网、新闻媒介、自媒体等向考生和家长宣传高等职业教育在国家的战略地位以及高等职业教育办学的特色；同时，凭借政府部门的权威和公信力，肯定高等职业教育，提升社会对高等职业教育的认可度，增强高等职业教育对社会的吸引力。其次，提高各类型试题的质量，完善考试程序，健全人才选拔考试监督管理制度。在命题方面，要遴选技术能力强、知识储备丰富、职业素养高、了解企业人才需求的经验丰富的专家进行命题，并对命题专家进行培训，并邀请行业、企业的相关专家参与，建立以学校为主体，行业、企业专家共同参与的试题质量监督体系。在试题设置上，要彰显职业教育的办学特色，内容要科学合理，不仅要考查学生的文化基础知识，更要侧重职业技能测试和动手实践能力。建立考前监督、考中巡视和考后复盘的管理机制，各个环节均由专人负责，以保证考试和录取公开、公正、透明。

三、中高等职业贯通培养的实践与改革——以上海市为例

上海市早在 2010 年就开始实施中高等职业教育贯通培养模式的试点，虽然并不是对高等学校考试招生制度进行的直接改革，但其实践却对推动此项改革，尤其是对高等职业院校招生制度改革有较大的启发。

截至 2023 年，上海市共有 21 所高等职业院校（1 所本科高等职业院

校），此外，还有 5 所新型高职学校。2023 年，高等职业院校全日制在校生规模达到 12.4 万人。

（一）上海市中高等职业教育贯通培养模式的实践

2010 年，《上海市教育委员会关于 2010 年开展中高等职业教育贯通培养模式试点工作的通知》（沪教委职〔2010〕5 号）宣布，上海市中高等职业教育贯通培养改革正式启动，4 所中等职业学校与 3 所高等职业院校合作进行 4 个专业的贯通培养改革试点，招生计划 480 人。2011 年，上海市的高等职业院校新增 7 个试点专业，涉及 14 所中高等职业院校，新增招生计划近 500 名。2012 年，上海市的高等职业院校新增 6 个试点专业，涉及 14 所职业院校，新增招生计划 360 人。2012 年，上海市高等职业院校的 17 个专业共招收新生 1 381 人，中高职贯通试点专业共有在校生 2 851 人。2013 年，上海市的高等职业院校再增试点专业 22 个，涉及 39 所职业院校，计划招生 3 500 人。

1. 谨慎试点，逐步推进

从招生人数的情况来看，过去 3 年上海市的高等职业院校每年新增招生计划数都没有超过 500 人。2012 年上海市的高等职业院校新增计划数最少，只有 360 人。就试点专业而言，尽管每年增加的数量有限，然而专业却并不重复，逐渐扩大了专业的覆盖面。就参与试点学校而言，第一年的试点院校基本上属于一套班子、两块牌子，中高等职业院校的法人代表为同一个人，仅一所中专校例外，但与合作的高等职业院校属于同一个职教集团，第二年和第三年都将试点范围划定在同一个职教集团内部的中等职业学校和高等职业院校，并且中等职业学校必须是国家级重点学校，高等职业院校必须是省部级以上重点院校，试点专业必须是试点院校的核心专业或重点专业。第一年试点院校以同一主体为主，沟通交流和利益分配不会产生问题，第二年扩大到同一个职教集团内试点，职教集团内成员单位之间的沟通交流机制加上对中高等职业教育贯通培养的共同兴趣和利益，也对试点起到了很好的保障作用。2012 年的试点工作还新增了一个专业，即由 1 所高等院校与 2 所中等职业学校合作开展的内容。

2. 单独批次，提前招生

上海市中高等职业教育贯通培养试点工作在招生录取方面得到了优先考虑，安排在 15 个志愿统一录取之前进行。根据上海市教育考试院的安排，在中考的统一录取阶段，按学业水平考试成绩和志愿顺序录取，录取顺序为零志愿、名额分配、中高职贯通志愿、1～15志愿（普通高中、中等职业学校）、征求志愿录取（普通高中、中等职业学校），每一批次结清，若前面的志愿被录取，后面的志愿则自然失效；若前面的志愿未填或未被录取，并不影响后面志愿的录取。这为那些有意参与中高等职业教育贯通培养的初中毕业生提供了优先选择权，也对中高职贯通培养试点工作给予了制度和操作层面的保障。

3. 本科院校的加盟增强了吸引力

2012年，上海市增加了设有高职专业的应用型本科院校的参与。上海应用技术学院、上海海洋大学、上海电机学院、上海商学院等4所本科院校的加盟，扩大了试点范围，增强了中高等职业教育贯通培养的吸引力。

4. 总结经验，扩大规模

2023年，上海市在中高等职业教育贯通培养方面进行了多项改革与扩展，增设了30个中高职贯通培养模式专业，专业覆盖面进一步拓宽，参与学校的数量扩充显著，并且新增了民办高等职业院校参与试点工作。在新增试点专业的同时，招生规模进一步扩大。2023年，上海市又增设了6个中职—应用本科教育贯通培养模式专业，自2023年开始招生。

（二）上海市中高等职业教育贯通培养模式所存在的若干矛盾

1. 长学制与学生学习热情维持的矛盾

在中高职贯通培养模式试点中，学生可能会在一所学校里持续学习5年时间。中高职贯通培养的学生通常会觉得比中职生优越，第一年对学校和专业有一定新鲜感，并且有一年甄别的压力，学生的学习积极性比较高。但从第二年开始，学生的学习热情普遍开始下降，厌倦学习的现象开始出现。

2. 课程难度与学生年龄的矛盾

中高职贯通培养使中职和高职总计6年的学习年限缩短至5年。年限的减少对教学计划的设计提出了挑战，却也使将大学课程放到低年级教授成为可能，但有些课程对低年级的学生来说难度太大。因而，在设计教学计划时，不仅要考虑基础课与专业课之间的衔接、专业课程之间的衔接，也必须有应用型本科院校的参与。

3. 高校对高质量生源的需求与转段规则的矛盾

《上海市教育委员会关于2010年开展中高等职业教育贯通培养模式试

点工作的通知》提出，"贯通培养的学生原则上不分流，但允许试点学校在学生学完一年课程后进行甄别，对不适合继续学习或不愿意继续在同一专业学习的学生，可转入中等职业学校的相近专业学习。对完成专业教学计划规定课程，考试成绩合格，符合毕业条件的学生，颁发高等职业院校毕业证书。"贯通培养的学生在入学三年后转成高职学籍，但在入学一年的甄别中没有被分流的学生事实上已具有了高职的身份，只不过要等到三年后才可以办理有关转段手续。这种管理方式有利于培养方案的一体化设计，但是与高等职业院校对高质量生源的需求之间存在一定矛盾。从试点的情况来看，学生在入学一年后学习动力会出现减退的情况，在第二、第三年学习成绩会进一步产生分化。中高等职业教育贯通培养模式通常涉及两个主体，两个主体的利益诉求并不完全相同。中等职业学校希望一年甄别之后的学生都能顺利转入高职阶段，而高等职业院校却希望转入高职段的学生都合格，但根据试点规则，高等职业院校并没有权力对这些学生进行再次分流。

4. 课程要求与社会考试要求的矛盾

根据一体化课程设计，有些专业希望大学计算机一级考试安排在第二年或第三年进行，大学英语三级、四级考试安排在三年级进行，但是试点模式中，学生前三年的学籍在中职，只有在三年转段后才拥有高职学籍。大学英语、大学计算机考试、考证并不对中职生开放，因而导致一体化设计的课程要求与社会考试的要求之间产生矛盾。

5. 入学成绩离散度大与教学统一要求之间的矛盾

在试点过程中，有的专业招收学生的入学分数参差不齐，离散程度较大，个别专业的最高分与最低分之间有 200 分以上的差距。较大的离散程度给课程教学造成了困难，虽课外辅导、分层教学等方式可解决部分问题，但能否达到统一的质量标准仍存疑问。

6. 学籍管理与学生发展之间的矛盾

主要体现在两个方面：一是试点方案对学生转专业没有予以规定，客观上给试点专业的学生转到其他专业造成一定困难；二是学生因某种原因中途退学，需要某种证书证明其已完成的学业，颁发何种证书也没有明确规定。学生没有完成五年的学习，自然不能颁发高职毕业证书，但是颁发何种证书、颁证的主体是谁等问题，目前没有涉及。

（三）招生制度改革的政策建议

为完善现有的中高等职业教育贯通培养试点工作，进一步推动高等职业院校招生改革工作，提出以下政策建议：

1. 贯通培养，两年甄别

将现有的中高等职业教育贯通培养模式"一年甄别、三年转段"，改为"两年甄别，甄别后学籍即转为高职学籍，甄别与转段同步"。两年甄别有助于解决现在中高职贯通中出现的许多问题。一是有助于学生成长。两年的学习过程有助于学生对自己职业生涯发展的判断。在未顺利转段前，甄别对学生会形成一定压力，适当的压力有助于提高学生的学习动力。二是有助于高等职业院校对生源质量的判断。两年的学习过程记录为甄别提供了更丰富的资料，有助于提高甄别的准确性。三是两年转段能够有效解决试点中存在的学生身份与社会化考试对高职学籍要求的矛盾。四是转段后，高职段三年学习时间与高职的学习年限相同，身份的变化以及课程等要求的提高对维持学生的学习动力有一定的帮助。五是不愿继续参与中高职贯通培养模式的学生，或不能顺利转段进入高职阶段学习的学生，可转入中职相同或相似的专业，再用1~2年的时间完成中职学业，获取中职毕业证书。这在一定程度上解决了现在试点中的一个隐含问题：一年甄别后学生不能完成学业的颁证问题。甄别即转段，转段后按高职学籍管理的规定执行，甄别与转段之间不留空间。

2. 院校合作，学分认可

中高等职业教育贯通培养的专业和学生数在中职阶段的占比仍然较小，非贯通培养专业的学生进入高等职业院校学习仍需通过高等职业院校自主考试招生或"三校生"高考。每年升入高等院校就读的中职学生人数约占中职毕业生总数的1/3。2011年，上海市中职毕业生总数为4.45万人，升入高一级院校继续学习的中职毕业生有1.46万人，占中职毕业生总人数的33.57%。加上未被录取的人数，上海市中职毕业生中约有40%的人参加了升学考试。平均每所中等职业学校约有四成的学生选择升学，必然会对学校的课程设置产生影响。

根据中高等职业教育贯通培养试点的经验，建议进一步扩大学校的自主办学权，由高等职业院校和一所或多所中等职业学校签订学分认可协议，高等职业院校对中等职业学校的专业设置给予一定的指导，双方或多方商定高等职业院校自主招生录取标准，学生在合作学校满足一定条件后便能被高等职业院校录取。这些条件包括学生的基础文化课成绩、专业课成绩、实习实训成绩等。高等职业院校需要为自身的教学质量和学校形象负责，对录取的学生质量承担全部责任。因而，不仅要在录取环节严格审查，同时对中职专业的课程设置和教学质量也负有指导和监控的责任。中等职业学校则需要满足学生就业和升学两方面的需求，对课程设置和专业教学进行认真设计。由于高等职业院校需要考虑学生在就业时的竞争力，在指导中职专业设置和教学时，对专业课和专业实习等的要求会比自主考试招生和"三校生"高考高得多，因而更能体现职业教育的特点。

由于一所高等职业院校可以和多所中等职业学校合作，如果一所中等职业学校的教学质量达不到其要求，高等职业院校会提高对该所学校学生的录取标准，或者终止与该校的合作；而一所中等职业学校也可以和多所高等职业院校合作，当高职的导向与其自身定位相矛盾时，可以选择与其他高等职业院校合作。政府管制力度大幅减小，中高等职业院校间通过学分认可协议相互约束，市场力量将发挥主导作用，政府则主要进行过程监控，以保证教学质量和招生的公平性。

3. 综合考察，自主招生

高等职业院校实行自主招生，并非实行自主考试招生，而是取消现行的自主考试招生和"三校生"高考。自主招生是指应届或历届中职毕业生向一所或多所高等职业院校递交申请，提供学习、实习和工作的相关资料、证明等，高等职业院校对申请者的学习和工作经历以及相关成绩证明等进行评审，决定是否向申请人下放录取通知。一个学生可以获得一所或多所学校的录取通知，在规定时间之前可以对相关高校进行比较，最后在招生平台上确认一所高校。一旦确定，不得更改。

实行自主招生，学生有选择权，高等职业院校也有选择权。高等职业院校为了学校的声誉，需建立一套相对完备的新生录取制度，制定招生考核标准，并设有内部监控体系。学校之间的录取标准可能存在很大的差异性，要求学生提供的材料也会因校而异。质量高、声誉好、就业前景优的高校或专业会吸引大批的申请人，这样的高校录取标准就会高得多，并且录取通知的确认率也相对较高。质量差、声誉不好、就业前景黯淡的学校或专业所能吸引的申请人就非常有限，并且发出录取通知的确认率也相对偏低。

中高等职业教育贯通培养、学分认可以及高校自主招生等多种形式，可以同时存在、相互补充，形成中高等职业教育衔接的多种模式。高等职业院校来自高中的生源可能仍需要参加高考，但为中职毕业生设立的"三校生"高考和自主考试招生则可以取消。上海是国家教育综合改革试验区，在试验区中对高校招生改革先行先试不仅具有必要性，也具有现实可行性。出于谨慎考虑，可以先从涉及面相对较小的高等职业院校招生开始进行，将试点限制在职业教育领域，并且限制在上海生源的范围内。这样的试点必将推动职业教育人才培养以及高等职业院校招生制度改革，也必将推动全国范围的高校招生制度改革。

四、"高等职业单招、对口升学"两考并行——基于四川省的探索与实践

建立"职教高考"制度是完善中国特色现代职业教育体系的战略之举。目前，我国高等职业院校分类考试招生制度在实践中逐步形成了统考统招、单考单招、自主招生、中高职融通招生、注册入学、免试入学六种分类考试招生改革样态。然而，从实践层面来看，现有的考试招生路径在设计与实施层面仍然存在诸多问题，一些问题还触及高职分类考试招生制度存在的根基和价值。四川省高等职业院校分类考试招生改革中对口升学考试和高职单招两种主要模式的历史进程与发展现状，探究相关问题与成因，为建立并完善具有中国特色的"职教高考"制度提供四川经验。

（一）四川省高等职业院校分类考试招生的发展历程

1. 以定向培养为主的探索阶段（1980—1996 年）

20 世纪 80 年代初期，伴随着我国中等职业教育的迅速发展，以及 1980 年教育部和原国家劳动总局发布的《关于中等教育结构改革的报告》中关于职业（技术）学校、职业中学、农业中学的毕业生报考高等院校对口专业，考试成绩在同一分数段内优先录取的政策红利引领，四川省"普通高校职教师资班和高职班对口招生统一考试"（以下简称"对口升学考试"）作为中等职业学校毕业生升入对口高等院校的一种升学制度应运而生，成为培养高级技术人才的重要渠道。对口升学考试作为选拔性考试，分为职教师资班（大学本科，培养中等职业学校教师）和高职班（大学专

科，培养高级技术工人）两类，在全面考查学生基础知识、基本能力的同时，侧重对其学科（专业）能力进行考查，以更好地适应中职教学实际和高校招生的需要。1985年，《中共中央关于教育体制改革的决定》进一步明确要求积极发展高等职业技术院校，优先对口招收中等职业技术学校的毕业生以及有本专业实践经验、成绩合格的在职人员入学，逐步建立起一个从初级到高级、行业配套、结构合理又能与普通教育相互沟通的职业技术教育体系。随后，四川省在每年安排高等院校招生计划时，通过划拨一定数量的指标，定向招收中等职业技术学校的毕业生。当时，对口升学考试一般实行定向培养，主要培养职业高中的专业理论课和实习指导教师。除高等职业技术师范院校承担部分定向招生任务外，一些普通高校包括普通师范院校也承担了相应的招生任务。从严格意义上讲，对口升学考试作为高等院校招生制度的一项改革措施，使中等职业教育与高等教育有机结合起来，对职业教育的发展起到了积极的促进作用。

2. 处于扩大招收面向的调整阶段（1997—2004年）

1997年，为满足经济发展对高层次职业教育人才的需求，原国家教委《关于招收应届中等职业学校毕业生举办高等职业教育试点工作的通知》指出，招收应届中等职业学校毕业生是普通高校招生计划的重要组成部分，并规定了具体招生对象与学制、招生计划、中等职业学校推荐和入学考核相结合的考试录取办法等。职业学校毕业生的升学渠道得到进一步拓宽。20世纪90年代中后期，随着中等职业教育的改革，四川省对口升学考试的职教师资班和高职班在培养方式、培养面向等多方面进行了调整，取消了由省统一向各市（州）及学校划拨定向指标的做法，扩大了招生及考试面向，将原来只限于培养职业高中专业课教师扩展到既培养教师又培养高级技术人才，将原来只限于职高生报考改为面向普通中专、职业中专、职业高中、技工学校、中师等中等职业学校的毕业生招考。同时，部分名牌大学也招收对口升学考试学生，如电子科技大学、四川农业大学等。对口升学考试制度逐步趋于完善、合理，使中等职业学校毕业生的出路由单一的就业扩展为"就业与升学"两条路，使职业教育既符合部分学生就业的需要，也符合部分学生持续发展的需要。在这一阶段，四川省每年参加对口升学考试的人数一般稳定在2万~3万人。

3. 升学规模缩减的萎缩阶段（2005—2012年）

2005年，《国务院关于大力发展职业教育的决定》明确提出："推进职业教育办学思想的转变，坚持'以服务为宗旨、以就业为导向'的职业教育办学方针，积极推动职业教育从计划培养向市场驱动转变，从政府直接管理向宏观引导转变，从传统的升学导向向就业导向转变。"以就业为导向的办学思想的转变，在政策导向上限制了中等职业学生升学的自由度，四川省逐步实施中等职业学校的毕业生报考高等职业院校需取得与所学专业相关的职业资格证书或行业准入证书的举措。随着以就业为主的政策导向的变化，这一时期国家开始高度重视高等教育的质量问题，严格控制高等职业教育的招生规模。四川省各级教育行政部门、中等职业学校将职业教育发展的重点逐步放在了"就业"上；四川师范大学、电子科技大学两所本科院校不再举办职教师资班；四川省对口升学考试报考人数在这一时期有较大幅度缩减。

4. 实行两考并行的发展阶段（2013 年至今）

2013 年，《教育部关于积极推进高等职业教育考试招生制度改革的指导意见》提出，高等职业院校实行多样化的考试招生办法，增加单独招生、对口单招、中高职贯通培养、综合评价等分类考试招生形式，建立和完善多样化的高等职业教育考试招生方式。2014 年，《国务院关于加快发展现代职业教育的决定》明确提出的"以服务发展为宗旨，以促进就业为导向"，逐步平衡了中等职业学生升学与就业之间的关系。同年，《国务院关于深化考试招生制度改革的实施意见》提出，高等职业院校考试招生与普通高校相对分开，实行"文化素质+职业技能"的考招模式，中等职业学校毕业生报考高等职业院校需参加文化基础与职业技能相结合的测试。这标志着我国高等职业院校选拔人才有了自成体系的方式，逐渐脱离普通教育高考进行考试招生。2008 年，根据《教育部 财政部关于实施国家示范性高等职业院校建设计划 加快高等职业教育改革与发展的意见》文件精神，虽然在全国启动高等职业院校单独招生（简称"高职单招"）试点工作一年后，四川省率先在四川建筑职业技术学院、成都航空职业技术学院开展高职单招工作试点，但当时的招考院校只有这两所，其初衷是适应国家改革，为优质高等职业院校选拔优质生源。2013 年，随着国家政策导向的变化以及经济社会的发展，四川省参与高职单招的高等职业院校不断增加，尤其是高职扩招等相关政策文件的出台，极大程度地激发了高等职业院校的招生活力。2024 年，四川省有高等职业院校 85 所（1 所职业本科院校），全日制在校学生人数 91.2 万人。

（二）四川省高等职业院校分类考试招生的实施现状

目前，四川省高等职业院校分类考试招生已形成以高职单招为主渠道、对口升学考试为辅的样态。2019 年，报名参加对口升学考试和高职单招的总人数为 100 158 人；2020 年，四川省报名参加对口升学考试和高职单招的总人数达 153 102 人，较 2019 年学生人数增加了 52 944 人，数量涨幅明显。四川省高职单招采用"文化考试+职业技能测试"的考试形式。文化课采用省考试院统一命题、各高等职业院校自主阅卷的考试方法，包括语文、数学、英语三科，每科 100 分，共 300 分，考试时间为 150 分钟。但在实际录取过程中，许多高等职业院校根据本校所需，对语文、数学、英语的分值进行了折算，且折算占比不一致，有些院校规定语文占比50%、数学占比 20%、英语占比 30%，有些院校则规定语文占比 60%、数学占比 20%、英语占比 20%。而专业课的考试方法、内容由各高等职业院校自主确定，差异性相对较大。一是表现在赋分分值的校际差异上，有350 分、300 分、200 分等不同情况；二是同一专业不同高等职业院校的考试内容不尽相同，如会计专业，某校考试内容包括《基础会计》《市场营销》《经济法律法规》及专业技能，而另一所学校考试内容则为专业学习情况及点钞技能、财经数字书写技能展示；三是部分高等职业院校在考试内容上增加了综合素质测试，突出了对中职学生综合素质的要求，而多数学校并未采用该内容。四川省对口升学考试执行"3+X"考试形式，总分为 750 分。"3"指语文、数学、英语三门文化基础课，总分为 400 分，其中，语文、数学满分各为 150 分，英语满分为 100 分；"X"指专业综合，含理论和实操两个部分，满分为 350 分。对口升学考试命题依据《四川省普通高校职教师资班和高职班对口考试招生各学科（专业）考试大纲》，根据教育部颁发的中等职业教育课程标准、专业教学标准以及教学要求，结合四川省中等职业学校教学实际制定，对各学科（专业）考试科目、内容、比例、题型等做了具体规定，考试试题的编制均不超出相关学科（专业）考试大纲的规定。

（三）四川省高等职业院校分类考试招生存在的主要问题

四川省高等职业院校分类考试招生制度自实施以来，招生改革工作取得了一些显著成效，其考试方法、内容对中职教学已具有风向标的作用，考试招生形式呈现出多元化趋势。然而，对比山东、江苏、重庆等其他省（区、市）的实践经验发现，目前四川高等职业院校分类考试招生制度还面临着诸多亟待解决的问题。

1. 科学性与公平性保障不足

高职单招极大程度地体现了高等职业院校的招生自主权，省级统筹、院校主导已成为考试招生管理的主要特征，但如何平衡自主与规范、公平与效率之间的博弈关系却仍是以四川省为例的诸多省（区、市）面临的共同难题。四川省高职单招文化考试试题由省教育考试院统一命制，阅卷工作由高等职业院校自行组织；职业技能测试由各高等职业院校主导，报省级高等学校招生委员会备案。虽然考试院校的命题标准参照了对口升学考试的《四川省普通高校职教师资班和高职班对口考试招生各学科（专业）考试大纲》，但在实际操作环节却难以做到全部执行，存在考试内容随意性大、标准不统一、为考而考、技能测试泛化等共性问题。此外，目前高职单招较高的录取比例，与政策出台之初为优质高等职业院校选拔优质生源，进而优先招收具有专业特长和职业技能潜质考生的初衷有所偏离，导致其科学性和公信力备受质疑。四川省对口升学考试在科学性与公平性方面的难点主要集中在考试类别不完善，四川省中职专业设置已覆盖《中等职业学校专业目录》全部 19 个专业类别，而当前对口升学技能考试涵盖的类别与 19 个专业类别虽有相关性，但仍有部分专业的学生"学无所考"。例如，2020 年，考试类别包括农林牧渔类、土木水利类、财经商贸类、信息技术一类（计算机专业）、信息技术二类（电子专业）、加工制造类、公共管理与服务类、文化艺术类、旅游服务类一类（旅游专业）、旅游服务类二类（烹饪专业）、轻纺食品类、医药卫生类、材料类、教育类及汽车类共计 15 个类别，但轻纺食品类专业，目前在专业知识（应知）和技能操作（应会）方面，无论是轻纺类专业还是食品类专业均测试手工制版和工艺制作，使得食品类专业学生"学非所考"。虽然有学者认为，不能直接将目前的中高职专业类别作为考试和招生的专业类别，必须开发适用于考试和招生的专业大类，但是，招考的基本原则是必须让所有学生"有试可考，有志愿可报"。另外，从成本视角看，无论是高职单招还是对口升学考试，专业实操考试的落实对于考试院校与考生而言都存在着挑战。目前，专业实操考试按照专业大类进行组织，虽然高职单招的组织规模相对较小，但考前宣传、命题、招生、考试、录取等环节都需要大量的人力与物力支撑，与普通高考相比，其组织复杂性以及成本投入都较高，院校收取的考试费常常难以覆盖实际考试支出。此外，全省各地的考生必须长途跋涉参加一所或多所高等职业院校的技能测试，而考试期间诸多高等职业院校及周围的服务承载能力常超出正常负荷，导致考生常面临"一床难求"的困境，且考点分散既存在安全隐患，这进一步加重了考生的经济压力和身心负担。

2. 类型教育考试的特征不明显

高等职业教育的培养目标是为生产、管理、服务一线培养具有高尚职业道德、扎实专业知识和卓越专业能力的高素质技术技能型人才。从形式上来看，分类考试招生改革从形式来看，是基于分类的招生形式的改革，但其实质是"知识+技能"考试内容的变革，体现了技能型人才选拔的需要。然而，无论是对口升学考试还是高职单招，均存在语文、数学、英语文化课分值普遍过高、专业技能测试分值偏低的情况。考试内容发挥着考试导向的功能，是助推教育系统变革和提升人才培养质量的核心所在。因此，当前考试内容重文化、轻技能的导向，致使诸多中等职业学校过分重视文化课的教学，在学生入学时就区分出明显的"升学班""就业班"。"升学班"在课时安排上存在向文化课倾斜、挤压专业课的情况，部分中等职业学校甚至擅自删减专业核心课程，存在较为显著的普通高中教育倾向。此外，部分高等职业院校的技能考试过于简单或流于形式，甚至采用面试代替技能考试，客观上导致专业技能考试的弱化与简单化，在一定程度上背离了高等职业教育的培养目标，未能充分体现职业教育类型教育的特点。

此外，四川省现行的高等职业院校分类考试招生制度对企业的办学主体地位体现不足。2014年，《国务院关于加快发展现代职业教育的决定》鲜明地确立了企业的重要办学主体地位，要求构建双元办学主体的格局。而在高职分类考试招生中，虽然考试招生自主权逐步下放，高等职业院校作为主要参与主体与实施主体的身份被确证，然而对于以企业、行业组织为代表的产业主体在考试招生中的参与权利的界定却较为模糊。产业主体的缺位或者定位模糊造成高等职业院校生源的知识能力结构与"产业标准"脱节。在由政府推动、院校主导的高等职业院校考试招生改革中，行业企业的参与机制缺失，弱化了高等职业教育中行业企业的办学主体身份，有悖于产教融合的现代职业教育建设逻辑。以四川省旅游服务类分类考试招生为例，酒店服务技能操作考试仅以职业形象展示以及中餐服务基本技能（餐巾折花）作为考核内容，显然与行业企业的人才培养需求存在较大差距。

3. "双轨并行"的上升通道不畅

职业教育作为类型教育的重要保障之一是建立完善的"职教高考"制度与人才上升通道，实现高等职业院校分类考试招生与普通高校全国统一招生"双轨并行"。然而，虽已构建了职业教育人才培养体系，但人才培养"立交桥"却面临通而不畅的问题，中职和高职升本科的比例略低，不足以充分调动初中毕业生优先选择职业教育的积极性。2019 年的数据显示，四川省中职生升本科的比例不足 1%，高职生升本科的比例仅占毕业生总数的 15%；2020 年，在增加对口招生本科院校 1 所的情况下，中职对口招生本科计划仅为 2 975 人，整体升本比例与四川作为职业教育大省的中职毕业生数量不相匹配。此外，应用型本科高校的转型，职业教育本科计划、专业硕士和专业博士计划的落实难题，仍是"职教高考"通道畅通的瓶颈。从山东省的经验来看，山东省政府自实施"职教高考"制度以来，提出"职教高考"本科招生计划将逐步达到应用型本科高校本科招生计划的 30%，为职业院校学生提供更多升入应用型本科高校的机会，即到 2022 年，将由现在的 1 万人增加到 7 万人左右，努力增加职业学校学生的升学机会。由此可见，参照高中阶段职普比大体相当的政策比例来看，目前四川省在高等教育阶段职业教育人才的培养上升通道明显过窄。若不适度满足部分中职生的升学愿望，中等职业教育势必面临更加艰难的发展局面，很少有学生会愿意选择一种不再有升学空间的教育路径。保障中职通往高职、本科上升通道的畅通性，不仅是让老百姓的孩子有书读，还能够满足其继续接受良好专业性教育的现实需求与渴望。

4. 新形势下高等职业院校分类考试招生改革的基本策略

（1）兼顾公平与效率，完善"职教高考"制度的建设。在考试招生中是以公平为首还是以效率优先，一直都是教育理论界争论的一个话题。高考作为我国乃至世界最大规模的教育选拔考试，公平与科学是其存在的根本价值，是高考能够持续发展的两翼，二者缺一不可。"职教高考"制度的建立同样需要遵循"公平优先、兼顾效率"的原则，这意味着人才选拔的信度、效度和区分度与考试本身的高效、经济和科学两者之间需达到一定的平衡。职业教育与普通教育不能平等发展的很大一部分原因就在于二者招生录取批次先后的差别。因此，四川省"职教高考"应秉承"公平优先、兼顾效率"原则，采取统一的"文化素质+职业技能"的考试办法。文化素质可以采取语文、数学、英语的省考试院统一命题考试；职业技能考试可结合高等职业院校专科专业目录和国家中等职业学校专业目录调整方案，对接四川省产业发展，合理研制四川"职教高考"专业考试类别；探索分批次录取的"职教高考"招录方案，建立完善的"职教高考"制度。在职业技能考试方案研制的过程中，四川省应联合相关行业指导委员会，组织来自职业院校、行业企业等的专业人士制定专业理论考试大纲及专业技能考核标准，保证考生"学有所考、考有所依"。此外，应根据报考人数及专业大类，合理设置考点。四川省可参考山东省每个专业大类根据报考人数设置1~3所主考院校的思路，根据全省"一干多支、五区协同"的整体部署原则，结合成都平原经济区、川南经济区、川东北经济区、攀西经济区、川西北生态示范区五区的专业大类分布情况，参照历年报考学生人数，分片区设置专业大类考点，保证每个专业大类设置2~3个考点，尽量让学生就近考试，解决考点学校的承载力问题以及学生的负担问题。

（2）突出类型教育特点，优化考试方法与内容。四川省"职教高考"分类考试应合理设置文化考试与技能考试的分值比例，体现具有类型教育特征的理论性与实操性。借鉴其他省（区、市）的改革经验，四川省"职教高考"可保持现有总分750分不变，采取文化素质测试300分，即语文、数学、英语各100分，专业理论（应知）200分，专业技能（应会）250分的考试方法，突出职业技能尤其是技能实操的重要地位。同时，在文化素质测试部分也可以逐步探索凸显类型教育特点的考试题型、内容等。例如：数学学科可采用文、理分卷模式；英语学科可尝试对应第一、第二、第三产业在考试内容上有所区分，或继续践行"以赛促考"模式，创新出更多类似于将国外真实场景内容融入试题中的"语言应用"测试板块。考试内容是招考制度的核心部分，其性质决定了整个考试招生制度的价值取向。不仅如此，考试内容的"指挥棒"在很大的程度上仍然影响着教育教学。四川省应在人才培养阶段开足开齐专业核心课程，探索采用"宽基础、活模块"的模式，将所有专业核心课程都纳入考纲，再通过"模块化"教学对标行业企业岗位（群）的需求，在考前数月通过微机摇号的形式提前公布当年考试模块，保证人才培养阶段"宽基础"、考试阶段"活模块"。泛专业化的人才培养及考试制度变革是为了通过考试内容的转变倒逼教学内容与培养质量的提升，有效遏制目前部分中等职业学校擅自少开或不开部分专业核心课程的情况，向中职教育要质量，实现职业教育"增值"，为学生"赋能"。此外，四川省应逐步建立行业企业参与的长效机制，进行组织化、制度化的设计与安排，凸显行业企业的主体性、专业性地位。尤其是在职业技能测试环节，应通过行业企业的参与，增强考试的规范性，将考试内容与"新技术、新工艺、新规范"相对接。

（3）打破限制性壁垒，构建双轨人才培养体系。分类考试的精神内涵是因材"施考"与"施教"，凸显职业教育有别于普通教育的类型特点。联合国教科文组织颁布的《国际教育标准分类法》，建立了"研究型"与"应用型"并行的人才分类培养体系，并在德国等发达国家得以推行。目前，中国的"H"型人才培养体系已初步建成，但仍面临"应用型"人才上升通道通而不畅的困境。办老百姓满意的职业教育，首先需要保证公办高等职业院校、职业本科高校等的招生数量。笔者认为，四川省可考虑适当扩大本科院校招生计划、探索"转型一批、升格一批、恢复一批"的办学思路等办法，拓宽职业教育升学通道。借鉴江苏、湖南等省份的成功经验，四川省可由省级教育行政部门牵头主导相关测试工作，进而推动一批省属本科高校向应用型本科高校转型；从国家级、省级"双高计划"高等职业院校中遴选出一批优质院校以及二级学院，试点升格为应用型本科大学；恢复名牌本科院校招收中职学生的制度，拓宽人才培养上升通道，使不同层次、类型的高校侧重不同层次、类型应用型人才的培养。此外，要提升中等职业教育毕业学生的录取比例。四川省可通过打通向上流动的职业教育转轨通道，做好高等职业教育专科、本科和研究生层次的有效衔接；通过采用学分互认、资源共享、定期交流等方式，构建互通、互认的多种学习成果的转化机制，继而提升高等职业教育学历层次的灵活性，确保高等职业院校与普通高校的互通与合作，推动职普协同发展。

五、高等职业院校考试招生模式创新——以浙江省为例

2014 年 9 月，国务院颁发了《关于深化考试招生制度改革的实施意见》，明确提出"到 2020 年基本建立中国特色现代教育考试招生制度，形成分类考试、综合评价、多元录取的考试招生模式，构建衔接沟通各级各

类教育、认可多种学习成果的终身学习'立交桥'"。与此同时，确定浙江省、上海市为全国高校考试招生制度综合改革试点省（区、市），并且把高等职业院校考试招生制度改革作为我国高校考试招生制度改革的重要组成部分统筹推进。

2024 年，浙江省共有 50 所独立设置的高等职业院校（2 所本科职业院校），"双高计划"高等职业院校 15 所（高水平学校 6 所，高水平专业群 9 所）。2022 年，浙江省高等职业院校全日制高职在校生数 49.2 万人，全日制本科层次职业教育在校生数 3 500 人。

（一）浙江省高等职业院校招生模式的探索

招生模式是考试招生制度的重要组成部分。主要包括招生选拔的方式方法和录取标准，招生模式是决定高等职业院校能否科学合理选才的关键所在。近年来，为适应高等职业教育的快速发展，浙江省高等职业院校的招生工作，在不断的探索实践中逐渐形成了涵盖五种模式、十种类型的基本格局。

1. "统考统招"模式

"统考统招"模式是以"全国统一招生录取"为基础的招生选拔模式高等职业教育虽然是从 20 世纪 90 年代末才发展起来的，但面向普通高中毕业生的招生模式基本上仍沿用了普通高等学校招生统一考试的制度。在此期间，各省也根据高等职业教育的人才培养特点在招考科目、录取办法上不断进行了改革。浙江省在高等职业教育领域的统考统招模式主要是按照新课改高考第三类考试科目组织考试的，即"语数外+技术"模式：在录取过程中，按照志愿填报方式的不同，可分为"统一录取"和"提前录取"两种基本类型：一是统一录取。该类考生填报高考第三批（专科批）平行志愿，统一录取。二是提前录取。该类考生填报高考第三批中的提前批录取志愿（传统志愿）。在第三批中的提前录取环节，主要招收委培生、定向生，以及警察等特殊类型专业的学生根据浙江省高考综合改革的统一部署。2017 年，浙江省统考统招将实现高考与高中学考、必考与选考相结合的途径。实现文理不分科、录取不分批次，实行"专业+学校"的招录模式，达到省内各高等职业院校按专业平行投档和择优录取的改革目标。

2. "单考单招"模式

"单考单招"模式是专门为招收中等职业学校（包括中专生、技校生、职高生）应届毕业生而设计的一种招生模式。所谓"单考单招"（有的省份也称对口招生）是相对于"统考统招"而言的，它由各省（区、市）单独命题、单独组织考试和录取。目前，这一模式在浙江已形成了两大层次：一是专科层次。这是浙江"单考单招"模式招生的主体。其中，2016年，浙江省实际招生数量达到 2.9 万人。二是本科层次。这是近两年浙江省加快构建现代职教体系过程中形成的新类别据统计。

2016年，浙江省共有 80 所高校参与"单考单招"，其中应用型本科高校有 31 所，安排 3 748 名招生计划。此外，从 2015 年全省又开展了高职四年制本科教育试点工作，使中专生、技校生、职高生报考本科专业有了新选择。2016年，浙江省依托 7 所本科院校，在 12 所示范高等职业院校开展四年制本科招生，共安排 800 名招生计划。根据浙江省高职院校"单考单招"模式的发展规划，2017 年浙江省开始逐渐实行文化素质和职业技能相结合的综合评价模式。其中，文化素质科目中的语文、数学实行单独命题考试，英语选择参加全国英语等级考试一级考试，而职业技能考试则具体划分为文秘类、服装类和烹饪类等 17 个大类，学生自主选报，每年举行考试一次，成绩有效期为两年。

3. "自主招生"模式

"自主招生"模式是学校对考生学业进行测评或通过高等职业院校自主考试的选拔模式这一模式最早源于 2007 年，首先在浙江、江苏、湖南、广东等省的一些高职示范学校进行试点，被一些学者视为我国高考制度改革的"破冰之举"。近几年来，浙江省对该模式进行了不断完善。目前已逐渐形成了以下三种类型：一是校考单录自主招生。由高等职业院校自主确定入学标准，自主进行命题和考试，自主开展招生录取工作，考生参加院校自主招生测试合格后，可直接被录取，之后再参加高考。二是高职提前招生。其中，普通高中学生以高中学考成绩为基本依据，中职学生以全省统一组织的职业技能考试成绩为基本依据。高等职业院校采用对考生文化素质和职业适应性进行综合评价和择优录取的模式。相较于校考单录自主招生，高职提前招生在报名资格、考试科目、录取投档方式等方面都存在差异。三是"三位一体"自主招生。其中高等职业院校依据考生的统一高考、高中学业水平考试和综合素质评价成绩，按一定比例合成综合成绩，从而进行择优录取。以上三大类别未来将做出调整，其中最为突出的就是以提前招生取代现行的校考单录自主招生模式。这是浙江落实高考招生制度改革、推进高职分类考试招生的重要举措。

4."五年制转入"模式

"五年制转入"模式具体又分"3+2"与"五年一贯制"两种类别，其共同特点是均招收初中毕业生，总学制为五年，学生毕业后发高等职业教育专科文凭。"3+2"模式由高等职业院校和中等职业学校合作分段培养，前3年学生在中、高职协作的中等职业学校学习，后2年经考核后转入高等职业院校学习。"五年一贯制"最初的政策设计是由高等职业院校下设中专部，直接招收参加中考的初中毕业生进行"五年一贯制"培养，但如今的高等职业院校的中专部已基本撤销，故而除体育、艺术类外的大多数高等职业院校也不再直接招收初中毕业生。因此，现在的"五年一贯制"已经不是上述意义上的"五年一贯制"，而是与"3+2"模式相类似，也是由高等职业院校和中等职业学校合作分段培养，只是在培养方案上要求高等职业院校与合作的中等职业学校共同制订，突出专业培养的连贯性。这一模式主要适用于需要长期技术积累的相关专业，如艺术、体育、护理、学前教育等。根据浙江省高等职业教育发展状况的数据统计，2015年，全省范围内共有43所高等职业院校携手中等职业学校开展"3+2"招生工作，招生人数达22 916人，涉及14个专业大类、103种专业、263个专业点。在"五年一贯制"方面，2015年全省有37所高等职业院校与中等职业学校联手安排招生16 774人，涉及16个专业大类、93种专业、170个专业点。

5.免试升学"模式

"免试升学"模式是指无须参加卷面考试，通过申请直接入学的招生模式，其主要面向技能优秀的中职毕业生。浙江省在2012年就开始探索和实施技能优秀中职毕业生免试升学政策，并于同年制订了《浙江省推进中高职一体化人才培养模式改革工作方案》。根据这一文件精神，凡获得教育部等国家部委举办的全国职业院校技能大赛、全国数控技能大赛一、二、三等奖的应届中职毕业生，都可免试保送就读省内高等职业院校相关或相近专业。据统计，2015年，浙江省共录取免试入学新生153人。

（二）浙江高等职业院校招生模式存在的问题

近年来，随着浙江高等职业教育水平的不断提高，省内高等职业院校无论在招生规模还是招生模式创新方面均取得了显著成绩。但从高等教育的整体发展视角来看，目前，高等职业教育依然属于"弱势群体"，尤其在招生模式方面还存在一些问题亟待解决。

1. 在招生计划的安排上，缺乏足够的科学性

具体而言，主要表现在以下三个方面：一是省外计划的安排问题。总体来看，无论是计划完成情况还是学生报到率，省外招生均不及省内，并存在省外招生计划难以完成的问题。一些地理位置不占优势的地市高等职业院校和部分民办高等职业院校的情况尤为严峻，部分省外招生计划完成不到一半，甚至不到20%，总报到率也比全省平均水平低近10个百分点。省外招生工作困难重重，其根源主要在于计划安排未能跟上，安排不够科学合理，同时缺乏足够的宣传力度。这不仅浪费了高等职业教育资源，也不利于高等职业教育整体形象的提升。二是五年制计划的安排问题。其一，"五年一贯制"和"3+2"模式的区分度较低，同样的专业，有的学校采用"五年一贯制"模式，有的学校则采用了"3+2"模式，导致招生过程出现差异化。其二，中职和高职挂钩完全采用市场调节的运作模式，也导致五年制的专业及地域分布出现极不合理的状况。如在专业分布上，现在的五年制招生几乎涵盖了所有专业，招生过程并未充分突显"技术积累需要时间较长的专业"这一特点，专业确定过程存在较大盲目性。而在地域分布方面，也未突出留住当地人才、服务地方经济发展的初衷。在某种程度上，人才培养与地方经济社会发展需求还存在相脱节的情况。三是单考单招计划的安排问题。为加快构建现代职教体系，促进中职教育的发展。浙江省高等职业院校面向中职、本科招生的规模增长较快，导致一些专业类别招生计划与报考人数倒挂。各专业类别间本专科计划比例也存在不平衡的情况，导致各类别的考生报考本科出现机遇不均衡的情况。从招生计划数与生源数的比较关系角度来看，也存在二者匹配不科学的现实问题。类别间生源不均衡是关键原因之一。与此同时，在进行分类别计划安排时，缺乏对"单独组班"这一特点的考量，导致高等职业院校陷入正常组班教学难的困境。

2. 在选拔模式上，缺乏足够的明确性

在高等职业院校的招生过程中，不同的选拔模式具有不同的选拔功能，适用于不同的生源，且具有明确的选拔目标。然而，遗憾的是，在实际操作过程中与这一要求相去甚远，有的学校甚至存在着同一专业同时使用四五种选拔模式的情况：一是关于五年制选拔模式。一方面，为获取更

多的生源，部分中高等职业院校存在选拔目标不明确的现实问题。尤其是一些招生不占优势的高等职业院校，为了提升招生吸引力以及出于储备生源的考一，一味地扩大五年制计划，对专业培养特点则缺乏充分研究，不利于高等职业教育自身发展。另一方面，"3+2"模式、"五年一贯制"挂钩的部分学校也存在生源流失的不利现象，尤其是随着本科院校面向中职招生计划的扩大，部分"3+2"模式、"五年一贯制"成绩较好的学生参加单考单招报考本科院校，导致"3+2"模式、"五年一贯制"高职段生源流失，造成资源的浪费。此外，由于中职一般为属地招生，与优质高等职业院校挂钩的同一地区生源相对更为容易获得升学机会，这对参加全省统考的学生来讲显然有失公平。二是关于单考单招选拔模式。从职业技能考试试点情况来看，不少学校反映主要存在以下三个问题：其一，考试时间安排过长。由于每个中等职业学校都有多个专业类别的学生参加职业技能考试，各类别考试时间的不统一，对于学校的正常教学秩序冲击较大，而且整个单考单招考试时间分为 12 月份的技能考、4 月份的专业理论考、6 月份的文化考三段，年度考试的总时长被拉得过长，导致中等职业学校及学生都疲于应付。其二，考试方式及过程也过于复杂，分类过细，各类别之间的考生人数相差较大，有的类别在分若干个考点的情况下，仍然需要多天才能完成考试。其三，考前缺少熟悉场地和设备环节尤其是实践操作所需的设备往往各个学校并不完全一样，如果考生不熟悉，势必影响到学生考试成绩的发挥。

3. 在选拔内容上，缺乏足够的全面性

操作性考试评价本身就存在差异性，组织统一测试难度较大。具体表现在以下三个方面：一是对高等职业教育的内涵认知片面，忽视文化素质教育在职业技能教育中的基础性作用，导致部分高等职业院校缺失足够的文化素质教育氛围。二是部分同一类别技能操作考试内容不统一、难易程度的差距较大、覆盖面不够广，学生抽取考题的偶然性因素多，难以引导中高等职业院校重视专业培养目标的实现。三是个别类别职业技能操作，考试考点之间的评判标准掌握不一。由于个别类型考试人数多，考试时间长，受设备、场地的限制，考点分布在多个高等职业院校开展。参与考核人员的专业水平参差不齐，工量具标准也难以统一，很难保证各考点之间评判尺度的一致性，影响了考试的公平性与公正性。

4. 在招生改革上，缺乏足够的前瞻性

从近几年浙江高等职业教育的发展来看，虽然各校均加大了招生宣传力度，但与同区域内的本科院校相比，就整体情况而言，高等职业院校还处于劣势。其原因虽与院校的自身实力有关，但同高等职业院校对招生改革认知的前瞻性不足也不无关联的尤其是随着"专业+学校"新高考改革投档方式的实施，这一模式虽有利于高等职业院校提升专业特色和增强专业竞争力，但与此同时也极有可能改变高校院系结构和办学形态，进而导致生源不均衡矛盾进一步凸显。面对这些现实状况，当下省内一些高等职业院校还普遍存在观望意识，欠缺对自身招生改革的认知和实际操作能力，主动应对的积极性偏低。长此以往，这种在主观认知领域危机意识和招生改革中应对举措的缺失性，必将导致省内部分高等职业院校，尤其是民办高等职业院校以及综合实力不强又缺乏足够特色的高等职业院校发展受到限制，并致使其在未来的发展中面临更大的挑战。

（三）浙江高等职业院校招生模式改革之策略

针对浙江高等职业院校招生中存在的现实问题，今后要进一步深化和完善高职考试招生综合改革，提升高等职业院校的生源质量，实现高等职业教育的科学发展，就必须从构建现代职业教育体系以及提高教育质量的高度出发，结合区域经济社会发展及教育改革的新形势，深入推进高等职业院校分类考试招生，满足相关选拔模式的目标功能，合理安排招生计划，整合考试内容，优化考试招生流程。综合评价，多元录取，确保公平公正，从而建立科学高效的高职考试招生制度。

1. 坚持教育资源配置公平和效率统一的原则

一是鼓励性安排省外招生计划。鉴于省外招生普遍存在招生难、报到率低、收费难等现实问题，在国家对招生计划控制越来越严格和省际生源竞争越来越激烈的背景下，教育主管机构应支持高等职业院校加大统筹力度，挖掘潜能，扩大省外招生计划，优化学校生源结构，以增强其在全国高等职业院校中的影响力，同时建议采取奖励性措施，鼓励省外招生情况相对较好的学校以及国家示范（骨干）学校扩大省外招生规模，结合招生数量和完成情况给予奖励。二是差异化安排五年制计划。根据目前的操作情况，未来五年制计划安排应有针对性地向地市高等职业院校倾斜。一方面可以增强地市高校与当地中等职业学校的良性联动，另一方面也有利于留住当地人才，增强地市高校服务地方、服务区域经济社会发展的能力。与此同时。还要适当控制省属优质高等职业院校五年制招生计划比例，将省属优质高等职业院校的招生计划更多地用于统考统招，以增加高等职业院校招生过程中的公平性。三是精细化安排单考单招计划。针对单考单招类别多、生源分布不均等实际情况，在安排计划时要做到精细化。为此，应着力做好三个方面的工作：一是要减少计划与生源的倒挂，二是同一类别尽量满足成班级建制安排计划、满足单独开班的要求，三是力求各类别之间本科与专科比例的基本平衡。

2. 遵循与专业特征和培养规律相适应的原则，优化招生选拔模式

高等职业教育的根本目标在于培养应用型的高技能人才，但是不同专业高技能人才的具体内涵各不相同，对高职学生的素质要求也必然存在较大的差异性。有些专业对学生的操作技能要求较高，而对文化素质的要求则可相对降低，有些专业则恰恰相反。这意味着，高职各专业在考试招生的标准及模式选择上应该有所区别。一是优化招生选拔模式。对于行业岗位技术含量较高、专业技能训练周期较长、技能熟练程度要求较高、适合中高职统筹培养且社会需求相对比较稳定的专业，应以五年制招生培养模式为主。对文化素质要求高且技术含量相对低的专业，或对有些短时间就能掌握操作技能的专业，应主要招收普通高中毕业生，采用统一高考的招生模式。对于操作技能递进式要求高而文化素质要求较低的专业，或对有些短时间即能掌握知识与技能的专业，或者需要复合型培养的专业，则应主要招收中等职业学校毕业生，通过采用单独考试的模式进行招生。此外，对于学校有定向和联合培养特殊要求的专业，也可采用自主招生（提前招生）的模式进行。二是规范招生选拔方式。这方面主要是指需要进一步规范职业技能操作考试，建议重点做好以下五个方面的工作：其一，建议设定较为固定的职业技能考试周，统一在线年12月的一周时间内完成，便于中等职业学校的教学工作安排。其二，建立统一的考试考务系统。作为国家级考试，职业技能考试应建立统一的考试考务系统。其三，进一步规范命题管理，力争使同科目试卷差异性降至最低，增强命题的科学性。其四，加强对考务人员及相关教师的培训。其五，更加公开透明公正。借鉴全国职能技能大赛的经验，提供同款设备供考生熟悉，在考场时上手试练。

3. 着眼于优化教育结构和提高教育质量，合理确定考试评价内容

在高等职业教育的框架内，其评价内容上应着眼于优化教育结构和提高教育质量两大方面。从而在推进中等和高等职业教育紧密衔接、构建现代职业教育体系中发挥考试招生应有的导向作用。因此，高等职业教育入学考试。必须在把握一定普通文化标准的基础上凸显考试内容的职业性要求，以处理好宽基础和强技能之间的关系。在实践中，既要考虑不同专业的培养特点、又要考虑学生升学及构建现代职业教育立交桥的需要；既要强调职业教育的职业性，更要体现高等职业教育的高等性。一是正确处理升学教育和就业教育的关系。浙江省中职毕业生数每年近 20 万（不含技工学校），通过各类考试招生渠道进入全日制普通高等教育的为 5 万多人，约占 30%。2/3 以上的毕业生是直接走向社会进行就业。因此，现代职业教育体系的建构，一方面要给高职院校毕业生提供更多的"升学"空间，另一方面也要满足职业院校人才培养由"单一"的"以就业为导向"走向就业、升学"多元"的实际需求。因此，有必要建立职业教育的二次分流机制，对升学的学生要加强基础性教育，弱化职业性培养；对就业的学生则要加强职业性教育，适当降低基础性要求。二是纠正过分强调职业性、淡化文化素质要求的不良倾向。当前，无论是教育主管部门还是中职院校，均应重新认识中等职业教育的"二分"功能定位。对于选择升学的学生而言，应像普通高中一样，为他们打下较为扎实的文化基础，在职业教育中因材施教。三是优化职业技能考试。优化职业技能考试应做好两方面的工作：一方面是要积极进行类别合并。对文化素质要求高但对操作技能要求低的专业，或对有些短时间即能掌握知识技能的专业进行类别合并，尽可能向大类别划分靠拢。如商业类、外贸类、财会类、旅游管理类、文秘类等合并归为财经管理类。二是要着力优化内容、简化程序。不同类别的职业技能考试的内容和分值能够有所区别，有的类别的职业技能甚至可以只作为报考资格，不一定计入总分，并用相应的文化课替代。如药学类，可以增加生物或者化学科目的考试，来替代职业资格考试，如财经管理类可以采用"原先文化+专业理论考试"的办法等。通过职业技能考试的实践优化，为推进高等职业院校招生过程的科学化奠定更为坚实的基础。

六、春季高考"文化素质+职业技能"评价方式——基于天津市的实践

（一）天津职教高考的基本做法

2024 年，天津共有 27 所高等职业院校（1 所应用技术大学），全日制在校生数 16.6 万人。天津高等职业院校积极推进产教融合，深化校企合作，服务天津"一基地三区"城市定位；积极开展国际合作，在泰国、印度等国建设"鲁班工坊"；推行现代学徒制，深化人才培养模式改革，开展校企联合招生，联合培养的现代学徒制度试点；深化职业教育改革，推进高等职业院校分类考试招生，探索和完善自主招生、综合评价招生、技能拔尖人才免试、中高职贯通培养等考试招生办法。

2014 年，国务院印发《国务院关于深化考试招生制度改革的实施意见》。该意见指出，要加快推进高等职业院校分类考试，高等职业院校招生与普通高校招生相对分开，实行"文化素质+职业技能"评价方式。天津市作为与教育部共建且全国唯一的"国家现代职业教育改革创新示范区"，职业教育的发展和改革一直处于全国前列，办学水平不断提升，办学特色日益明晰，在考试招生制度方面也在逐步地探索和发展。为响应国务院深化考试招生制度改革，2016 年天津市人民政府公布了《天津市深化考试招生制度改革实施方案》（以下简称《实施方案》），指出"逐步扩大高等职业院校分类考试招生规模；完善高等职业院校春季高考招生录取办法；改进高等职业院校统一高考招生录取办法等方式推进高等职业院校分类考试招生。"同时，天津市教委公布了《实施方案》的配套相关政策，如《天津市完善普通高中学业水平考试实施办法》（津教委〔2016〕17号）、《天津市普通高中学生综合素质评价实施办法》（津教委〔2016〕18号）等。为进一步深化招生制度改革，推动天津市高等职业院校分类考试招生实施，2017 年 9 月天津市教委公布了《天津市推进高等职业院校分类考试招生实施办法的通知》，为天津市高等职业院校实施分类考试招生提供了具体方案。通知要求，逐步形成由教育部门统筹管理，学生自主选择、高等职业院校多元录取、社会有效监督的高等职业教育考试招生制度。天津市在高等职业教育考试招生制度方面的改革主要有以下几个方面的基本做法：

1. 实施分类考试招生

推进高等职业院校分类考试招生，建立符合职业教育特征的高等职业院校考试招生制度。分类考试招生坚持以立德树人为根本，遵循高等职业教育人才选拔和培养规律，促进普通高中和中等职业学校实施素质教育，为学生提供多样化选择。

2. 扩大春季考试招生

逐步扩大春季高等职业院校面向普通高中毕业生和中等职业学校毕业生的招生规模。普通高中毕业生通过春季高考报考高等职业院校，实行"文化素质+职业技能"的评价方式。中等职业学校毕业生通过春季高考报考职业院校，参加文化基础与职业技能相结合的测试。

3. 在高考基础上的综合评价招生

对参加统一高考报考高等职业院校的学生，高等职业院校依据语文、数学、英语三门科目统一高考成绩和普通高中学业水平考试成绩，参考高中学生综合素质评价结果进行录取。

4. 中高职贯通招生

优化面向初中应届毕业生的"三二分段制"和"五年一贯制"招生专业结构，合理安排招生计划，"三二分段制"学生完成中等职业教育阶段培养任务后，通过文化和专业能力考试的学生可被有关高等职业院校录取。

5. 优秀技能学生免试招生

参加市级教育行政部门组织的全市中等职业技能竞赛获得一等奖或者代表天津市参加教育部举办的全国职业教育技能竞赛获得三等奖以上的中等职业学校应届毕业生，可免试保送高等职业院校学习。

6. 高等职业院校单独招生

经市级教育行政部门批准，高等职业院校可以通过单独组织考试招生的办法，进行招生工作时，收退役义务兵、"双证书、一体化"职教师资生、特殊教育学校毕业生、中等职业学校优秀毕业生等。

7. 改进招生计划分配方式

深入贯彻落实党中央、国务院关于改进招生计划分配方式的要求，继续实施支援中西部地区招生协作计划、农村贫困地区定向招生专项计划等国家指令性计划。

8. 改革考试形式和内容

完善普通高中学业水平考试制度，从 2017 年秋季入学的高中一年级开始实施。逐步扩大高等职业院校分类考试的招生规模。市属高等职业院校在天津的招生计划主要安排在春季高考。

9. 改革招生录取机制

减少和规范高考加分，完善和规范高校自主招生，完善高校招生选拔机制，改进录取方式，探索高校与学生双向选择的录取模式。

10. 改革监督管理机制

深入实施招生"阳光工程"工程，健全信息公开制度，强化教育考试招生全程监督，严肃查处违法违规行为。

通过这些改革措施，天津市旨在建立更加公平公正、科学高效的考试招生制度，促进教育公平、提高选拔水平，为办好人民满意的教育、建设教育强国和人才强国提供有力保障。

（二）现行的高职招生制度存在的不足

随着天津市高等教育考试制度的深入推进，高等职业院校分类考试招生制度实施成效显著，但在实施过程中也出现了一些问题，需要引起重视。

1. 社会认可度低，不利于高等职业院校选拔优质生源

当前，天津市高等职业院校普遍存在生源危机，一方面高考人数减少，由 2010 年的 7.1 万人减少到 2018 年的 5.5 万人，与此同时，本科录取率稳中有升，2018 年本科录取率达到近 75%；另一方面，由于高等职业院校的社会认可度相对较低，且高中校考生及家长普遍更青睐本科院校，致使参加天津市春季高考的考生人数不尽如人意。参加春季高考的考生主要是学习成绩不理想、升本无望，在生源危机和社会对春季高考认可度低的双重作用下，把高等职业院校本着选拔适合培养条件的学生为目的的"选拔性考试"变成了"掐尾考试"。

2. 高等职业院校春季高考招生的自主权有待提升

目前，天津市春季高考采用的是"文化素质+职业技能"的评价方式，由天津市考教育试院统一命题、统一组织考试。统一的考试招生方式，一方面，不利于高等职业院校根据自身的办学特色，结合各专业人才培养的需求等，选拔符合院校各专业招录要求的考生；另一方面，不利于考生选

择报考意向的学校和专业。

3.“文化素质+职业技能”的考试内容有待调整

天津市春季高考主要针对两种类型的考生：一是普通高中毕业生。文化素质成绩使用8个科目的高中学业水平考试成绩，以绩点的方式换算成相应的分值，职业技能考试科目为"技术"和"综合能力"。二是中职毕业生。文化基础考试的科目为语文、数学、英语，职业技能考试科目为综合能力。通过调查发现，这种评价方式考核更"偏重文化考试成绩"的考核，对技能考核和特长的考核较少。

4.录取方式有待进一步完善

目前，天津市春季高考采用的是平行志愿的投档方式，考生可以填报 N 个院校志愿，每个院校可以选择6个专业，还有一个服从调剂志愿（N+6+1），按照"分数优先，遵循志愿"的原则进行投档。对考生和家长来说平行志愿并非万无一失，没有风险。因为按照平行志愿的投档规则，"投档而被退档"是最大的风险，所以考生在填报一所学校时，为规避风险要尽量将6个专业都选上并选择服从调剂。这样就有可能出现考生"只注重学校选择，不注重专业选择"的现象，无法保证有些考生所选的专业是适合自己的。

（三）对天津高职考试招生制度的思考与建议

1.对本专科批次进行合并，取消录取批次的设置，按分数段投档

由于现存的本科院校和专科院校培养学生的目标不同，从本质上来说是两种不同类型的学校。随着社会经济发展方式的转变，提高质量和效益，依靠科技进步、劳动者素质提高的转变，不仅需要从事一般理论性、基础性研究的学术型人才，也需要大批业务精湛、精益求精的产业工人、技术人才。高等职业院校和普通本科院校应该放在同样重要的位置，两者相辅相成，互为补充，不能由于两种类型的学校分属不同的录取批次，从而降低高等职业院校的地位。

2.当前采用的“文化素质+职业技能”的评价方式过于死板，缺乏灵活性

高等职业院校春季考试招生录取通过几门文化素质课、综合能力测验来选拔学生，其中公共知识考核所占的比重要多于专业基础知识，而专业技能考核则更少，在选拔人才的方式上有待进一步改进。对于技术性较强

的专业，如机械制造、模具、电气等，提高它们在中职招生计划中的比重，提高操作技能测试在录取总成绩中所占的比重；对于文科类专业，如文秘、人力资源等，变革高中考生招生计划，注重对基础知识、人际关系、分析问题解决问题能力的考查。各高等职业院校根据自己招生专业的特点，制定不同的考核标准，或将天津市所有高等职业院校的招生录取专业划分为不同的专业类别，制定每一专业类别的选拔标准。依据"多元智能理论"，根据不同的专业类别性质和特点，采用多元的标准和多样的选拔方式选拔出适合专业的生源，培养出符合学生特点的人才。

3. 调整高等职业院校的布局，优化其专业结构

就培养目标而言，普通高等学校主要是培养学术型人才，高等职业院校偏重培养高素质技能型人才，高等职业院校专业设置应该区别于普通本科，增多技术类、应用性的专业，裁撤非技术类、非应用性的专业，如此方能实现服务区域经济发展的要求以及为国家、地区培养高素质技能型人才的重要使命。天津市高等职业院校布局较为分散，专业趋同建设较为严重，部分高等职业院校的专业特色不够明显，这就需要优化教育资源配置和做好战略规划，使教育资源流向最需要的地方，从而达到高等职业教育办学的效益最大化。

4. 调整录取方式，采用多元化录取

有利于考生依据自身兴趣选择合适的专业和学校。在当下平行志愿投档方式的基础上，将"院校+专业"改为"专业+院校"，增加可填报专业的数量，并且采用"一档多投"的录取方式。在现有平行志愿"院校+专业"的基础上，允许考生同时向多所高校提出申请，并被多所高校录取，考生可以根据学校录取专业、学校环境、学校师资等方面的情况，并结合自身条件进行自主选择。这样不仅有助于学生能够根据自己的兴趣多元化地选择自己喜欢的专业，而且有助于高等职业院校根据自身的办学条件，打造多个特色专业，选拔优质生源。

第十一章 高等职业教育评价与考试招生制度的改革路径

高等职业教育评价是与教育目的和人才培养目标高度相关的活动，实质是对办学方向和目标达成度的一种判断、检验和测量。加快构建现代职业教育体系，需要正确认识和准确把握深化职业教育评价改革的重要性、可行性及目标指向，探索符合中国职业教育发展规律、引导职业院校服务国家战略和区域经济发展的教育评价改革实施路径和成效表征，推动构建具有类型特色的高等职业教育评价体系，引领高等职业教育改革发展沿着正确的方向行稳致远。

教育评价改革是新时代职业教育改革的重要"突破口"，对于优化职业教育类型定位、增强职业教育适应性等，具有重要现实意义。在深入分析《深化新时代教育评价改革总体方案》等文件在深化职业教育评价改革新要求的基础上，提出通过主体自治、行业自律、政府监管、社会监督等举措构建具有类型特色的职业教育评价体系，从评价主体多元化、评价标准特色化、评价手段现代化和评价导向科学化等方面，明确了职业教育评价改革成效的判断标准，这对新时代深化职业教育评价改革具有一定的指导意义。

一、高等职业教育评价制度存在的主要问题

高等职业教育评价制度经过多年的实践与探索，虽然取得了一定成效，但仍存在一些问题，需要深入探究其产生问题的根源，提出解决问题的对策与措施。

（一）评价主体方面的问题

在评价主体上，虽然多元主体参与职业教育日趋深入，但未能由培养端向入口端延伸。教育部门与其他行业部门有着较好的互动，协同各行业主管部门作为重要推动者和有效治理者，深度参与职业教育治理，创造了独特经验；但这一经验未能在入口端延伸，多元评价体系尚未建立。伴随职业教育服务群体的不断开放，各利益相关方的改革要求与现行政策存在不同程度的差距，对不同群体的评价方式仍需进一步系统总结提炼，加大政策供给力度。同时，职业教育天然与区域经济联系紧密，国家层面汇总的行业需求传递到地方，产生信息衰减，不能充分及时反映地方需求，这也对建立与省级统筹制度相匹配的行业指导机制提出新要求。在具体实践中，当前政策尚不能完全满足各利益相关方的改革需求，存在"三缺一歧视"的现象，即相关利益方缺失、改革要求与现行政策存在差距。考试环节缺乏技能测试，录取环节存在批次歧视。利益相关方存在缺失是指当前涉及职教高考的各级政策中，对学生、学校、省级政府的职责都有相应规定，但是对行业企业、考试机构等其他利益相关方却较少提及。各利益相关方的改革要求与现行政策之间存在差距，主要表现在：学生不仅希望深造途径畅通，还希望获得职业体验活动和生涯规划、志愿填报的指导；省级教育行政部门虽然被赋予了权责，但需要获得更细化、多样化的操作标准指导，获取更多政策倾斜或授权开展试点；高等职业院校希望录取更多的优质生源，扩大自主命题权，同时也有维护区域内公平招生、避免生源恶性竞争的诉求，并提出构建联合体、成立专门的考试机构；企业渴望招聘到有相应技能基础和基本素质的合适人才；行业希望得到结构合理、数量充足且可持续的人才支撑。

（二）评价标准方面的问题

在评价标准上，职业教育教学标准体系逐渐成形，但未构建与类型教育匹配的招生制度。职业教育已建立了以专业目录为基础、专业教学标准为核心、实训教学条件和顶岗实习等标准为补充的教学标准体系，在内部质量保障方面发挥了重要作用，但在入口处尚未建立与其相适应且能衔接的评价标准和招生制度。招生制度本质上是对评价结果的运用和评价导向的外在显现。相较于职业教育所承担的社会功能，与职业教育作为类型教育地位匹配的考试招生制度尚未完全建立，同时与来自劳动力市场的反馈互动机制不够灵活顺畅。在具体实践中，分类考试中技能测试未能有效开展。职业技能测试如何科学、有效地开展并占相应权重是"文化素质+职业技能"评价方式落地的最关键一环。虽然国家提出招考分离的原则要求，但运行机制不畅，一些关键问题，如如何分离，分离之后招生、考试分别由什么机构牵头负责尚未明确。高等职业教育考试招生制度若要步入良性发展轨道，需要以高质量提升吸引力，并且充分正视尚未被满足的需求和薄弱环节，在多群体的各种倾向中寻找平衡点。

（三）评价方式上的问题

当前高等职业教育评价主要以总结性评价为主。这种方式可以测量教育目标和任务的完成情况，但存在忽略评价对象的特殊性、发展性问题，容易产生"标准化""一刀切"的局限性。

（四）评价结果运用方面的问题

在评价结果使用上，当前专科批次已不具有区分功能，技能测试结果未被重视，技能导向的指挥棒作用未能有效凸显。在具体实践中，近几年本专科录取分数线呈现高等职业院校最低投档线持续下降的趋势，2015年以来普遍在150~200分，且与本科分数线的差距越来越大。当前，高等职业教育专科批次录取普遍呈现出零门槛的现象。专科批次对生源失去选拔功能制约了职业教育作为类型教育的高质量发展。虽然有少量办学水平高的高等职业院校生源充足且质量高，甚至录取分数高于本科线，但大部分民办高等职业院校及偏远地区的高等职业院校仍存在生源危机。这一差距在持续扩大，在客观上致使优质高等职业院校升格冲动强烈，低水平高等职业院校争夺生源战不断加剧，形成了当前的现状。当前的招生制度已持续几十年，具有强大的制度惯性，虽然近几年各地在本科批次录取方式的改革力度在不同程度加大，很多地区已将本科批次合并，但没有涉及专科批次设置的问题。此外，作为分类考试的最重要特征，技能测试缺乏有效手段，甚至未得到充分重视，在一些省份的实践中存在未达到50%的有效比重情况。

二、高等职业教育评价制度改革的现实意义

（一）优化职业教育类型定位，乃是促进高质量发展的重要举措

在 2021 年全国职业教育大会上，习近平总书记强调，"优化职业教育类型定位"。不同的教育类型需要不同的评价体系，即使普通教育评价这把尺子足够精准，我们也不能将其作为职业教育的"度量"，否则就会变成普通教育评价体系的"缩水版"，陷入"张冠李戴"的尴尬境地。"十四五"时期，高等职业教育的高质量发展有了更清晰的时间表和路线图，充分发挥职业教育评价"一子落而全盘活"的功用。在政府履职评价、学校评价、教师评价、学生评价等方面彰显类型教育的特征，不断改进和完善评价制度，乃是建立具有职业教育特色的质量评价和保障体系、促进高等职业教育高质量发展的关键。

（二）增强职业教育适应性，是办好人民满意教育的有效手段

我国虽已建成世界上规模最大的职业教育体系，但仍然存在与我国社会经济和产业结构发展不相适应、与人民群众多层次多样化教育需求不相匹配等问题，表现出职业教育社会认可度不高、吸引力不强、行业企业支持力度小的现象，因此，国家"十四五"规划明确要求要"增强职业技术教育适应性"。高等职业教育评价事关职业教育的发展方向和办学导向，增强职业教育适应性，便要紧紧抓住评价改革这根牵引线，冲破传统观念和制度阻碍，以评价促进职业教育"长入"经济、"汇入"生活、"融入"文化、"渗入"人心、"进入"议程，推动职业教育适应新一轮科技革命和产业变革对高素质劳动者和技术技能人才的需求，让职业教育的学生都能从"有学上"到"上好学"，为"人人皆可成才、人人尽展其才"进一步创造条件。

（三）推进高等职业教育治理体系和治理能力现代化，是必然的选择

国家治理体系和治理能力现代化是党和国家在政治制度、行政制度、司法制度等领域深化改革的重要体现。"职业教育治理体系和治理能力现代化"是"国家治理体系和治理能力现代化"总目标在职业教育领域的延伸，是我国职业教育改革和发展亟待探讨和解决的关键问题。作为职业教

育治理的重要内容，高等职业教育评价是职业教育改革发展的风向标和指挥棒，关系到育人方式、办学模式、管理体制、保障机制诸方面的改革，关系到政府如何管职业教育、学校如何办职业教育的重大问题。因此，必须抓好深化职业教育评价改革这一"牛鼻子"，将职业教育的制度优势更好地转化为职业教育治理的效能，大力推进职业教育治理体系和治理能力现代化进程。

（四）解决职业教育评价难题，扭转不科学评价导向的迫切需要

职业教育评价一直扮演着工具化的管理手段角色，为教育活动和教育对象提供各类符号性、参照性的价值判断与事实判断，指挥着教育活动按照预设的教育目标进行正向改进和正向发展。然而，在现实中，职业教育评价仍然存在一些不容忽视的问题。比如，评价导向存在"五唯"（唯分数、唯升学、唯文凭、唯论文、唯帽子）倾向。近年来，一些中等职业学校为了向高职学校输送更多的学生，走向"唯升学""唯分数"的误区。又如，评价主体相对单一，具有"行政化"的倾向。职业教育评价虽然开始引入多元的评价主体，然而，学校、教师、学生、行业企业在评价中话语权仍然较低。再如，评价指标体系不健全。特别是高等职业教育的评价指标体系较多地借鉴了普通高等学校本科教学工作水平评估指标体系的框架和精神。这一系列问题，需要进一步深化职业教育评价改革，解决职业教育评价难题，扭转不科学评价导向，用好评价这个"指挥棒"。

三、高等职业教育评价制度改革的总体要求

《深化新时代教育评价改革总体方案》为职业教育评价改革做出了全面部署，提出了新的评价改革要求，包括确立德技并修的评价导向，推进科学系统的评价方式，拓宽多元协调的评价主体范围，完善彰显类型特征的评价体系。《国家职业教育改革实施方案》《职业教育提质培优行动计划（2020—2023年）》等，也对职业教育评价改革提出了新要求。因此，新时代职业教育评价改革应立足类型特色，明确内容要求，着力完善政府履职评价、学校评价、教师评价、学生评价以及用人评价。

（一）政府履职评价：注重科学有效

政府不仅是高等职业教育办学的重要参与者，还是职业教育改革与发

展的重要推动者。政府履职评价直接关涉职业教育改革与发展的方向性问题，必须注重科学有效。所谓科学，就是要坚持正确的理念。政府要牢固树立科学发展观，坚决克服短视行为、功利化倾向，理顺职业教育体制机制，明确定位责权利，加大制度创新、政策供给和投入力度，着力优化职业教育高质量发展的制度环境。同时，政府要坚持正确的政绩观，明确职业教育面向市场、服务发展、促进就业的办学方向，不以追求升学率为导向，保持职普比大体相当，巩固中职基础的地位，夯实技术技能人才发展根基，服务于国家技能型社会建设。所谓有效，就是要建立有效的职业教育质量评价和督导评估制度。从评价主体来看，在国家层面应建立全面的、常规性的职业教育督导制度，加强职业教育督导机构建设，强化职业教育督导整改、问责和激励功能，推动各级政府切实履行职业教育责任。从评价内容来看，设计评价指标时应重点考核政府落实职业教育发展战略、解决稳就业保民生等方面的问题。同时，要坚持结果性评价和过程性评价相统一，既要评估最终结果，也要考核努力程度及进步发展状况。

（二）学校评价：彰显类型特征

高等职业院校既是高等职业教育的办学主体，也是其服务地方经济社会和行业发展需求的主力军。职业教育是一种类型教育，亟须摆脱普通教育评价的路径依赖，建立体现类型特征的学校评价体系，引导职业学校明确办学定位、增强服务地方和行业的能力、提升办学资源保障水平、强化实践教学能力培养等。

1. 落实立德树人根本任务

把立德树人成效作为职业学校评价的根本标准，积极构建"思政课程+课程思政"大格局，推进全员全过程全方位"三全育人"，弘扬培育"劳模精神"和"工匠精神"，实现思想政治教育与技术技能培养的有机统一，将职业精神养成教育贯穿学生学习全过程，促进学生素质全面发展。

2. 健全学校内部质量保证制度

职业院校教学工作诊断与改进制度是职业教育评价特有的创新性制度，推动职业院校履行人才培养质量主体责任，建立常态化的自主保证人才培养质量的机制。职业学校通过建立健全常态化教学工作诊断与改进制度，推动过去粗放、浅层评价向精准、细化评价转变，同时以分类管理来推进职业学校的精准定位和特色化发展。

3. 完善职业学校评价内容

职业学校评价要将服务人的全面发展、服务经济社会发展作为根本出发点，重点评价德技并修、产教融合、校企合作、育训结合、学生获取职业资格或职业技能等级证书、毕业生就业质量、"双师型"教师队伍建设等内涵式发展的核心要素，提高职业培训服务区域和行业在评价的权重，彰显职业教育的类型特色和功能价值。同时，完善政府、行业、企业、职业院校等多元参与的质量评价机制，引导行业企业深度参与评价，持续动态地优化人才培养过程。

（三）教师评价：明确双师特质

教师队伍是发展职业教育的第一资源，是支撑新时代国家职业教育改革的关键力量。建设高素质"双师型"教师队伍是加快推进职业教育现代化的基础性工作。《深化新时代职业教育"双师型"教师队伍建设改革实施方案》对深化"双师型"导向的教师考核评价改革提出了具体要求。

1. 筑牢师德师风建设是根本

要坚决克服重科研轻教学、重教书轻育人等不良现象，将师德师风纳入业绩考核、职评评聘、评优奖励等评价体系，建立师德考核负面清单制度，严格执行师德考核一票否决制。

2. 健全"双师型"评价标准是基础

明确"双师型"教师认定、聘用、考核等评价标准，重点考核体现双师特质的实践技能水平和专业教学能力。

3. 深化教师职称制度改革是关键

坚持分层分类原则，建立以能力和业绩成果为导向的多元评价机制，重点评价教育教学的标志性成果以及应用性研究成果转化推广、社会培训等方面的技术服务贡献，同时探索建立不同类型成果的灵活替代机制。

4. 淡化人才头衔光环效应是牵引

职业教育高质量发展不仅需要高学历、高职称人才支撑，更离不开高技能人才。要着力打破职业学校引进师资力量的学历壁垒，畅通行业企业高层次技术技能人才从教渠道，推动企业工程技术人员、高技能人才与职业学校教师双向流动。

（四）学生评价：突出德技并修

德技并修是职业教育立德树人的评价标准，是职业教育学生评价的根本价值导向。

1. 健全综合素质评价体系

完善德育评价，以德智体美劳全面发展的社会主义建设者和接班人为根本目标，将理想信念、职业精神、工匠精神等贯穿人才培养和评价全过程；强化体育评价，在高等职业教育阶段开设体育课程，引导学生养成良好锻炼习惯和健康生活方式，锻炼坚强意志、培养合作精神，将学生体质健康达标、修满体育学分作为毕业条件；改进美育评价，注重培养学生良好的审美情趣和人文素养，将公共艺术课程与艺术实践纳入人才培养方案，实行学分制管理；加强劳动教育评价，建立劳动清单制度，将参与劳动教育课程学习和实践情况纳入学生综合素质考核。

2. 完善学生学业评价

学业评价旨在对学习者的学业成就水平的高低（学习绩效）进行判定和分级，处于某一级别的人必须满足相关标准的质量要求。因而，必须建立学业评价标准体系，完善职业技能考试和职业能力测评评价方式，探索建立过程性考核与结果性考核有机结合的学业考评制度，完善实习（实训）考核办法，基于增量增值理念挖掘学生发展潜力。

3. 深化职业教育考试招生制度改革

考试招生制度改革是职业教育高质量发展的关键举措，是凸显职业教育类型的标志性改革。一方面，要完善高等职业教育"文化素质+职业技能"考试招生办法，探索春季高考、单独招生、对口单招等分类招考方式，建立职教高考评价体系；另一方面，要推进国家资历框架建设，加快建设高等职业教育国家"学分银行"，建立各级各类教育培训学习成果认定、积累和转换机制，打通技术技能人才成长和可持续发展的通道。

（五）用人评价：坚持人尽其才

职业教育是面向人人的终身教育，能够为技能型社会建设提供人力资源支撑。长期以来，我国职业教育总体办学层次较低，社会吸引力不强，要想建立起职业教育类型自信，就必须改革用人评价，创设良好的技术技能人才成长与评价环境，使大众通过职业教育能够实现技能报国，人人出彩。

1. 坚持人岗相适

建立以品德和能力为导向、岗位需求为目标的人才使用机制，改变

"唯名校""唯学历"用人导向，特别是突破职业学校毕业生就业和生涯发展中存在的一些制度和政策瓶颈，明确职业学校毕业生在落户、就业、参加机关企事业单位招聘、职称评聘、职务职级晋升等方面，与普通学校毕业生同等对待。

2. 完善技能人才评价制度

《人力资源和社会保障部关于改革完善技能人才评价制度的意见》明确提出，"建立健全以职业资格评价、职业技能等级认定和专项职业能力考核等为主要内容的技能人才评价制度"，为技能人才脱颖而出创造制度条件。

3. 建立重能力、重实绩、重贡献的激励机制

坚持以岗定薪、按劳取酬、优劳优酬，同时强化考评结果运用和激励作用，以建立科学有效的评价办法、用活用好人才评价机制为着力点，激发技术技能人才干事创业热情，推进技能社会和人才强国建设。正如习近平总书记所说，我们要树立强烈的人才意识，寻觅人才求贤若渴，发现人才如获至宝，举荐人才不拘一格，使用人才各尽其能。

四、高等职业教育评价制度改革的目标模式

我国高等职业教育评价改革经历了以满足办学条件为主、重视人才培养为主、建立示范引领为主和以质量发展为主的变迁，目前进入以利益相关为核心的建构阶段。新时代深化高等职业教育评价改革，既要考虑学生、教师和家长等内部相关者的利益，也要兼顾政府、企业和社会等外部相关者的利益，推动高等职业院校建立自我评价制度，完善与职业教育发展相适应的外部评价机制；同时建立内外部质量评价的对话沟通机制，通过主体自治、行业自律、政府监管、社会监督等举措，构建具有类型特色的职业教育评价体系。

（一）主体自治：构建高等职业院校内部质量保证体系

学校是办学质量的直接责任主体、实施主体和评价主体，建立健全内部质量保证体系是切实提升办学水平、管理能力和教育教学质量的有效手段，也是深化新时代职业教育评价改革的核心要点。

1. 健全组织结构

建立党委领导下的内部质量保证体系建设委员会，设立诊改工作办公

室、督导机构、教育教学质量评价中心等内部质量保证和评价机构，负责工作的研究、推动和监控工作。教学及学校相关行政部门主"管"、二级教学单位主"办"、质量保障组织机构主"评"，实现"评管""评教"与"评学"的有效分离与相互制约。

2. 完善评价标准

以质量标准的制定和遵守为核心重塑质量文化，并对校内质量标准体系进行动态调整，修订完善教学标准、教师发展评价标准、学生成长评价标准、社会服务评价标准等，同时建立标准落实的监测督导机制，以标准为引领推动人才培养质量的提升。

3. 运用信息化手段

建设校本数据中心，打破内部"信息壁垒"，实现校内各类信息资源的实时采集和共建共享，实现状态数据平台填报数据的自动采集、分析和上报。增强质量保证组织机构的信息化应用能力，充分利用现代信息技术关注质量生成的过程分析，为学校教育教学工作提供数据支撑，保证质量管理和评价的科学性。

（二）行业参与：建立行业企业广泛参与的高等职业教育评价机制

普通高等教育、基础教育的评价主要以同行评价为主，教育同行是具有明显优势的评价主体。但职业教育是具有跨界属性的类型教育。与普通教育不同的是，行业企业的参与是职业教育评价的重要特点。在职业教育治理体系和治理能力现代化进程中，从同行评价为主到行企深度参与愈发成为职业教育评价改革的发展方向。

1. 要完善政策法规制度，拓宽行业企业评价的广度

通过完善法律法规明确行业企业在职业教育评价中的主体地位，并对行业企业参与职业教育评价的内容、途径以及评价结果的应用进行全面的规定。在具体政策设计方面，应明确行业企业对职业教育的全方位评价，不只关注学生在校的受教育过程，也要关注毕业生在进入劳动力市场之后，职业院校教材知识体系与用人单位岗位标准之间的契合度、学校课程设计和岗位能力之间的吻合度、人才培养目标与企业岗位职业发展需求的匹配程度。

2. 要建立利益分享机制，加大行业企业参与力度

从利益纽带的建立着手，围绕产教融合、校企合作出台政策法规，激

发行业企业通过多种途径参与学校的专业规划、教材开发、教学设计、课程设置、实习实训等，将企业需求融入人才培养与评价各个环节。优化各级政府在国有资产管理、人事管理、收益分配、金融财税、土地保障等领域的激励措施，鼓励有条件的行业组织或大型企业以资本、技术、管理等要素依法参与办学并享有相应权利，通过股份制、混合所有制等形式举办高质量的职业教育。

3. 要建立行业企业标准，提高行业企业评价的深度

校企共同开发职业教育教学标准，包括专业建设标准、行业职业资格标准、课业考核标准和人才培养标准等，切实将行业企业岗位标准和用人标准贯穿到考核评价目标中去。评价方案要经过行业协会、企业专家深入论证，并综合考虑职业院校的实际情况，以保证切实可行。

（三）政府监管：深化新时代高等职业教育督导体制机制改革

教育领域全面深化综合改革，推行"管办评"分离，推动政府职能由"办"向"管"转变。深化新时代职业教育评价改革，要求政府在评价过程中体现管控应激性，加强事中事后监管，通过教育督导不断完善并提升职业教育办学质量。

1. 完善政府履行教育职责评价的督导评估工作机制

根据国家有关法律法规和职业教育评价改革的要求，加快推动地方及时制定相应的职业教育督导法规和实施办法，以确保职业教育督导评估有法可依、有章可循。职业教育督导要把中央顶层设计与地方协同创新、积极实践密切结合起来，聚焦政府稳定投入与绩效、简政放权与职能转变、改革发展与创新以及教育公平，推动地方政府履行发展职业教育的责任。

2. 加强对学校的督导，引导学校办出特色、办出水平

职业学校督导评估要突出职业教育的类型特色，按照"产教融合、校企合作、工学结合、知行合一"的育人理念构建督导评价指标体系，重点关注行业企业参与办学情况和学生职业素质、生涯发展。要坚持公开透明，对督导评估的主体构成、评估指标、数据来源进行公开，提升评估结果的可信度。要突出发展的理念，评估目标不是考核而是为了发展，重视学生、家长以及行业企业多元主体的积极参与，力求在督导评估中找差距、补短板、强优势、促发展，真正增强市场适应能力和可持续发展的生命力，推动院校办学质量持续提升。

3. 建立教育督导部门统一管理、多方参与的职业教育评估监测机制

科学的评估监测，是发现问题的手段，是有效开展督政、督学的前提和基础。职业教育评估监测作为一项专业性、综合性强的工作，需要由教育督导部门统一管理，同时要有专业测评机构、职教专家、行业企业等多方参与。根据职业教育办学宗旨和国家政策导向，建立科学、全面的评估监测指标体系，并运用大数据技术开展信息收集与分析。

（四）社会监督：完善与高等职业教育发展相适应的社会评价制度

社会作为职业教育的利益相关方，在评价中的话语权一直较低，社会评价作为职业教育评价改革中的关键一环，其功能还未能充分发挥，能力和水准还有待进一步提升。新时代深化职业教育评价改革，应扩大社会公众的知情权、参与权与评价权，加快完善与职业教育发展相适应的社会评价制度。

1. 积极引导家长和社会公众有序参与职业教育监督评价

通过建立制度化的评价渠道吸引家长和社会公众有序参与职业教育评价，比如在职业院校治理结构中应积极吸纳家长和社会公众的参与，在毕业生就业质量反馈中应主动吸纳家长和社会公众对职业教育办学质量的评价，在院校办学质量评价和绩效考核中应提高家长和社会公众评价的权重占比。

2. 健全国家、省、校三级职业教育质量年报制度

当前我国职业教育质量年度报告制度还处于起步阶段，需要建立职业教育质量年度报告问责制度，形成有效的工作机构和问责体系，将未报送质量年报的院校纳入负面清单。规范学校层面质量年度报告的内容标准，重点突出高等职业院校发展特色以及公众期待和关心的内容。创新发布形式，拓宽发行渠道，通过喜闻乐见、通俗易懂的方式向社会大众公布，进一步扩大质量年报的社会影响力。突出企业办学主体地位，推动企业持续增加年报数量，加快提升企业年报质量。

3. 支持专业机构和社会组织规范开展职业教育评价

国家通过政府购买服务、企业税收减免等解决企业参与动力不足的问题，推动独立中介机构、行业企业和社会团体参与到职业教育质量评价中来。将第三方评价机构的资质认定制度化，对第三方评价机构的认可机构、认可标准、认可程序、认可周期等内容作出原则性规定，实施一票否

决制，建立诚信档案或黑名单制度，对服务质量不达标、专业水平不佳、以牺牲独立性为代价获取不正当利益的组织要进行相应的惩罚，勒令其退出教育评价行业或进行整改。

五、高等职业教育考试招生制度改革的现实意义

高等教育考试招生制度是国家基本教育制度之一。职业教育与普通教育是两种不同的教育类型，处于同等重要的地位。最新修订的《职业教育法》第三十七条明确规定"国家建立符合职业教育特点的考试招生制度"，为加快推进职业教育考试招生改革提供了法律依据。优化职业教育类型定位，推动完善现代职业教育体系，迫切需要加快推进职教高考改革，建立遵循技术技能人才成长规律、适合职业学校学生、与普通高考相对应的专门性考试招生制度，吸引更多有志青年走技能成才、技能报国之路，为全面建设社会主义现代化国家培养更多的高素质技术技能人才、能工巧匠和大国工匠。

考试招生制度改革是优化人才结构、拓宽成才通道、构建现代职业教育体系的重要路径。2021年，我国高等职业教育招生人数约557万人，已占到高等教育招生规模的55.6%。推进职教高考改革，产业存在需求、社会存在诉求、教育存在要求。

（一）满足产业发展对技术技能型人才需求的重要举措

当前，我国经济已转向高质量发展阶段，随着产业逐步迈向中高端水平，不仅对高端创新人才的需求日益迫切，对高素质技术技能人才的需求也明显增大。据统计，当前我国技能劳动者占就业人口总量仅为26%，高技能人才仅占技能人才总量的28%，技能人才尤其是高技能人才短缺已成为产业竞争的"瓶颈"。考试具有优化人才结构的功能，作为控制人力资源质量的参考标准，可以有效地调节人力资源的供求结构，能够发挥人才"调节阀"的作用。面对人才结构性矛盾，迫切需要加快推进职教高考改革，理顺高等职业教育的选拔机制，使数以百万计的低端技术技能人才获得接受高等技术技能教育的机会，进一步扩大高素质劳动者和技术技能人才规模，优化人才结构，为提升产业国际竞争力提供有力人才支撑。

（二）回应社会对多元上升通道的迫切期待

高等教育招生考试是促进社会阶层流动、维护社会稳定的有效通道。随着物质生活条件的改善和视野的开阔，人民群众对教育的需求呈现出多样化的特点，教育需求不断增长、人人成才的诉求越来越强烈，让孩子接受良好的高等教育，寄托着每个家庭的希望。长期以来，我国高等教育考试招生都是普通高考单轨运行，造成了"一考定终身""千军万马过独木桥"等现象，一切都在围绕考试和升学转，牵引着教育从"育人"异化为"育分"，升学压力逐级传递到基础教育，加上教育资源分布的不平衡，择校热、减负难等问题日益凸显。伴随"双减"政策的落地，普通高考单一的人才选拔功能已无法满足人民群众对优质教育的期盼。推进职教高考改革，使不同性格禀赋、兴趣特长、素质潜力的学生享有更多样的教育选择和更畅通的升学通道，才能从根本上缓解当前的教育焦虑。

（三）完善现代职业教育体系的关键制度设计

构建现代职业教育体系，既要纵向贯通，也要横向融通，服务终身学习。所谓纵向贯通，就是在职业教育体系内形成支持学业晋升的成长通道；所谓横向融通，就是在职业教育与普通教育、继续教育等其他类型教育间形成沟通渠道。职教高考是构建现代职业教育体系的重要枢纽，纵向上作为技术技能人才的选拔手段，推动中等职业教育、专科职业教育、本科职业教育自下而上有效衔接，畅通技术技能人才学业提升、职业晋升、社会上升的发展通道，推动形成层次分明、结构清晰、功能定位准确的职业学校体系；横向上作为一种人才选拔方式，建立起不同教育类型生源流动渠道，推动职业教育与其他类型教育间课程互选、学分互认，推进学业证书与职业技能等级证书、职业资格证书等不同学习成果间能够相互认定、积累与转换，加快构建开放灵活的教育体系。

六、高等职业教育考试招生制度改革的现状与问题

高等职业教育考试招生是在高职分类考试招生制度的基础上，基于职业教育类型发展而建立的高等职业学校招收新生的制度，国家层面部署了系列政策进行方向指引，各地基于发展实际不断探索，为职教高考改革奠

定了制度基础、积累了实践经验、反映出了现实问题。

（一）国家层面有部署

随着职业教育的定位由层次到类型的转变，国家对职业教育考试招生制度的设计，经历从"分类考试"到"职教高考"的演进过程。

1. 分类考试阶段

2010年，《国家中长期教育改革和发展规划纲要（2010—2020年）》提出"逐步形成分类考试、综合评价、多元录取的考试招生制度"。这是首次在国家正式文件中提出分类考试，是职业教育考试招生与普通高考相对分开的重要开端。2013年，《教育部关于积极推进高等职业教育考试招生制度改革的指导意见》发布，明确了高职分类考试的六种形式，即以高考为基础的考试招生、单独考试招生、综合评价招生、面向中职毕业生的技能考试招生、中高职贯通培养招生、技能拔尖人才免试招生，开始以"分类"为核心全面推进高等职业教育考试招生制度改革。国家后续出台的文件在此基础上对考试招生形式和评价方式不断完善，逐渐形成了以"相对分开""分类""文化素质+职业技能"为基本特征的高等职业院校分类考试。2020年，通过全国高职分类考试入学人数已超过高职学校招生总数的60%，成为职业院校招生的主渠道。

2. 职教高考阶段

2019年，"职教20条"在高职分类考试招生制度上首次明确要建立职教高考制度，这标志着高等职业教育考试招生改革正式进入职教高考改革的新时期。2021年，中共中央办公厅、国务院办公厅《关于推动现代职业教育高质量发展的意见》提出"加快建立'职教高考'制度，完善'文化素质+职业技能'考试招生办法，加强省级统筹，确保公平公正"的要求。至此，以"文化素质+职业技能"为评价方式、以"省级统筹"为组织形式、以"公平公正"为实施要求的职教高考制度轮廓基本成型。2022年5月1日，新修订的《中华人民共和国职业教育法》开始施行，设定专门法条对职业教育考试招生制度进行明确规定，推动职教高考改革从政策引导到法律保障。

（二）地方层面有实践

在国家政策的指引下，各地大力推进高等职业院校分类考试，初步形成了符合高等职业教育特点的考试评价方式，一定程度上畅通了中职生的升学通道，推动实现了职业教育体系内各层次学校的纵向贯通。职业院校通过单独招生、自主招生等分类考试方式扩大了学校招生自主权，提高了学生主动选择职业教育的积极性，也帮助一部分职业院校缓解了生源压力。自分类考试招生改革实施以来，各省（区、市）高职学校招收中职毕业生的比例、本科学校招收职业院校毕业生的比例，以及高职学校招收有实践经历人员的比例显著提高。

山东、江苏、福建等地在高等职业院校分类考试的基础上开始对职教高考进行探索。比如在招生计划安排方面，山东 2012 年在全国率先建立"文化素质+职业技能"高职招生制度，从招生计划调整入手，逐年扩大应用型本科高校经由职教高考进行招生的规模，职教高考报名人数由当时的不到 4 万人增加到现在的 20.9 万人，增强了职业教育的吸引力，形成职教、普教并行的高考双车道。比如，在技能测试方面，2020 年福建省组织编写了《福建省高等职业院校分类考试招生职业技能测试考试大纲（试行）》，涉及办公事务类、财经管理类、餐饮类等 30 个专业大类，进一步保证了职业技能测试的科学性和公平性。地方层面的积极探索在提高职业教育的吸引力、有效缓解夏季高考压力的同时，也夯实了职教高考改革基础，为国家层面统筹规划、系统设计、有序推进职教高考改革积累了宝贵的实践经验。

（三）改革实施有缺陷

当前高等职业教育招生考试仍以分类考试为主，虽然考试内容和技术环节不断改进，但总体上还是在普通高考制度框架下，服务普通高中教育的升学考试。要建立职教高考，构建起与普通高考双轨并行的高等教育选拔性考试招生制度，还存在一些突出问题。

1. 从国家层面看缺乏指导方案

目前，国家只对职教高考进行了宏观的框架设计，尚无具体的实施细则或指导意见，政策设计已滞后于地方实践，制度体系的不完善导致各地在职教高考改革中方向不明、标准不一，社会认可度和普遍影响力皆处于较低水平。

2. 从省级层面看缺乏实施统筹

各地职教高考的改革实践处于探索阶段，大部分省份尚未设立专门的考试管理和实施机构，未建立省级统考的中职学业水平测试，职业技能测试命题和实施下放至招生学校，考试权威性受到质疑。

3. 从学校层面看缺乏考试标准

目前职教高考主要以学校单独招生或自主招生为主，实施中考题设计缺少考试大纲和题库指导，缺乏标准化职业技能测试考场，硬件设施难以支撑大规模考试，考试招生的科学性和公平性难以得到保障。

4. 从学生层面看缺乏选择机会

学生参加职教高考报考学校以专科学校为主，个别省份虽然投放了职业本科和应用型本科计划，但数量极少，学生选择本科的机会成本高。学生报考某个学校，只能按照此学校的招生标准参加考试，考试结果只能用于报考学校的录取，不能跨校录取，中职学生甚至不能跨专业，学生的选择机会单一，校生双向选择更是无从谈起。

七、高等职业教育考试招生制度改革的价值取向

考试招生制度改革历来是各方高度关注、谨慎推进的热点难点问题。习近平总书记强调："考试招生制度的指挥棒要改，真正实现学生成长、国家选才、社会公平的有机统一"。新修订的《中华人民共和国职业教育法》明确了职业教育考试招生制度改革的原则和方向。职教高考应从促进学生健康发展、科学选拔人才和维护社会公平出发，着重从组织形式的权威性、机会选择的普适性、考核选拔的竞争性、成长发展的可期性几个方面，发挥好选拔考试"指挥棒"的作用。

（一）组织形式的权威性

职教高考是国家层面的统一教育考试制度，考试机构是否体系健全、组织管理是否科学规范、人员安排能否正确履职、社会监督是否及时有效等，决定着考试组织的权威性，事关社会对考试的认可和信任程度。

1. 健全的机构设置

在机构设置上，应自上而下设立完整专门的考试管理和实施机构并明确责任权限，对职教高考进行整体的统筹与管理。

2. 科学的组织管理

在组织管理上，国家层面应在梳理总结各省（区、市）试点经验的基

础上，出台职教高考实施指导意见，制定全国范围通用的考试管理标准和规范。各地要根据国家要求制定考试实施细则，严格规范考前招生组织管理、考中关键环节管理、考后信息监督管理，确保考试有章可循、安全有序。

3. 专业的服务人员

在人员安排上，各级考试机构应配备与所承担的职教高考考务相适应的专兼职相结合的考试工作人员，建立专业化的招生考试队伍，依据管理标准和规范提供考试服务。

4. 严格的社会监督

在社会监督上，健全分级负责、规范有效的信息公开制度，强化考试招生全过程的公示监督，落实有关招生考试违法行为处罚，合理执行违规处理办法，营造良好的考风考纪，提升社会信任程度。

（二）机会选择的双向性

在越来越开放的教育体系中，高考制度的选择应是双向的，既包含高等学校对考生的选择，也包含考生对高等学校及其专业的选择。职教高考作为构建灵活开放的现代职业教育体系的枢纽环节，应在确保公平公正的前提下，为高校提供更多的自主权，为考生提供更多的选择权。

1. 学校能科学选择学生

职业教育与普通教育由于培养目标、教学模式等都不同，理应通过不同考试选拔不同类型的人才，因此，职业教育考试招生工作只有类型之分而无层次之别。职教高考与普通高考在招生批次和生源录取上应实现"平起平坐"。通过职教高考，高职院校可以根据区域社会经济发展需求，结合学校人才培养要求择优录取不同来源和专长的学生，不断提高生源质量、优化生源结构。

2. 学生可自主选择学校和专业

学生只有选择适合自己的教育类型与专业，才能更好地促进自身发展、实现自身价值。在选择学校方面，应建立起职教高考与普通高考结果"兑换"机制。学生凭借职教高考成绩，既可以选择高等职业院校，也可以选择普通高校；既可以选择本科学校，也可以选择专科学校。在选择专业方面，学生不必局限于自己在中职阶段学习的专业，通过职教高考可以在专业大类内自由选择专业。

（三）考核选拔的竞争性

职教高考作为高等职业教育的入口，如果没有足够的选拔性，高等职业教育就难以具备足够的吸引力和认可度，特别是随着职业本科教育的发展，其高等性的特征也要求职教高考必须选拔出优秀人才。职教高考只有达到一定的竞争程度，才能够很好地发挥人才选拔功能，推动职业教育质量提升。

1. 内容设计的科学性

职教高考的选拔性是指合格之上的择优匹配。因此，职教高考的考试内容要能把符合继续进行技术技能提升深造的生源选拔出来，这就要求以完善考试规则和标准为基点，按照技术技能人才知识和能力结构来设计来考试内容，既有对知识的考察，也要突出对职业技能的测试，还不能忽略综合素质。按照专业大类重点考察中职阶段基础的、迁移性较强的知识和技能，涵盖工作默会知识、工作理论原理、职业显性能力、工作情境胜任力等要素。

2. 选拔方式的有效性

随着职业本科教育的发展、"双高计划"等项目的实施，优质而稀缺的高等职业教育资源将吸引广大考生报考。这就要求职教高考的选拔要将技术技能水平基础好、综合素质高的生源向优质学校、优质专业引流集聚。一方面，彰显职业教育技术性特征，突出技能操作考核并设置合理比例，重点考查学生动手操作能力和职业能力倾向，同时，着重考查学生独立思考和运用所学知识分析问题、解决问题的意识和能力，让有技术技能基础的考生更占优势；另一方面注意规避"投机行为"，即可以通过短期突击训练获得等值结果，致使考试的效度和区分度降低。

（四）成长发展的可期性

职教高考是消除"选择职业教育，会不会让孩子的成长发展空间受限"疑虑的关键改革，是职业教育引导育人、选拔人才的有效手段。推进职教高考改革，要把立德树人作为核心原则，畅通职业教育学生升学通道，促进学生身心健康、全面发展。

1. 凸显立德树人的评价导向

职教高考作为职业教育人才培养的风向标，要通过考试题目设计、考试环境营造、考风考纪规约等，对考生的价值取向、思维方式及人格塑造产生正向影响。通过考试弘扬社会主义核心价值观，培育学生劳模精神、劳动精神、工匠精神，促进职业理念、职业素养、职业技能、职业精神融于一体，引导学生形成正确的世界观、人生观和价值观，夯实学生生涯的发展基础。

2. 彰显技能成长成才的价值

职教高考是职业教育学生升学的主渠道，一方面，通过考试检验学生是否具备了接受高一级技术技能培养的潜力；另一方面，通过考试引导学生冲破狭隘技术壁垒，为未来转向新职业和新岗位而预备间接的技术训练和技术储备，增强学生的职业适应能力和可持续发展能力。

八、高等职业教育考试招生制度改革的实施策略

职教高考改革基础源自高等职业院校分类考试招生，但绝不是对原有的高等职业院校分类考试的改良，而应立足适应经济发展方式转变和产业结构调整需要，坚持职业教育类型定位，基于高等职业教育发展宗旨、人才培养目标，紧扣考试内容、录取方式、组织形式等关键改革，探索建立起综合评价、多元录取、省级统筹的中国特色高等职业教育考试招生模式，提高技术技能人才选拔的科学性和公平性。

（一）综合评价：建立技术技能人才选拔的考评办法

长期以来形成的考试招生"唯分数论"对学生身心发展产生了消极影响。强调对学生进行综合评价，即采用多种评价方式，依据多种评价要素，对学生的知识、技能、能力等智力素质和思想品德、意志毅力、兴趣特长、协作精神、社会实践能力等非智力素质，以及身体健康状况、体能素质等综合素质进行全面而有个性的评价，是对现代教育促进"人的全面发展"目标的有力回应。新《中华人民共和国职业教育法》明确规定"高等职业学校可以按照国家有关规定，采取文化素质与职业技能相结合的考核方式招收学生"，职教高考应围绕"考什么、怎么考"，以立德树人、德技并修为原则，以面向实践、强化能力为目标，基于技术技能人才培养要求，建立起具有职业教育特色的人才选拔考试内容和形式。

1. 在评价主体上，完善地方政府、行业、企业等多元参与机制

职业教育在社会生态中同其他社会组织与机构保持高度关联、协同与共融。关注多元主体的利益表达，促进不同办学职能的协同实现，综合发挥教育评价的多种功能是职教高考改革的价值参考。因此，要鼓励地方政府、行业、企业等社会需求方按规则要求参与到高等职业院校考试评价整个过程中，发挥好指导、咨询、监督等作用，如参与考试题目设计和开发、指导职业技能测试、共建标准化考场、监督录取过程等，提升行业、企业参与度，提高考试内容的科学性与行业适应性。

2. 在评价内容上，优化"文化素质+职业技能"的考试方式

职教高考不同于普通高考，不能"一张试卷考所有人"，在考试科目、考试内容等方面都要体现类型的特色，通过内容设计把优秀且具潜力的学生选拔出来。一是从标准入手，完善中职、职业专科、职业本科一体化专业目录，按照目录中的专业大类健全中职国家教学标准体系，开发中职公共基础课程及专业课程标准、配套教材，为制定标准化考试大纲、建设文化素质和职业技能测试题库提供内容依据。二是依据高等职业学校人才选拔要求和国家教学标准，按照"文化素质+职业技能"的评价方式，科学设计命题。文化素质可以使用省级统考的中等职业学校学业水平考试成绩，根据《中等职业学校公共基础课课程标准》，统一制定文化基础考试的内容和标准。职业技能测试包括专业能力测试和技术技能测试，专业能力测试可以教育部发布的中职专业教学标准中核心专业知识为基础依据，重点考察综合专业能力，技术技能测试以教育部发布的中职专业教学标准中核心技术技能为基本依据，充分体现岗位技能、通用技术等内容。三是除对考生的智育进行考核评价外，还应当注重德、体、美、劳等多方面素质的考核。根据学生高中阶段的成长档案，从思想品质、身心健康、社会实践等方面对学生进行全面评价，引导培育和践行社会主义核心价值观，增强社会责任感，培养创新精神和实践能力。

3. 在评价手段上，采用多种形式对学习成就和效果进行评价

职教高考不应局限于采用单一笔试的评价形式，还应根据不同专业大类的特点，由传统的"纸笔测验"改为现场操作、项目设计、角色模拟、人机对话等具有情境性或职业性的测试，对学生理论知识应用、动手实践能力、职业技能和职业倾向等进行考查和评价。此外，应充分应用信息化手段提高评价效率，比如文化素质考试可以采用机考统考方式，职业技能

可以采用虚拟仿真手段进行测试，学生的综合素质评价可以采用大数据、人工智能等信息化手段来进行全过程跟踪记录。

（二）多元录取：畅通多路径成长成才通道

长期以来，"一考定终身"使学生学习负担过重，已成为社会反映强烈的现实问题。多元录取就是要改变考试独木桥的状况，不仅要关注学生升学考试的状况，还要关注学生日常的学习与表现、学生综合素质的发展以及学业水平考试的情况。职教高考建立多元录取机制，就要聚焦增加学生的选择机会，分散应试压力，为优秀人才、专门人才、创新人才提供更为多样化的录取途径，促进高职学校科学选才。

1. 建立面向人人的报考机制

报名是考试招生录取的前置条件。不同于其他教育的对象一般都具有特定的年龄阶段，或者是特定的群体或具有特殊条件的群体，职业教育是面向人人的终身教育，不仅要为学历教育体系内部的多种生源接受高等职业教育提供多种入学方式，也要为各类有就业、转岗和职业技能提升诉求的社会群体提高技术技能、开展终身学习提供通道。因此，符合报名条件的所有群体人员都应可以报名参加职教高考。

2. 构建"两依据一参考"的录取模式

一是考生参加省级统一的"文化素质+职业技能"考试，取得成绩作为录取依据之一；二是学业水平考试是对学生高中阶段课程学习程度的检验，引导学生认真地学习每一门课程，可以将中职学生参加中职学业水平考试、普通高中学生参加高中学业水平考试，取得合格性和等级性成绩作为录取依据之二；三是突出人才选拔的全面性，打破考试成绩的局限性，把反映学生德智体美劳全面发展情况和个性特长的综合素质评价纳入录取参考。高职学校不再局限于学校和专业对口，按照"两依据一参考"在全省中职专业大类考生中择优录取。

3. 实施技能拔尖人才特殊招生

拔尖人才是一个国家有效提升国家竞争力，在日益激烈的国际竞争中立于不败之地的关键要素。普通本科学校已在基础学科领域探索并实践拔尖创新人才选拔。新《中华人民共和国职业教育法》明确规定"对有突出贡献的技术技能人才，经考核合格，可以破格录取"。为加快培养支撑经济转型战略和社会发展的高技术技能人才，高职学校应对高技能人才开辟特殊录取通道。比如，对于获得国际、国家或省级职业技能大赛的应届毕业生和具有高级工或技师资格（或相当职业资格）、获得一定级别劳动模范先进个人称号的在职在岗社会人员，经规定程序可由有关高等职业学校通过考核后破格录取。

（三）省级统筹：健全省级为主的管理体制

改革开放以来，我国逐渐形成中央地方分级管理、以地方为主的职业教育治理机制。职教高考属于国家教育考试的重要组成部分，涉及面广、影响因素多，需要国家系统设计、高位推动，但由于不同地区之间的产业结构和劳动力市场结构差异较大，需要以地方政府为主体细化落实、全面推进。因此，国家层面要尽快出台职教高考实施意见，对计划安排、考试内容、实施主体、录取机制等关键改革做出指导要求。省级政府依据国家的顶层部署，结合各地的实际情况制定实施细则，系统推进职教高考改革，建立健全省级政府统筹管理、省级招委会和教育行政部门负责组织实施的体制机制。

1. 以招生计划为抓手优化教育结构

招生计划是加强高等教育宏观管理的有力抓手，是调整优化高等教育结构的重要手段。职教高考招生计划应有本科和专科层次，并纳入各省（区、市）普通高校年度招生计划总规模统筹安排，由各省级政府部门结合地方实际自主确定职教高考和普通高考计划分配比例，科学分配职教高考招考计划，并重点向区域经济建设急需、社会民生领域紧缺和就业率高的专业倾斜。此外，还应针对不同生源报考群体，单列计划、单独录取，增加面向中职毕业生的本科和专科招生计划。

2. 以明确职责为基础完善组织形式

当前，普通高考组织的权威性已经得到大众的广泛认可，职教高考可以在借鉴的基础上，根据新《中华人民共和国职业教育法》中明确的省级政府发展职业教育的统筹管理职责，按照职业教育的类型特征进行优化。各地可以按照中职专业大类成立省级行业专业大类考试招生指导委员会，会同教育行政部门牵头制定职教高考相关实施细则并组织实施，落实命题、制卷、试卷保管、分发、组考、阅卷、评分、录取等各环节的安全措施，建立督导、评价、问责、改善机制。搭建职业教育统一招生平台，汇总发布实施职业教育的学校及其专业设置、招生情况等信息，提供查询、报考等服务。对标负责普通高考的考试院，设立省级职业教育考试院，主要承担职教高考的组织管理以及中等职业学校学业水平测试的管理及服务。

3. 以标准化为核心实施统一考试

统一考试是保障人才选拔公平性，提高人才选拔质量的最重要且最有效的手段。职教高考应以省级为单位，以标准化为核心，按照专业大类统一命题、统一考试、统一投档，保证学生考试成绩具有参考价值和可信度。省级政府通过建设题库、组建多元命题团队、强化命题研究支撑、完善命题库等方式，使命题标准化；通过建立可量化评价标准、围绕技能特点开发新测试手段，建立标准化考场、培训合格考官等，使实施环节标准化；通过搭建统一的考招录一体化管理平台、规范技能大赛特招等特殊招录方式的执行程序等，使招录环节标准化。

随着新《中华人民共和国职业教育法》的修订施行，加快推进职教高考改革，在普通高考之外开辟独立并行的升学通道，将进一步优化教育结构，从入口上解决职业教育类型不突出、吸引力不强、质量不高的问题，使教育选择更多样、成长道路更宽广，使学业提升通道、职业晋升通道、社会上升通道更加畅通。

九、高等职业教育考试招生制度改革的路径

职教高考改革是一个复杂而系统的工程，旨在通过改革招生方式和考试制度，提升高等职业教育的质量和公平性，更好地满足经济社会发展对技术技能人才的需求。

（一）改革的总体要求

1. 实行分类考试

实行分类考试，使高职招生考试体现与普通本科的特色差异，重点在于强化技能考核。根据学校办学定位、培养目标的不同，以及不同考生的特点和个性潜能，实行多样化的考试办法。

2. 实行多元录取

实行多元录取，不同学校可以有不同招生录取办法。即使同一所学校，也可以同时采取多种招生办法。打破高考标准唯一的格局，促进高等

职业教育真正坚持职业教育的特点与方向，培养出高素质的应用型人才。

3. 确保提高质量

提高质量乃是高职考试招生制度改革的着眼点、核心和目标。改革是否成功，归根到底要看是否促进了教育质量的提高。

4. 实行省级统筹

高职考试招生制度改革由省级统筹，有利于各省级政府从本地经济社会发展对高等技能人才的需要，因地制宜地推进改革。

（二）高等职业教育考试招生改革的路径

1. 科学确定考试内容

一是推行"文化素质+职业技能"的评价方式，既考核学生的文化知识水平，也注重考查其职业技能和实操能力；二是针对不同专业的特点，设计科学合理的考试内容，确保考试能够全面、准确地反映学生的能力和素质。

2. 采取多样化的考试形式

一是实行多样化的考试形式，包括笔试、面试、技能测试等，以适应不同专业和学生的需求；二是推广上机考试、实践操作等现代化的考试手段，提高考试的公正性和科学性。

3. 确保招生录取方式的公平性和规范性

一是实行全省或全市统一命题、统一考试、统一阅卷、统一录取的"四统一"模式，确保招生录取的公平性和规范性；二是推行平行志愿投档方式，增加考生和高校的双向选择权，提升志愿满足率。

4. 建立严格规范的管理机制

一是加强考试招生工作的管理和监督，建立健全各项规章制度，确保考试招生的公正、公平和透明；二是加大对违规行为的查处力度，维护考试招生的良好秩序。

参考文献

[1] 李均. 中国高等专科教育发展史 [M]. 上海：学林出版社，2005：175.

[2] 中国高等教育学会. 改革开放 30 年中国高等教育发展经验专题研究 [M]. 北京：教育科学出版社，2008：544.

[3] 教育部. 中共中央关于教育体制改革的决定 [EB/OL]. (2016-11-14) [2018-04-10]. http://www.moe.edu.cn/publicfiles/business/htmlfiles/moe/moe_177/200407/2482.html.

[4] 田建荣. 高职院校分类考试制度设计与推进策略 [J]. 陕西师范大学学报（哲学社会科学版），2017 (4)：20-26.

[5] 范国睿，杜成宪. 教育政策的理论与实践 [M]. 上海：上海教育出版社，2011.

[6] 福建省教育考试院. 福建省教育厅关于做好 2018 年高等职业教育入学考试招生录取工作的通知 [EB/OL]. (2018-03-20) [2018-04-10]. http://www.eeafj.cn/gkgzzkgsgg/20180320/8017.html.

[7] 储朝晖. 高考招生制度改革的困境与出路 [J]. 河北师范大学学报（教育科学版），2014 (3)：5-11.

[8] 熊丙奇. 建立多元评价体系须深入推进招考分离 [N]. 中国教育报，2014-07-07 (2).

[9] 张民选. 高校考试招生制度改革研究 [M]. 上海：上海教育出版社，2008：17-18.

[10] 四川省教育厅. 四川省教育厅关于开展 2016 年高等职业院校单独考试招生申报工作的通知 [EB/OL]. (2015-11-27) [2018-04-10]. http://gjc.scedu.net/p/13/? StId=st_app_news i x635842353878702787.

[11] 董照星，袁滿．高职院校对口招生改革探索：以重庆市为例 [J]．职业技术教育，2017（30）：26-29．

[12] 唐環怡，杨方正，张文鹏．技能型社会建设背景下职业教育政策的量化研究：基于 16 份国家层面政策文本的分析 [J]．教育与职业，2023（10）：5-12．

[13] 柳靖，刘超，柳桢．职教高考制度建设的关键领域：功能完善、省域统筹与生源引导 [J]．职业技术教育，2023，44（6）：15-19．

[14] 朱文辉．从"锁定"到"进阶"：中西部高等教育振兴的路径依赖及可能方案 [J]．教育研究，2022，43（10）：141-150．

[15] 姜蓓佳，樊艺琳．职业教育升学的政策变迁：脉络、逻辑与镜鉴：以历史制度主义为视角 [J]．职教论坛，2021，37（9）：73-82．

[16] 姜蓓佳．职教高考制度构建研究 [D]．上海：华东师范大学，2022：90，96．

[17] 袁滿，高松．高职院校分类考试招生制度研究 [J]．高教探索，2018（10）：72-78．

[18] 刘圣中．历史制度主义：制度变迁的比较历史研究 [M]．上海：上海人民出版社，2010．

[19] 张瀚文，杨颖秀．新时代我国引智政策建设的历史回溯与未来展望：基于历史制度主义的分析 [J]．东北师大学报（哲学社会科学版），2022（2）：154-161，174．

[20] 徐国庆．作为现代职业教育体系关键制度的职业教育高考 [J]．教育研究，2020，41（4）：95-106．

[21] 郑若玲，朱贺玲．探微与创新：高职院校自主招生模式解析 [J]．复旦教育论坛，2013，11（1）：63-67．

[22] 丁建洪．高职院校自主招生：问题与策略：基于浙江省高职院校的现状调查 [J]．教育发展研究，2012，32（19）：8-12．

[23] 檀慧玲，沈漪佳．"十三五"时期考试招生制度改革分析与"十四五"规划建议 [J]．河北师范大学学报（教育科学版），2022，24（1）：50-57．

[24] 谭斌，陈祥国，王金光．中等和高等职业教育衔接的考试招生制度研究 [J]．当代教育科学，2013（3）：44-46．

[25] 李勇．提升高职教育办学层次，维护促进教育公平：基于高考分

类考试改革的视角 [J]. 西安交通大学学报（社会科学版），2013，33
（4）：114-118.

[26] 刘芳. 百万扩招下的"职教高考"制度构建研究 [J]. 中国职
业技术教育，2019（31）：25-29，87.

[27] 祝蕾，楼世洲. "职教高考"制度设计的多重逻辑 [J]. 中国职
业技术教育，2020（16）：38-42，58.

[28] 张怀南. "职教高考"背景下高职招生制度改革研究 [J]. 职教
通讯，2021（8）：8-14.

[29] 李政. 我国高职分类考试招生：价值意蕴、问题表征与改革路
径 [J]. 中国考试，2021（5）：40-47.

[30] 朱晨明，朱加民. 现代职业教育高质量发展背景下"职教高考"
制度建设研究 [J]. 教育与职业，2022（6）：21-28.

[31] 孙进. 德国高等教育机构的分类与办学定位 [J]. 中国高教研
究，2013（1）：61-67.

[32] 王建初，刘铭东. 德国高等职业技术教育的师资队伍建设 [J].
比较教育研究，2005（9）：59-63.

[33] 刘廷哲. 德国高等职业教育培养模式的主要类型、特色及其启
示 [J]. 职教通讯，2012（31）：42-45.

[34] 孙祖复，金锵. 德国职业技术教育史 [M]. 杭州：浙江教育出
版社，2000.

[35] 汉斯格特·派泽特，格茜尔德·弗拉姆汉. 联邦德国的高等教育
结构与发展 [M]. 陈洪捷，马清华，译. 北京：北京大学出版社，1993：18.

[36] 宋晓欣，闫志利，等. 德国应用科技大学招生制度特点及启示
[J]. 中国职业技术教育，2015（33）：73-79.

[37] 姚寿广. 德国两类技术型大学的比较与启示 [J]. 中国大学教
学，2011（3）：92-95.

[38] 李其龙. 德国教育 [M]. 长春：吉林教育出版社，2000.

[39] 徐理勤. 现状与发展：中德应用型本科人才培养的比较研究
[M]. 杭州：浙江大学出版社，2008：42.

[40] 李克建. 德国大学入学考试制度：历史、现状与改革动向 [J].
湖北考试招生，2003（8）：61-63.

[41] 罗肇鸿，王怀宁. 资本主义大辞典 [M]. 北京：人民出版社，

1995: 871.

[42] 李守可. 美国 CTE 中高职衔接的最新趋势、特点及社会功能[J]. 现代教育管理, 2015 (12): 67-72.

[43] 王义智, 李大卫, 董刚, 等. 中外合著: 中外职业技术教育[M]. 天津: 天津大学出版社, 2011: 528.

[44] 关晶. 美国中等职业教育的现状、特点与改革趋势[J]. 教育发展研究, 2009, 29 (Z1): 98-102.

[45] 肖涵, 戴静雅. 英国学位制度发展的特色及其对中国学位制度建设的启示[J]. 武汉理工大学学报 (社会科学版), 2022, 35 (1): 130-136.

[46] 陈心怡. 普职分流背景下中职学生的高等教育期望研究[D]. 上海: 华东师范大学, 2021.

[47] 王太右. 基于胜任素质模型的民办高职院校大学生就业能力提升研究[D]. 南昌: 华东交通大学, 2021.

[48] 屈璐, 尹毅. 我国高职院校分类考试招生制度的演进、问题及改革路径: 以四川省为例[J]. 职教通讯, 2021 (3): 41-47.

[49] 邱懿, 薛澜. 我国高等职业教育考试招生制度现状、问题与展望[J]. 中国考试, 2021 (5): 33-39, 55.

[50] 董照星, 王伟宜. 我国高职院校考试招生制度改革的回顾与审视[J]. 教育与职业, 2020 (17): 27-34.

[51] 沈吉, 林山丁. 高职招生模式改革的制度设计: 来自重庆市"现代职业教育体系国家制度建设试验区"的经验[J]. 教育探索, 2020 (4): 29-31.

[52] 连会斌. 日本高职教育的招生制度及其启示[J]. 职业教育 (下旬刊), 2021, 20 (12): 42-47.

后记

    我自 1978 年进入大学以来，便与高等教育结缘。从大学生到大学教授，我作为亲历者深度参与，又以教育者视角系统观察，完整见证了我国高等教育从恢复高考初期的精英模式到扩招后的大众化教育的转型。发达国家的经验表明：高等职业教育在高等教育大众化的进程中发挥着关键作用，为经济社会发展培养高素质技术技能型应用人才，支撑着经济增长方式的转变和经济结构的战略性调整。高等职业教育与普通高等教育形成互补，平衡了应用型和学术型人才的培养，促进了教育的多元化。但是，思想认知和观念方面的原因，形成了资源分配、考试招生制度等诸多对职业教育不利的因素，阻碍了高等职业教育的进一步发展。本书的创作发端于我对高等教育事业的热爱和对高等职业教育考试招生制度的持续关注。作为一名长期从事高等教育教学和教育管理的教育工作者，我目睹了这一制度对无数学生的影响，不管是积极的还是消极的影响。我一直在思索：我们是否可以做得更好，让招生过程更加公正、透明、特色化，能够体现职业教育的本质特征？我们现行的高等职业教育考试招生制度是否能够更加完善、更加人性化，实现与发达国家职业教育的差异最小化？这便是我研究此问题的初衷。

    在此书撰写过程中，我得到了团队成员在文献查阅、政策梳理、调查访问等诸多方面的大力支持和配合。同时，在研究和书稿撰写的过程中，我借鉴了众多专家、学者和同仁的相关研究成果及研究方法，谨借此书予以回报，并真诚致谢！

杜茂华

2024 年 10 月于重庆